오늘이 내일의 나침반으로

한국경제,
지금

한국경제, 지금

발행일   2023년 3월 2일

지은이   권의종, 나병문, 백승희, 정기석
펴낸이   손형국
펴낸곳   (주)북랩
편집인   선일영   편집   정두철, 배진용, 윤용민, 김가람, 김부경
디자인   이현수, 김민하, 김영주, 안유경, 신혜림   제작   박기성, 황동현, 구성우, 배상진
마케팅   김회란, 박진관
출판등록 2004. 12. 1(제2012-000051호.)
주소   서울특별시 금천구 가산디지털 1로 168, 우림라이온스밸리 B동 B113~114호, C동 B101호
홈페이지 www.book.co.kr
전화번호 (02)2026-5777   팩스   (02)3159-9637

ISBN   979-11-6836-746-3 03320 (종이책)   979-11-6836-747-0 05320 (전자책)

오늘이 내일의 나침반으로

한국경제, 지금

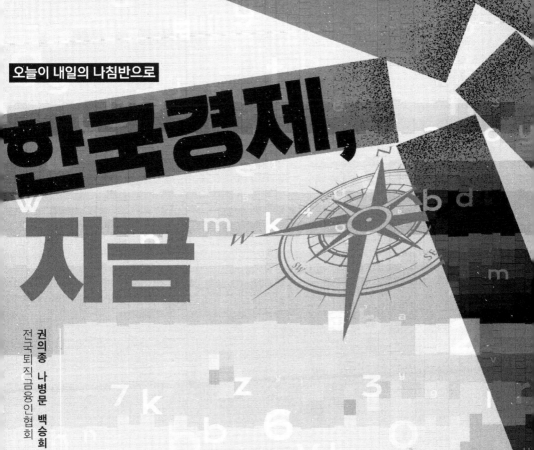

전국퇴직금융인협회

권의종 나병문 백승희 정기석 지음

✦ **전국퇴직금융인협회의 금융계 베테랑들**이 모여,
한국경제와 윤석열 정부의 경제정책을 진단하다!

🌀 **북랩**

발간사

홍석표 전국퇴직금융인협회 회장

　사단법인 전국퇴직금융인협회는 2015년 8월에 설립됐습니다. 퇴직금융인들의 소중한 경험과 필요한 노하우를 바탕으로 금융 약자들의 실용적이고 합리적인 금융 생활을 지원하려는 목적입니다.

　오늘날 금융환경은 세계정세와 더불어 예측 불가능합니다. IT와 금융의 융·복합화로 핀테크(Fin-tech)라 불리는 첨단산업의 세계에 접어들었습니다. 비대면거래의 활성화, 금융의 모바일화, AI(인공지능)의 확산 등으로 급변하는 추세입니다. 심지어 코로나19 사태의 장기화로 전 세계가 뉴노멀(New Normal) 시대를 대처하느라 동분서주합니다.

　이로써, 사회적으로는 점차 심화되는 부의 양극화, 금융소외자 양산과 중산층의 몰락, 개인파산의 가속화와 소상공인의 도산이 확대되고 있습니다. 결국, 금융 약자는 고금리 사채 시장으로 내몰리고 있는 안타까운 현실입니다. 우리 협회는 금융인으로서 전문성과 진정성을 무기로 이 같은 엄혹한 금융환경과 경제 현실을 직시하고 있습니다. 협회 밖으로는 지난 7년여 동안 퇴직금융전문가를 활용한 다양한 금융 관련 사회공헌사업을 벌여 함께 더불어 사는 세상을 만드는 노력을 다했습니다. 또 금융시장의 안전망 구축과 금융 취약계층 소비자 보호를 위한 법적, 제도적 연구와 제안을 게을리하지 않았습니다.

앞으로도 우리 협회는 금융 취약자와 동반 성장하는 따뜻한 금융을 통해 한국 금융시장의 양적, 질적 성장을 지향하고자 합니다. 다문화 가정, 금융소외자, 금융파산자, 청년실업 문제에서 우리의 건강한 사회안전망 복원에 대한 금융인의 참여는 시대의 소명이라는 소신입니다.

그 각오와 약속을 실천하기 위해 협회 산하 금융시장연구원(Financial Market Institute)에서는 경제, 금융, 산업, 사회 등 각 분야 전문 연구위원들이 힘과 뜻을 모아 조사, 연구를 해오고 있습니다. 『한국경제, 지금』은 그동안 연구위원들이 경제, 금융, 산업, 사회, 정치 등을 주제로 조사, 연구, 집필한 성과물을 묶고 엮은 노고의 소산입니다.

『한국경제, 지금』이 아무쪼록, 한국의 금융환경과 경제 현실을 보다 나은 미래로 나아가게끔 하는 하나의 좌표로서 널리 읽히고 쓰였으면 하는 바람입니다.

머리말

권의종 대표 저자

코로나19는 인류에게 자연이 투척하는 최후의 통첩이 아닐까. 산업화, 도시화, 세계화로 지구를 무자비하게 공격해온 인류와 자본주의에 대한 자연의 대역습이 아닌가 두려운 생각마저 든다.

그렇다면, 코로나 이후 우리 세상은 어떤 모습일까. 인류의 삶은 어떻게 변할까. 경제는, 사회는, 문화는. 세계는, 한국은. 패닉과 공포에 빠진 국내외 각계각층 전문가들은 예측과 전망을 앞다투어 쏟아내고는 있다. 그러나 지금 누구의, 어떤 말도 믿기 어렵다. 코로나19의 환란조차 예측하거나 대비하지 못한 주제에, 지금 어떤 공언과 허언을 믿으라는 건가.

다만, 지금 우리가 할 수 있는 일은 이것 말고 없는 듯하다. 먼저 자연 앞에 그동안의 과오와 실패를 사죄하는 것. 다시는 자연과 순리를 거스르지 않겠다고 굳게 약속하는 것. 절대 자연과 지구 앞에서 무례하거나 오만하게 굴지 않겠다고 마음을 다해 맹세하는 것. 그렇게 기본으로, 자연으로, 인간으로 돌아가는 새로운 전환과 변혁의 길을 열어젖히는 것. 그리고 그대로 실천하는 것.

그렇다면 코로나 이후 한국 사회는 어떻게 될까. 한국인들의 일상과 일생은. 역시 예단하기 어렵다. 섣부른 예측과 전망은 책임질 수 없기 때문에 오히려 위험하다. 그러나 지금 분명히 진단하고 분석할 수는 있다. 지금 한국경제는 위험하다. 역대급, 총체적 난국에 빠져 있다.

한국경제, 지금, 역대급 '퍼펙트 스톰'

한국경제는 도처에 적신호가 켜지고 경고음이 울려대고 있다. 대내외 경제 여건이 험난하다. 지난 IMF 경제 환란 시절 텅 빈 국고國庫를 물려받은 김대중 정부 시절 못지않다. 일단 국가 부채가 막대하다. 사상 최초로 2021년도에 2,000조 원을 넘어섰다. 정확히는 2,196조 4천억 원에 이른다. 2,057조 원의 국내총생산(GDP)보다도 많은 수준이다. 여기에 민간부채도 GDP의 2.2배 규모다.

무역수지는 적자로 돌아섰다. 2022년도에 472억 달러의 적자를 기록했다. 무역수지가 연간 적자를 기록한 것은 미국발 금융위기 당시인 2008년(132억 6,000만 달러 적자) 이후 14년 만에 처음이다. 적자액은 종전 최대였던 1996년(206억 2,000만 달러)의 2배를 넘은 역대 최대치를 갱신했다. 반도체를 중심으로 수출도 최고치를 기록했지만, 원자재와 중간재 가격상승, 수입액이 폭증했다.

물가는 널뛰기, 뜀박질이다. 인플레이션이 엄습한다. 물가 상승률이 2013년 이후 8년 연속 1%대 이내로 유지되다 지난해 2.5%로 고개를 쳐들었다. 성장률도 떨어지는 판에 물가마저 치솟으니 엎친 데 덮친 격이다. 글로벌 공급망 마비로 인한 원자재 가격 급등이라는 원인은 분명하지만, 처방은 불확실하다.

<한국경제, 내일>의 지침과 나침반으로

국가 경제가 이 지경이니 국민 살림살이가 편할 리 없다. 물가 부담에 구매력마저 떨어지니 내수가 위축되는 건 당연하다. 게다가 코로나 사태 해결을 위해서 뿌려진 유동자금은 넘쳐난다. 대출, 세금, 재건축 등 규제 완화 기대감에 부동산 시장도 불안정하다. 자영업자, 중소기업인은 더 막막하다. 경기침체로 매출은 줄어드는데 물류비 상승, 원자재 가격 폭등으로 인해 팔아도 남는 게 없다.

와중에 금리는 계속 오를 조짐이다. 뛰는 물가를 잡기 위해서는 한국은행 기준금리 인상이 불가피하기 때문이다. 속보로 고금리 정책을 펴는 미국에 맞서 자본 유출도 막아야 한다. 2천조에 육박하는 가계부채 이자 부담이 증가, 저소득 채무 가계의 생활고가 가중되기 마련이다. 고금리와 연체 증가는 금융시장의 불안으로 직결된다.

대한상공회의소는 2023년 새해 경제를 표현하는 키워드로 '심연', '풍전등화', '첩첩산중', '사면초가' 등의 단어를 꼽을 정도다. 고금리·고물가·고원자재가, 무역수지 악화 등 대외 위기 상황 탓에 국내 경제성장률이 1.25%에 머무를 것으로 전망하고 있다. 기획재정부(1.6%), 한국은행(1.7%), 경제협력개발기구(OECD)(1.8%) 등 국내외 주요 기관 전망치도 높지 않다.

문제는 해법과 대안이 손에 잘 잡히지 않는다는 점이다. 그렇다고 마냥 걱정과 비판만 하고 있을 수는 없다. 출구와 돌파구를 찾아야 한다. (사)전국퇴직금융인협회에서도 지난해 산하 금융시장연구원을 설립, 그 작업에 동참했다. 연구원의 설립 목적이자 책무도 사회공헌 활동 및 금융서비스 연구, 사회적 약자, 청소년, 시니어 등 금융취약자를 위한 생활금융교육 연구, 기업의 사회적 책임 및 ESG에 관한 연구 등이다.

금융시장의 건전하고 지속 가능한 발전과 혁신을 위해 경제, 금융, 산업, 사회 등 각 분야 교수급, 박사급 전문 연구위원이 힘과 뜻을 모아 조사하고 연구하고 집필하고 있다. 이 같은 활동과 역할을 통해 정부 정책에 대한 의견 개진 및 대안을 제시함으로써 지역사회와 국민경제 발전에 동참하려는 것이다.

이번 『한국경제, 지금』을 통해 한국경제, 한국금융, 한국산업, 한국정치, 한국사회 등의 관점과 방향으로 한국경제의 문제를 진단하고 분석했다. 이로써 한국경제 내일의 출구와 돌파구, 지침이자 나침반을 함께 찾아내고자 한다. 이것이 이 책을 펴내는 목적이자 이유다.

I. 한국경제, 지금

II. 한국금융, 지금

III 한국산업, 지금

IV. 한국정치, 지금

V. 한국사회, 지금

I. 한국경제, 지금

경제 흐름은 숫자 지표에 없다

금융시장이 빙하기다. 빠르게 얼어붙고 있다. 자금 시장에 돈줄이 말라간다. 4, 5대 그룹의 대기업도 자금조달에 애를 먹고 있다. 사태가 심각하다. 금융시장 경색을 막기 위해 정부가 주말 회의를 소집했다. '50조 원+α' 규모의 유동성 공급을 발표했다. 시중은행과 저축은행의 예대율 규제도 코로나19 이전 수준으로 완화한다.

한국은행도 막힌 돈줄 뚫기에 나섰다. 앞으로 석 달간 은행채와 공공기관채를 담보로 금융사에 대출을 해주기로 했다. 금융통화위원회가 은행과 공공기관이 발행한 채권을 한은 적격담보대출 증권과 차액결제이행용 담보증권, 공개시장운영 환매 대상 증권에 한시적으로 포함할 것을 의결했다. 6조 원 규모의 환매조건부채권(RP) 매입도 한시적으로 시행한다.

정부 개입이 굼떴다는 지적이다. 그러다 보니 약발은 받지 않고 불안감이 여전한 상황이다. 단기 급등 고금리로 자금흐름이 막히는 '돈맥경화'가 심해지며 부실 위험이 고조되고 있다. 정부가 예고한 유동성 공급 규모로는 시장을 안정시키기에 턱없이 부족하리라는 예상이 지배적이다. 더 강력한 조치가 필요하다는 주장에 힘이 실린다.

높은 금리도 문제려니와 커진 부채 규모도 골칫거리다. 기업이 1년 안에 갚아야 할 단기 부채가 6월 말 기준 532조 5,193억 원에 달한다. 2011년 916조 원이던 가계부채는 6월 기준 1,869조 원으로 늘어났다.

부동산 프로젝트파이낸싱(PF)은 2011년 51조 원에서 6월 말 현재 112조 원으로 불어났다. 고위험 PF 잔액만도 25조 원에 이른다. 국가 부채는 1,000조 원을 넘어섰다. '부채 공화국'의 볼품없는 자화상이다.

지표 과신過信이 문제

지표를 과신한 측면이 없지 않다. 일부 지표만 믿고 위기 대응에 실기失機한 점을 부인하기 어렵다. 경제가 어려워졌는데도 위험 수준이 아니라고 누누이 강조해왔던 정부다. 우리 경제의 펀더멘탈이 나쁘지 않다는 말을 주야장천 읊어댔다. 지금의 경제 상황이 1997년 외환위기나 2008년 금융위기 때와 다르다며, 외환보유액이나 국가신용도 면에서 건실함을 애써 강변해 왔다.

틀린 말은 아니다. 국민총생산(GDP) 기준 40% 정도의 순대외자산과 25% 수준의 외환보유액을 갖고 있다. 1997년 외환위기 때와 비교해도 양호한 수준인 게 사실이다. 외환위기 당시 GDP 대비 외환보유액 비율은 4%에 불과했다. 지금은 그 4배가 넘는다. 단기외채 기준 비율도 30%에서 지금은 3배로 늘었다. 경상수지도 당시는 적자였으나 아직은 흑자 상태다.

지표는 두루 살펴야 맞다. 지금처럼 힘든 상황에서는 매크로한 지표만 보고 정책을 펼치는 건 위험천만하다. 현장 경기나 소비 동향, 자금 흐름 등 디테일한 지표도 고루 살펴야 한다. 외환보유액, 국가신용등급 등 거시건전성 지표만 봐서는 현실에 맞는 해법은 내놓기 어렵다. 소의 뿔을 바로잡으려다 소를 죽이는 것 같은 중차대한 오류를

범할 수 있다.

지표는 추세도 봐야 한다. 지금처럼 제반 경제지표가 나빠지는 상황에서는 더더욱 그렇다. 실제가 경제가 가라앉고 성장률이 낮아지고 있다. 무역수지에 이어 경상수지도 적자 전환 기미다. 고삐 풀린 물가는 진정은커녕 고개를 든다. 1,400원 중반까지 치솟은 원 달러 환율은 그 끝이 어디일지 가늠조차 힘들다. 실물경기가는 속절없이 추락하여, 바닥을 기고 있다. 한국은행의 10월 기업경기실사지수(BSI)는 76를 기록했다. 1년 8개월 만에 최저치다.

거시·미시지표 두루 살펴야

지표에 겸손해야 한다. 있는 그대로 받아들여야 한다. 현실 모면이나 책임회피를 위한 핑계는 금물이다. 무역수지 개선 대책이 안 보인다는 지적에 국무총리가 "무역수지가 아니라 경상수지를 봐야 한다"고 했다. 경제부총리는 "무역수지 적자와 경상수지는 다르게 나온다"고 했다. 무역수지 지칭을 '국제수지를 개선하라'는 의미로 받아들이지 않고, 국민을 무역수지와 경상수지도 구분 못하는 문외한으로 취급하는 듯한 말투가 듣기 거북하다.

한미 통화스와프도 그렇다. 한은 총재는 애초에 부정적 태도를 내비쳤다. "미국과 상설 통화스와프를 맺은 영국과 유로존, 캐나다에서도 달러가 강세. 현 상황에서 통화스와프로 달러 강세를 막을 수 있다는 것은 오해라고 생각한다"고 했다. 그러다 G20 재무장관·중앙은행 총재 회의 및 국제통화금융위원회(IMFC) 회의 동행기자단과의 간담회에선 돌연 말을 바꿨다. "한미 통화스와프에 대비해 우리는 연준과 굉장히 적극적으로 정보를 공유하고 있다"고 했다.

레고랜드 채무불이행 선언은 막무가내의 끝판왕이다. 안 그래도 가뜩이나 어려운 경제에 큰 충격과 혼란을 안겼다. 파문이 일파만파로 번지고서야 강원도지사가 "본의 아니게 사태가 이렇게 흘렀다"며 "미안하게 됐다"고 사과했다. 그리고 레고랜드 건설 관련 채무 보증 2,050억 원을 12월 15일까지 전액 상환할 뜻을 밝혔다. 그러면 뭐 하나. 이미 엎질러진 물이고 사후약방문인 것을.

예측할 수 없는 경제는 없다. 수많은 지표가 다가올 미래 경제의 모습을 생생하게 예고하고 있기 때문이다. 조금만 더 빨리, 조금만 더 깊게 미래 경제의 흐름을 엿볼 수 있다면 위기쯤은 능히 대처할 수 있다. 경제 안정이나 지속 성장도 어렵지 않다. 미국의 SF 작가 윌리엄 깁슨의 명언을 생각하자. "미래는 이미 우리 옆에 와있다. 단지 널리 퍼져 있지 않을 뿐이다." 새겨들을 경구驚句다.

〈2023년 1월, 권의중〉

디플레이션 해법, 차질 없는 대응

연말이 다가오자 내년이 걱정된다. 올해에 이어 내년에도 경제가 어려울까 불안하다. 국내·외 기관이 내놓은 2023년 대한민국 경제성장률 전망치가 밝지 않다. 다들 1%대로 낮춰 잡고 있다. 경제협력개발기구(OECD) 1.8%, 국제신용평가사 피치 1.9%, 한국은행 1.7%, 한국경제연구원 1.9%, 한국개발연구원(KDI) 1.8%, 한국금융연구원 1.7%다. 모두 거기서 거기, 고만고만하다.

실제로 고금리·고물가·고환율의 복합 악재에 글로벌 불황이 겹치면서 경제가 침체 국면에 빠져들 거라는 경고가 꼬리를 문다. 경기침체와 고물가가 동시에 출현하는 스태그플레이션에 대한 우려가 커지고 있다. 현대경제연구원은 "환율·물가·금리가 모두 상승하는 3고高 현상의 지속으로 슬로플레이션이나 스태그플레이션의 늪에 빠질 가능성이 높아졌다"고 평가했다.

우리만의 현상은 아니다. 세계 주요국의 경제가 침체에 빠질 것이라는 우려가 나온다. 미국 연방준비제도(Fed)가 공개한 11월 연방공개시장위원회(FOMC) 의사록에 따르면 Fed 이코노미트들은 미국 경제가 내년 중 침체에 진입할 가능성이 거의 기준선에 가깝다고 판단했다. 영란은행(BOE)은 지난여름 영국 경제가 침체기에 들어섰고 길게는 2년가량 이어질 수 있음을 경고했다. 도이체방크는 독일 경제 역시 이미 침체에 빠졌을 수 있다고 진단했다.

우리나라는 태연하다. 스태그플레이션까지는 가지 않을 거라는 예상이다. 추경호 부총리 겸 기획재정부 장관은 10월 국정감사에서 "경기 부진이나 스태그플레이션을 운운할 수 있는 정도로 보긴 힘들다"고 답했다. 이창용 한국은행 총재도 "스태그플레이션은 정의에 따라서 달라질 수 있다"며 "성장률은 내년 하반기 중 반등할 것으로 보이며 물가도 점점 안정세를 찾을 것으로 예측됨에 따라 스태그플레이션이라는 평가는 아직 과도하다"는 입장이다.

복합위기엔 총체적 접근 유효

틀린 말은 아니다. 스태그플레이션은 어디까지나 교과서적인 개념에 불과하다. 물가가 얼마만큼 오르고 경기가 어느 정도 침체해야 스태그플레이션인지 구체적으로 수치화된 기준은 없다. 전망이나 의견은 각자 다를 수 있고 또 달라야 맞다. 그런 점에서 지금이 스태그플레이션이냐 아니냐는 부질없는 논쟁일 수 있다. 어찌 보면 스태그플레이션은 그에 대한 의구심이 들기 시작할 때 이미 발생한 상황인지도 모른다.

경기침체는 이미 가시적이다. 채권시장에서는 신호가 뚜렷하다. 지난 9월 국고채 3년물 금리가 10년물 금리보다 높아지는 장단기 금리역전이 생겼다. 2008년 7월 이후 14년여 만이다. 장단기 금리역전은 경기침체의 전조로 해석된다. 국고채 3년물 같은 단기물 금리에는 현재의 통화정책이, 국고채 10년물 등 장기물 금리에는 미래의 경제성장률과 물가상승률에 대한 기대치가 반영된다. 또 만기가 긴 채권일수록 만기 때까지 리스크가 늘어나기 때문에 금리가 높다.

실제로 장·단기물 금리역전 현상은 스태그플레이션 때 나타나곤 한다. 미국의 경우 장단기 금리가 역전되고 나서 1~2년 내 경기침체로 이어졌다. 우리나라는 더욱 그럴 수 있다. 세계 주요국의 고강도 긴축과 경기둔화로 수출 부진이 이어지고 소비가 계속 위축되고 있어서다. 1%대로 전망한 2023년도 경제성장률이 마이너스(-)로 추락할 가능성마저 배제하기 어렵다.

금융시장 불안도 경기침체의 여파일 수 있다. 한국은행이 금융전문가 72명을 대상으로 한 설문 조사에 따르면, 58.3%가 금융시스템 위기를 초래할 충격이 1년 이내에 나타날 가능성이 크다고 응답했다. 지난 5월에는 이렇게 답한 비율이 26.9%에 불과했으나 6개월 사이 2배 이상 늘었다. 반면 '우리나라 금융시스템 안정성의 신뢰도가 높다'는 답변은 36.1%에 그쳤다.

비상 대책보다 정기定期 협의로

포인트는 위기 상황에 어떻게 대응하느냐다. 복합위기에는 총체적 접근이 유효하다. 낱낱의 현상에 천착하기보다 그 낱낱이 맞물려 작동하는 전체적인 양상에 주목해야 한다. 이해를 돕기 위해 한은의 기준금리 인상을 예로 들어보자. 미국의 긴축 기조에 대한 대응이 필요하나 국내 이슈에도 대처해야 한다. 제롬 파월 미국 연준의장의 입만 쳐다볼 게 아니라 국내 경제주체의 눈도 바라봐야 한다.

인플레이션 억제가 중대사이나 경기침체 또한 경계 사항이다. 미국과의 금리역전에 신경 써야 하나 금리상승에 따른 금융비용 증가, 한계기업의 줄도산도 염려해야 한다. 그러려면 기준금리를 어느 정도 올리면 물가에 얼마만큼 영향을 주고, 국제수지와 환율, 금융시장과 국내 산업에 어떤 유불리가 있을지를 종합적으로 검토할 필요가 있다.

기준금리 결정은 한은의 고유 업무이긴 하나 독자적 결정사항으로 보긴 어렵다. 금융통화위원회 위원구성을 당연직인 한국은행 총재와 부총재 말고도, 기획재정부 장관, 한국은행 총재, 금융위원회 위원장, 대한상공회의소 회장, 전국은행연합회 회장 등이 추천한 자를 대통령이 임명하게 한 것은 나름의 이유가 있어서다. 각계 전문가의 의견을 반영해 최적의 의사결정을 하기 위함이다.

앞서 열거한 기준금리 결정 개선 제안은 한 예에 불과하다. 정부 정책이 다 그래야 할 것이다. 일이 터지고 나서 대책을 내놓는 것은 상책이 못 된다. 철저한 분석과 면밀한 검토를 통해 정책의 순기능을 키우고 역기능은 줄이는 것이 공공문제 해결을 위해 정부가 취해야 할 활동 방향이다. 요란한 비상 대책보다 조용한 정기定期 협의가, 격렬한 논쟁보다 차분한 논의가 긴요한 이유다.

〈2023년 1월, 권의종〉

무역적자, 국제계약, 해외직접투자 활로를

무역수지가 연이어 적자다. 넉 달 내리 빨간불이다. 수출이 많이 늘었으나 수입은 더 많이 늘었다. 7월 수출은 1년 전보다 9.4% 증가한 607억 달러, 수입은 21.8% 늘어난 653억 7,000만 달러였다. 46억 7,000만 달러 무역수지 적자를 기록했다. 4월 이후 줄곧 마이너스다. 넉 달 연속 무역적자는 글로벌 금융위기 때인 2008년 이후 14년 만이다.

올 1월부터 7월까지 무역적자 누적액이 150억 2,500만 달러에 이른다. 관련 통계를 작성하기 시작한 1956년 이후 가장 큰 수치다. 경기 침체가 가시화되고 세계 주요국이 기준금리를 경쟁적으로 올리는 등 수출 전망 또한 밝지 않다. 1997년 외환위기 때처럼 재정적자와 경상적자가 동시 출현하는 '쌍둥이 적자'가 걱정된다.

대對중국 무역수지도 석 달 연속 적자다. 1992년 이후 30년 만이다. 코로나19 확산을 막기 위해 중국이 대도시를 봉쇄한 것과 무관치 않다. 구조적인 문제로 단정 짓기 어렵다. 설사 그렇다 해도 중국은 우리의 최대 교역국이다. 신경이 쓰인다. 더 마음에 걸리는 건 중국의 빠른 기술 굴기崛起다. 중국 수출이 고전을 면치 못하고 있다. 10대 수출 품목 가운데 반도체 빼고는 정체거나 감소세다.

물론, 에너지 수입 의존도가 높은 일본과 독일, 프랑스 등도 무역적자를 겪고 있다. 하지만 동병상련은 천만의 말씀. 그들 나라의 사정은 우리와 판이하다. 다들 기축통화국인데다 하나같이 국가 경쟁력이 막강하다. 내수시장도 탄탄하게 받쳐준다. 우리나라는 그들 나라보다 경쟁력 면에서 열세인데다 두 차례나 외환위기를 겪은 신흥국에 불과하다.

무역적자 와중에 중국의 기술 굴기屈起 우려

무역적자는 후유증이 더 무섭다. 적자가 누적되면 원화 가치 하락을 압박하는 요인으로 작용한다. 외환 당국이 과도한 원화 가치 하락을 막기 위해 시장에 개입하게 되고, 그 과정에서 외화보유액이 줄어들게 마련이다. 우리나라의 외환보유액은 지난해 10월 4,692억 달러로 사상 최고치에 이른 후 내리막이다. 외환시장 개입 영향 등으로 4,383억 달러까지 줄었다. 국제통화기금(IMF)이 제시하는 외환보유 적정 범위인 4,680억~7,021억 달러를 밑돈다.

IMF 기준치가 절대적 의미를 갖는 것은 아니다. 가이드라인에 불과하다. 외화보유액이 세계 1위인 중국도 IMF 기준에는 미달한다. 우리나라는 대외부채 중에는 장기 부채 비중이 높은 편이다. 2015년 이후 대외금융자산이 대외부채보다 많은 순純 채권국이다. 그런 만큼 크게 걱정할 필요가 없다는 주장도 나름의 일리는 있다. 틀린 말은 아니다.

그래도 방심은 금물이다. 무역적자나 외환보유 감소는 수치 이상의 의미가 있다. 국내외 금융시장 참여자들이 유심히 살펴보는 중대 변수라는 점에서 세심한 관리가 필요하다. 더구나 우리나라는 소규모 개방경제다. 국가 신인도를 늘 염두에 둬야 한다. 설사 무역수지 적자가 에너지 수입 급증 등에 따른 일시적 현상이라 해도 손 놓고 있을 수 없는 이유다.

수출로 먹고사는 나라에서 무역적자만큼 위험한 게 없다. 서둘러 수출진흥책을 내놔야 한다. 모든 게 다 때가 있다. 실기했다간 큰코다칠 수 있다. 수출 확대를 위해 금융, 행정, 세제 지원 등을 늘려야 한다. 규제는 풀고 장애는 없애야 한다. 정책의 최우선순위를 유망 수출 품목 발굴과 함께 시장 다변화, 공급망 다원화 등으로 둬야 한다. 무역수지를 극대화해 나라를 부강케 하는 신新중상주의 정책을 펼칠 때다.

무역수지 호전은 신新중상주의로

수출주도형 국가 경영으론 이제 한계가 있다. 글로벌 경제 패러다임 변화와 잘 안 맞는다. 경제적 의미의 국경이 사라지고 국가 경제의 영역이 지구화되고 있다. 원자재 조달이 쉽고 상품을 싸게 만들 수 나라로 생산기지가 옮겨가고 있다. 외국의 자본과 우수 기술 유치를 위한 각국의 노력 또한 필사적이다. 여기에 공급망 위기, 물류비용 상승, 자국 우선주의 강화 등이 맞물리며 수출 확대가 갈수록 힘들어지고 있다.

수출은 글로벌화의 초기 단계에 해당한다. 국내외에서 원자재를 구매해 가공한 후 해외에 판매하는 방식이야말로 국제사업 활동의 기본에 불과하다. 해외시장 정보에 어둡고 고객 수요를 잘 알지 못할 때 활용되는 방식이다. 정치적 위험과 문화적 차이에 대한 관리 능력이 충분치 못할 때 유효하다. 제품에 따라 다르고 순서가 정해진 건 아니나, 수출 위주의 방식에서 벗어나 국제계약방식이나 해외직접투자로 진화를 해야 맞다.

그래야 국부 창출을 위한 새롭고 확실한 캐시카우(Cash Cow)를 만들어낼 수 있다. 계속해서 현금흐름을 발생시켜 한국경제를 벌여 살릴 돈벌이가 되는 수익창출원을 발굴할 수 있다. 수출 비중을 줄이는 대신, 국제적인 라이선싱, 프랜차이징, 경영관리계약, 턴키프로젝트, 계약제조 등과 적절한 조화를 이뤄야 한다. 외국의 실물자산이나 주식 등을 취득하는 해외직접투자에도 박차를 가해야 한다.

글로벌화는 선점효과가 크다. 주요국과 비교해 해외 진출이 늦은 우리나라는 그만큼 불리한 위치에 있다. 세계 무대를 상대로 지속 가능한 성장을 이어가려면 경쟁국들과 차별화된 전략 수행이 필수적이다. 그러려면 전략의 고도화, 비교우위의 기술혁신, 난공불락의 경쟁력이 뒷받침돼야 한다. 이 모든 게 말처럼 쉬울 리 없다. 정부와 기업, 국민이 합심해 노력하면 못 할 것도 없다. 우리가 어떤 민족이고 대한민국이 어떤 나라인가.

〈2022년 8월, 권의종〉

엔저円低 비상, 일본 경합산업 지원을

'가난한 일본'. 요즘 들어 언론에 부쩍 자주 등장하는 표현이다. 『싸구려 일본』이라는 책이 베스트셀러 목록에 오를 정도다. 안전자산으로 평가되던 엔화가 달러화 대비 6년 만에 최저 수준을 기록했다. 추가 하락 가능성도 거론된다. 달러·엔 환율이 135~140엔까지 떨어질 거라는 예상도 있다. 원·엔 환율도 1,000원 밑으로 빠졌다. 2018년 12월 4일 980.33원을 기록한 이후 3년 3개월 만에 최저치다.

종전과는 판이한 양상이다. 지난날 엔화가 기축통화로 대접을 받았던 데는 일본의 경상수지가 흑자기조를 이어갔고 세계 최대 규모의 대외순자산을 보유했던 점과 관련이 컸다. 금융시장이 불안해지면 일본의 대외 투자자산이 본국으로 송금되어 엔화 강세를 뒷받침했다. 다 지난 옛날이야기다. 지금은 우크라이나 사태 여파로 원유와 곡물 등 원자재 가격이 천정부지로 치솟는 가운데 심화한 엔저 현상이 일본의 무역수지 악화를 부채질하는 형국이다.

일본의 2월 무역수지가 6천 682억 엔 적자를 기록했다. 작년 8월부터 7개월 연속 마이너스 행진이다. 그동안 일본은 무역수지에 적자가 나도 자본수지에서 흑자를 보여 경상수지는 플러스였다. 이제는 경상수지 흑자 가능성도 희미하다. 전망은 엇갈린다. 코로나19 등으로 억눌렸던 경기가 회복되면서 엔저 현상은 오래가지 않을 거라는 분석이 나온다. 반면 연준의 긴축 가속화 가능성, 무역수지 악화 등이 엔화의 추가 하락 요인으로 작용할 거라는 예상도 제기된다.

안되는 데는 이유가 많다. 엔저 원인에 대한 진단 또한 구구하다. 크게 3가지다. 우선은 일본의 완화적 통화정책에 책임을 돌린다. 미국 연방준비위원회(FRB) 등 세계 주요 중앙은행이 인플레이션을 잡기 위해 기준금리 인상 등 통화정책을 긴축으로 방향을 트는 가운데 유독 일본만 반대로 가는 데서 원인을 찾는다. 실제로 일본의 마이너스 금리를 피해 엔화를 팔고 떠나는 자금이 늘었고 그 결과 엔화 가치가 하락했다.

안전자산 대접 엔화, 추가 하락 우려

긴축 기조는 앞으로도 이어질 기세다. 일본은 20년 넘게 디플레이션에 시달려 왔다. 구로다 하루히코 일본은행(BOJ) 총재는 앞으로도 디플레이션 극복을 위해 완화적 통화정책을 이어갈 뜻을 내비쳤다. "미국의 물가 상승률은 8%, 유럽은 6%에 가깝지만, 일본은 1%가 채 안 된다"라며 "미국과 유럽이 금리를 올리는 등 통화정책에 나서는 것은 자연스럽지만 일본이 따라 할 이유는 전혀 없다"라고 잘라 말했다.

일본 중앙은행이 자국의 채권 금리 상승을 방어하기 위해 국채를 매입하는 점도 엔저 현상을 부추기는 원인의 하나다. 최근 일본의 자산구조가 변화한 것도 엔저 현상에 한몫했다. 일본 내 재산들이 현금, 주식 등 가처분 자산 비중이 높았던 구조에서 해외 직접투자, 비트코인 등 외화 헤지용으로 자산 구조가 변하면서 단기 유동성 여력이 약화됐다.

두 번째 이유는 심각하다. 에너지 수입의존도가 높은 일본이 러시아의 우크라이나 침공 이후 국제 원유와 원자재 가격상승의 영향을 크게 받는 점이다. 장기간에 걸쳐 누적된 무역적자에 더해 국제 원유와 원자재 수입 가격 부담이 엔화를 찍어누르고 있다. 게다가 일본은 국가 부채까지 높은 나라다. 2021년도 기준 일본의 국가 부채 비율은 257%에 이른다. 동일선상의 한국이 타산지석으로 삼을 부분이다.

마지막 요인은 일본 경제의 대외적 위상이 예전만 못하다는 사실이다. 1985년 플라자합의 이전 만해도 일본이 세계 경제에서 점하는 비중이 15%가 넘었다. 경제 대국의 막강한 위상을 과시했다. 지금은 그 자리를 중국에 내준 상태다. 중국 위안화가 엔화를 대체하면서 엔화는 글로벌 안전자산 순위에서 내리막길을 걷고 있다. 신세가 처량해졌다.

달러당 엔화 가치 하락, 한국기업에 악재

한가로이 남 이야기나 할 때가 아니다. 원화 가치 추락 또한 심각하다. 원화가 많이 떨어졌으나 엔화가 더 떨어지다 보니 체감이 힘들 뿐. 엄중한 현실을 직시해야 한다. 엔저 현상이 국내 산업계에 미칠 파장에 긴장해야 한다. 엔화 약세는 일본 수출기업에 유리하고 일본과 경쟁하는 한국 기업에 불리하게 작용한다. 달러당 엔화 가치가 떨어지면 해외 시장에서 일본 제품의 달러 표시 가격이 낮아진다. 그만큼 한국산 제품의 가격경쟁력이 떨어진다.

일본과의 수출 경합도가 높은 석유화학, 철강, 기계, 자동차 등의 업종이 '엔저 영향권'에 들 가능성이 크다. 한국 수출의 상위 100대 품목 중 일본 수출 상품과 겹치는 품목이 55개에 이른다. 이들 품목 수출이 한국 총수출의 54%를 차지한다. 한국무역협회에 따르면, 엔화 가치가 10% 하락할 때마다 한국의 무역수지는 약 15억 달러 정도 줄어드는 것으로 조사됐다. 여기에 미국은 중국 견제를 위해 일본의 엔저를 암묵적으로 용인하는 태도다.

환율 개입은 어렵다. 원화와 엔화는 외환시장에서 직접 거래되지 않아 달러화 대비 가치를 비교한 재정환율로 두 통화의 상대적 가치가 산출된다. 우회적으로나마 개입 여지가 있는 원·달러 환율과 다르다. 엔화 약세에 대한 정부 차원의 대응이 긴요한 이유다. 수출 비중이 높거나 일본과 경합이 큰 산업에 대한 지원이 절실하다. 무역금융 확대와 신용보증 특례 지원을 통한 유동성 확보와 함께 물류 바우처 확대, 해외 바이어 연계 등의 지원책이 뒷받침돼야 한다.

한국경제의 태생적 한계를 늘 유념해야 한다. 부존자원이 빈약하고 내수시장이 협소하다. 해외에서 돈을 벌어와야 먹고 살 수 있는 고단한 구조다. 한국은행에 따르면 지난해 한국 수출의 경제성장 기여율이 87.5%에 달했다. 엔저 비상을 '바다 건너 불'로만 지켜봤다간 큰코 다칠 수 있다. '우리 발등에 떨어진 불'로 알고 이를 끌 궁리를 서둘러야 한다. 역대 최고 수출에도 1분기 무역수지가 14년 만에 적자로 돌아섰나. 남 생각할 겨를이 없다. 당장 우리 코가 석 자다.

<2022년 4월, 권의종>

위기가 기회, 퍼펙트 스톰 극복을

경제 용어 중에는 자연과학에서 유래된 것들도 있다. 퍼펙트 스톰 (perfect storm)도 그중 하나다. 원래 의미는 개별적으로 보면 위력이 크지 않은 태풍이 다른 자연현상과 동시에 발생해 그 영향력이 더욱 커지는 현상을 말한다. 2011년 6월 '닥터 둠' 누리엘 루비니 뉴욕대 교수가 2013년 미국의 더블 딥, 중국의 경제성장 둔화, 유럽 재정위기 등으로 퍼펙트 스톰이 세계 경제를 강타할 것으로 예측하며 이 용어를 처음 사용했다.

한국경제에도 퍼펙트 스톰의 우려가 커지고 있다. 강한 인플레이션 압력으로 인해 주요국 중앙은행들이 강도 높은 긴축을 시행하고 있다. 세계 경제와 금융환경의 불확실성이 커지고 있다. 지나친 위기의식은 곤란하나, 안심할 상황도 아니다. 만에 하나 위기가 현실화하면 그로 인한 파급효과가 상당할 것이다.

국내경제가 심상찮다. 경기가 둔화되는 와중에 물가와 금리, 환율이 동시에 뛰는 3고高의 복합위기를 맞고 있다. 경제에 빨간불이 켜졌다. 각종 경제지표가 경고음을 울려댄다. 4월 국내 소비자물가지수(CPI) 상승률이 4.8%. 13년 6개월 만에 최대 상승 폭이다. 국제통화기금(IMF)이 전망한 올해 한국 소비자물가상승률 4%를 넘어섰다. 생산자 물가지수는 1년 전인 작년 4월보다 9.2% 뛰었다. 원·달러 환율은 1,300원을 넘본다. 금리도 연일 뜀박질이다.

국내적으로 가계부채, 대외적으로는 공급망 대란이 한국경제를 안 팎에서 옥죈다. 가계부채는 코로나 팬데믹 이후 돈 풀기 등으로 지난 해 말 1,862조 원에 이르렀다. 소비 위축과 대출 부실 위험을 키워 경 기침체로 이어질 조짐이다. 글로벌 공급망 대란도 위협이다. 인플레이 션을 유발하고 경기를 둔화시켜 스태그플레이션 촉발 요인으로 작용 할 수 있다. 중국의 '제로 코로나'정책까지 겹치면서 공급망 대란은 더 심해지고 장기화할 거라는 예상이다.

고물가, 고금리, 고환율 3고高 복합위기

미국의 급격한 금리 인상도 한국경제에 치명적 악재다. 한·미 간 금 리 격차가 좁혀지거나 역전이 벌어지면 큰일이다. 문제가 심각해진다. 글로벌 자금이 국내 시장을 빠져나가 환율 급등과 증시 폭락으로 이 어질 게 걱정된다. 현재 미국의 기준금리는 0.75~1.00%. 월가의 예상 대로 미국 연방준비제도(Fed)가 기준금리를 0.5%포인트 인상하는 빅 스텝을 최소 두 차례 더 밟으면 미국 기준금리는 2.25% 수준에 이르 게 된다.

지금 상황이 1997년 외환위기나 2008년 글로벌 금융위기 때 못지 않다. 그때보다 더했으면 더했지, 덜하지 않다. 설마가 사람 잡는다고 막연한 낙관은 금물이다. 외화보유액에 여유가 있고, 대외 신인도에 문제가 없다고 자신할 때가 아니다. 4월 말 현재 우리나라 외환보유고 는 4,493억 달러. 국제통화기금(IMF)이나 국제결제은행(BIS)의 권고를 참조해 추산한 적정 외환 규모인 6,810억 달러에 한참 못 미친다. 국가 신인도 역시 언제 어떻게 변할지 모른다.

과거 위기와는 원인부터 판이하다. 1997년 외환위기는 신흥국의 유동성 위기였다. 선진국이 신흥국에 자금을 지원할 여력이 있었다. 수출도 잘 됐다. 1994~1997년 483억 달러의 경상 적자가 외환위기 이후 1998~1999년 616억 달러의 흑자로 반전됐다. 재정 여유도 있었다. 경기 부양을 위한 재정 동원이 가능했다. 당시 국내총생산(GDP) 대비 국가채무는 11.4%에 그쳤다. 지금은 어떤가. 올해 들어 무역수지가 적자로 돌아서고 작년 말 국가채무비율이 47%로 치솟은 상태다.

2008년 금융위기 때와도 또 다르다. 그때는 물가가 높지 않았다. 도리어 디플레이션을 걱정할 상황이었다. 세계 각국이 금리를 낮추고 양적완화를 했다. 미국은 1년 새 기준금리를 5.25%에서 0~0.25%로 내렸다. 한국도 금융위기 직후 5개월간 기준금리를 5.25%에서 2%로 낮췄다. 2009년 0.7% 성장률이 2010년 6.5%로 V자 반등하며 위기를 벗어날 수 있었다. 지금은 고물가 시대라 돈 풀기가 어렵다. 금리도 인플레이션을 잡기 위해 더 올려야 하는 판이다.

위기의 원인은 우리 경제 안에

현재로서는 용빼는 재주가 없다. 어려울수록 그나마 원론적 대응이 더 유효할 수 있다. 장단기적 접근을 병행하는 게 바람직하다. 급선무는 급등하는 인플레이션을 억제하고 급증하는 국가 부채를 관리하는 일이다. 금융 리스크도 대비해야 한다. 금융시장 위험을 통제하고 외화유동성을 확보해야 한다. 외환 수급 여건 악화, 외국인 자금이탈 등 외환시장 불안 요인을 잠재워야 한다.

금리 상승과 자산 가격 조정에 따른 취약 차주의 채무상환 능력 저하 등에 따른 가계부채 부실 대책도 마련해야 한다. 예대금리차 공시 강화, 금리인하요구권 활성화 등으로 금융소비자 부담이 커지지 않도록 배려해야 한다. 경제 워룸이나 비상 대책기구 등 상황 점검과 긴급 대처가 가능한 위기관리 체계 가동도 필요해 보인다.

그래봤자 우선 둘러맞추는 임시변통이다. 중장기적 대책도 함께 세워 위기 관리에 만전을 기해야 한다. 우리 스스로 경제의 체질을 강화하기 위해 피나는 노력을 기울여야 한다. 위기의 원인을 대외적, 상황적 요인에서만 찾으려 해서는 답이 없다. 우리 경제에 내재하고 있는 본질적이고 구조적 요인, '경쟁력 위기', '시스템 위기'의 문제의식으로 접근해야 해법을 찾을 수 있다.

낡은 경제의 틀을 혁신해야 한다. 4차 산업혁명 시대를 선도할 연구개발, 기술혁신, 규제 완화, 고부가가치화 등으로 경제의 효율을 높여야 한다. 지금의 제조업 수출을 대체할 비교우위의 성장모델 발굴 등으로 산업구조를 일신해야 한다. 위기는 기회가 되기도 한다. 궁한 처지에 이르면 도리어 펴나갈 방법을 찾게 되는 법. 어떤 고난이 있어도 주저앉지 않고 노력하면 그 궁함이 반드시 통할 것이라는 궁즉통窮則通. 위기 시대를 일깨우는 탁월한 일갈이다.

<2022년 5월, 권의종>

정책, 모니터링에서 액셔닝으로

　말할 때 영어 단어를 섞어 쓰면 왠지 유식해 보인다. 전문가 같고 지성인답게 느껴진다. 그래서 그런지 몰라도 공직자의 영어 단어 구사가 잦다. 한글날 연휴가 지나고 얼마 안 돼 그런 언론 기사 하나가 눈에 띄었다. 한국은행 총재가 미국 워싱턴DC에서 G20 재무장관·중앙은행 총재 회의와 국제통화금융위원회(IMFC) 회의에 동행한 기자단과 가진 간담회 관련 보도였다.

　요지는 이러했다. 한은 총재는 본 보도에서 급격한 강强달러 기조가 세계 다른 나라 경제에 부정적 영향을 미치는 '스필오버'효과를 거론했다. "제롬 파월 미국 중앙은행(Fed) 의장이 미국은 인플레이션이 높아 당분간 물가안정을 위해 금리 인상 추세를 지속해야 한다는 점을 분명히 하면서도, 동시에 그런 정책이 미치는 여러 스필오버도 유심히 보고 있다"고 전했다. 그러면서 "과거 경험이나 달러가 차지하는 위치로 볼 때 (미국도) 해외에 미치는 스필오버와 이로 인한 (부정적 영향이 다시 미국으로 유입되는) '스필백'을 고려할 것"이라 부연했다.

　한편 '글로벌 통화정책 긴축 강화와 한국의 통화정책' 강연에서는 "제가 전보다 직설적이지 않고 모호하게 이야기한다는 점을 알게 될 텐데, 이는 중앙은행원이 배워야 하는 미덕"이라 설명했다. 포워드가이던스(사전 안내 지침)와 달랐던 한은의 최근 빅스텝(기준금리 한 번에 0.5%포인트 인상) 결정에 대한 일각의 비판을 의식한 발언으로 해석됐다.

이쯤 되면 내용이야 어찌 됐든 형식만큼은 국적 불명이다. 우리말과 영어가 뒤엉킨 콩글리시 구조다. 기사는 독자의 이해를 돕기 위해 괄호 안에 자상한 도움말을 달았으나, 그게 없다면 내용을 이해할 자가 많지 않아 보인다. 간담회 참석 기자는 물론 금융전문가조차도 알아먹기 힘들 성싶다.

외래어 전문용어보다 실제적 정책을

잦은 영어 단어 사용 자체를 탓할 의도는 추호도 없다. 전문가 견해에 이러쿵저러쿵 토를 다는 건 예의가 아니다. 세계화 시대에 외국어 구사는 어쩌면 당연지사다. 우리말에 마땅한 용어가 없어 원어를 인용하는 건 불가피한 일이다. 그래도 정도껏 해야 맞다. 전문용어야 어쩔 수 없다손 쳐도, 우리말 표현이 가능한 일상어까지 외래어를 끌어다 쓰는 건 보기에 민망하다.

근자에 고위 관료들이 공식 석상에서 자주 써먹는 영어 단어가 있다. '모니터링(monitering)'이다. 걸핏하면 '모니터링하고 있다'는 말을 쏟아내곤 한다. 시도 때도 없다. 상황이 곤란하거나 답변이 궁색해지면 으레 모니터링을 들먹인다. 위기 모면 의도가 크다. 외환위기를 목전에 두고도 '펀더멘탈'을 들먹이다 국가 부도 사태를 맞은 1997년의 쓰라림을 떠올리게 한다.

경제부처는 모니터링을 입에 달고 산다. 수입 물가가 급등해도, 원달러 환율이 치솟아도, 국제유가가 불안해도 온통 모니터링 타령이다. SK C&C 데이터센터 화재로 인한 카카오 서비스 장애 대처도 그렇다. 관련 부처 모두가 모니터링 모드에 돌입했다. 과학기술정보통신부는 개인정보 침해 상황에 대한 모니터링 강화를 결정했다. 금융감독원은 화재 발생 후 일부 송금 및 결제 등의 금융서비스에 상당 시간 장애가 발생했을 때, 그 원인과 비상대응계획 가동 실태에 대한 모니터링을 발표했다.

금감원의 모니터링 대상은 이 말고도 더 있다. 파생결합증권(ELS·DLS) 증가와 관련해 국내외 주가지수 하락에 따른 투자자 손실위험에 대한 모니터링 강화를 밝혔다. 부동산 경기 악화와 함께 부동산 프로젝트파이낸싱(PF) 부실이 우려되는 점에 대해서는 부동산 PF시장 밀착 모니터링을 선언했다. 금융권의 태양광발전 사업에 대해서도 '전력산업기반기금사업'에 문제가 있다고 보고 지속적인 모니터링을 예고했다.

지켜만 보고 있다 보면 결국 사고는 터지기 마련. 레고랜드 자산유동화기업어음(ABCP) 미상환 사태 등으로 금융시장이 마비 지경에 이르러서야 정부가 채권시장안정펀드를 포함한 '50조 원+α'의 유동성 지원 조치를 가동한다는 방침을 세웠다. 꼭 일이 터지고 나서야 호떡집에 불난 듯 부산을 떨곤 한다. 힘은 힘대로 들고 돈은 돈대로 들면서 효과는 미지수인 이유다.

모니터링은 업무 태만이자 직무 유기

감사원이라고 다를까. 국정감사에서 야당 의원이 윤석열 정부의 대통령실 이전에 대해 "이전 예산 규모도 크고 과정도 불명확하다"며 감사를 촉구했다. 그러자 감사원장이 "지금 저희가 모니터링하고 있다"고 응수했다. 국세청의 국감 말투 또한 비슷하다. "세수를 안정적으로 관리하고 민생경제 안정을 위해 경기 동향과 세수 진행 상황을 면밀하게 모니터링하고 있다"고 답했다.

지자체에서도 모니터링은 대유행이다. 정책의 투명성을 높이고 주민과의 소통 강화를 위해 지역대표와 시민이 참여하는 정책 모니터링단을 앞다퉈 발족한다. 대학도 학생 모니터링단 출범에 경쟁적이다. 군대 또한 장병급식·피복 모니터링단 발대식을 가졌다. 훈련 장비를 착용하고 사격 체험을 하며, 병영 식당을 방문해 식당 환경과 조리과정, 배식 상황을 점검할 요량이다.

정책의 본질은 모니터링이 아닌 '액셔닝'이다. 모니터링이 모니터링으로 끝나서는 아무런 의미가 없다. 모니터링은 대책 마련을 위한 준비 과정일 뿐. 상황을 예의 주시하고 이상 징후가 감지되면 즉각 상응한 조치를 하기 위해서 하는 것이다. 위기가 목전에 이르렀는데도 그저 바라만 보고 있는 것은 명백한 직무 유기이자 엄연한 정책 실패다. 우유부단은 아무짝에도 쓸모가 없다. 무용지물이다.

<2022년 10월, 권의종>

'전시戰時 경제'에는 백전노장을

그럴 줄 알았지만 이럴 줄 몰랐다. 한국경제가 역대급 충격이다. 곳곳에서 빨간불이 켜지고 연이어 경고음이 울려댄다. 윤석열 정부는 운도 없다. 대내외 경제 여건이 험난하다. 드러나는 경제 지표가 하나같이 안 좋다. 글로벌 금융위기 때 빈 국고國庫를 물려받았던 김대중 정부 시절 못지않다. 그때보다 어려움이 더하면 더했지, 덜하지 않다.

당장 나랏빚이 태산이다. '2021회계연도 국가결산보고서' 내용이 경악스럽다. 국가 부채가 2,000조 원을 넘어섰다. 정확히는 2,196조 4천억 원에 이른다. 2017년 1,555조 8천억 원, 2018년 1,683조 4천억 원, 2019년 1,743조 7천억 원, 2020년 1,981조 7천억 원으로 눈덩이처럼 불어났다. 2,057조 원의 국내총생산(GDP)보다도 많다. 확장 재정을 앞세워 펑펑 써댄 결과다.

민간 부채도 거대하다. GDP의 2.2배다. IMF·금융위기 때보다 심각하다. 가계와 기업이 짊어진 4,500조 원의 빚이 최대 위험요인으로 떠오른다. 금리 상승과 자산시장 부진과 맞물려 경제를 무너뜨릴 부메랑으로 돌아온다. 신종 코로나바이러스 감염증 위기를 거치며 실물경제 대비 과도하게 불어난 민간 빚이 경제의 취약 고리가 됐다. 금리 상승기를 맞아 빚을 늘려온 가계와 자영업자, 한계 기업의 줄도산이 우려된다.

무역수지는 적자로 돌아섰다. 올 1분기 무역수지가 40억 4,000만 달러 마이너스다. 글로벌 금융위기 직후 2008년 1분기 이후 14년 만이다. 반도체를 중심으로 수출이 최고치로 늘었으나 값이 부쩍 오른 원자재와 중간재 수입에 막대한 돈이 들어갔다. 설비투자도 주춤한다. 경기에 대한 불확실성이 커지면서 1분기 시설 투자 및 유형자산 취득을 공시한 기업의 투자금액은 3조 7,846억 원으로 전년 동기보다 52.3% 급감했다.

한국경제 역대급 '퍼펙트 스톰' 엄습

물가는 뜀박질이다. 인플레이션이 엄습한다. 물가 상승률이 2013년 이후 8년 연속 1%대 이내로 유지되다 지난해 2.5%로 고개를 들었다. 3월 소비자물가 상승률은 4.1%로 2011년 12월 이후 처음 4%대를 넘어섰다. 성장률은 떨어지는 판에 물가가 치솟는 게 섬뜩하다. 지금의 물가 상승세는 글로벌 공급망 마비로 인한 원자재 가격 급등이 주원인이다. 고성장을 바탕으로 강력한 수요가 뒷받침됐던 1980~1990년대의 인플레이션과는 성격이 또 다르다.

국민 살림살이는 팍팍하다. 1년 전보다 경유(37.9%), 휘발유(27.4%) 가격이 치솟았다. 3월 외식 물가는 23년 11개월 만에 가장 상승 폭이 컸다. 물가 부담에 구매력이 떨어져 내수가 위축된다. 코로나 사태 해결을 위해 뿌려진 유동자금이 넘쳐난다. 대출, 세금, 재건축 등 규제 완화 기대감에 부동산 시장이 꿈틀댄다. 기업경영은 더 어렵다. 전염병 창궐과 경기침체로 매출이 내리막이다. 물류비 상승, 원자재 가격 폭등에 팔아도 남는 게 없다.

금리는 계속 오를 조짐이다. 뛰는 물가를 잡기 위해서는 한국은행 기준금리 인상이 불가피한 측면이 있다. 빠른 속도로 금리를 올릴 예정인 미국에 맞서 자본 유출도 막아야 한다. 부작용이 문제다. 금리 인상이 본격화되면 당장 피해가 속출한다. 1,862조 원에 달하는 가계부채에 대한 이자 부담이 늘어난다. 빚 있는 저소득층을 중심으로 생활고가 심해진다. 고금리와 연체 증가로 금융시장마저 흔들릴 수 있다.

그러니 경제성장은 뒷걸음칠 수밖에. 올해 성장률 예상치 3% 달성은 어려울 거라는 게 중론이다. 기획재정부는 올해 성장률을 3.1%, 한국은행·국제통화기금(IMF)·한국개발연구원은 3.0%로 잡았다. 국내총생산(GDP) 또한 증가율이 3%대에서 2%대 중반으로 떨어질 가능성이 제기된다. 'I(인플레이션) 공포'가 경기침체 속에 물가가 오르는 'S(스태그플레이션) 공포'로 이어질 수 있다는 우려가 나온다.

대선 공약보다 국익의 진정성을

해결이 쉽지 않다. 그렇다고 걱정만 하고 있을 순 없다. 민첩하게 위기 대처에 나서야 한다. 세상만사, 사람에게서 비롯된다. 국가경영도 결국엔 '사람 장사'다. 일찍이 김영삼 전 대통령은 인사가 만사라 했던 터. 경제 분야만큼은 경험 많은 최고의 전문가를 골라 써야 한다. 절대로 대충대충 해서는 안 된다. 한번 채용하고 나면 속수무책이다. 국정철학 공유 따위나 운운하며 정치권이나 캠프 출신을 마구 써댄 과거 정부들의 잘못이 반복돼선 안 된다.

더구나 지금은 전시상황이다. 먹고 사는 경제, 죽고 사는 안보의 전장戰場 한복판에 있다. 긴급 상황에서는 비상 대처가 유효하다. 리스크 관리가 최우선이다. 참신함보다 노련함이 요구된다. 외부 인사 영입보다 능력과 역량이 검증된 내부 출신 발탁에 무게를 둬야 하는 이유다. 설사 개혁과 혁신은 이뤄내지 못하더라도 오판과 시행착오 위험만큼은 최소화할 수 있다.

　외부 전문가 기용이 나쁠 리는 없다. 다만, 지금은 그럴 시기가 아니다. 순기능보다 역기능이 불거질 수 있어서다. 외부 인사 부임은 업무와 상황 파악에 상당한 시일이 소요된다. 상황이 안정되고 개혁과 혁신이 필요할 때 해도 늦지 않다. 그런 점에서 새 정부의 첫 경제팀 조각은 일견 무난해 보인다. 경제부총리에 경제정책 전반을 경험한 정통 경제관료 출신을 지명했다. 나름대로 고민한 흔적이 엿보인다. 금융위원장도 그런 전문가를 기용하면 좋을 것 같다.

　노파심에 한마디 더. 대선 공약이 경제 운영의 걸림돌이 되면 곤란하다. 국민과 한 약속이라고 해서 그것에만 너무 연연할 필요는 없다. 피치 못할 사정이나 예상 못한 상황이 생기면 지키지 못하거나 미룰 수 있다. 원칙에 매달려 그러지 않는 게 도리어 비정상이다. 그래서 먹는 욕이나 당하는 비난쯤은 기꺼이 감수할 각오를 해야 한다. 좋은 나라, 좋은 경제를 만들려는 진정성만 있으면 된다. 지도자 되기는 쉬워도 지도자 답기는 어렵다.

<2022년 4월, 권의종>

테킬라 위기와 막걸리 위기

테킬라는 멕시코 고유의 전통술이다. 멕시코 서부에 위치한 할리스코주의 도시 테킬라(Tequila)의 이름을 땄다. 용설란의 일종인 아가이브 수액을 채취해 발효시킨 후 이것을 증류한 술이다. 용설란 줄기를 쪄서 분쇄한 뒤 즙을 짜 설탕, 효모를 넣고 발효시킨다. 이것을 여과한 뒤 증류를 2번 거쳐 알코올 도수 40% Vol.의 오드비를 만들어낸다.

테킬라 중 최고로 꼽히는 테킬라 100% 아가베는 다른 명시가 없는 한 최소 51%의 용설란으로 만든 것을 의미한다. 블랑코나 실버는 따로 숙성 과정을 거치지 않고 병에 넣은 것이다. 골드 또는 호벤 오 아보카도는 참나무통에서 2개월 숙성시킨 것이다. 2개월~1년 숙성시킨 것은 레포사도, 2~10년간 숙성시킨 것은 아네호라는 명칭이 적용된다.

서빙할 때는 전통적으로 길고 좁은 글라스에 따라 서빙한다. 잔 받침에 라임 슬라이스와 소금을 곁들여 대조되는 향을 함께 즐길 수 있다. 마실 때는 왼손의 엄지와 검지 사이에 만들어지는 움푹한 곳에 소금을 올려 살짝 핥은 다음 술을 한 모금 마신다. 이어 동그랗게 썬 라임 조각을 빨아 먹는다. 원래는 지방 토속주로 고급 술은 아니었다. 1960년 전후 세계적으로 유행한 '테킬라'라는 재즈에 의해 유명해졌다. 특히 멕시코 올림픽을 계기로 세계 각국에 널리 알려졌다.

테킬라는 세계화에 성공했다. 미국에서도 가장 많이 소비되는 술로 자리매김했다. 미국증류주협회(DSC)에 따르면 2021년 미국에서 테킬라의 시장점유율은 30.1%나 된다. 연간 매출액은 53억 달러, 우리 돈으로 자그마치 7조 원에 육박한다. 1970년 이후 1위 자리를 고수해온 보드카의 자리를 위협하는 정도다. 아직은 동유럽 원산의 증류주인 보드카가 점유율 42%로 수위를 지키고 있으나, 지금 추세라면 머잖아 순위가 역전될 수도 있다.

외환시장의 오명, 멕시코 상징 '테킬라'

멕시코의 자존심이자 상징이가 된 '테킬라'. 외환시장에서는 유명은 커녕 오명汚名으로 인용된다. 1994년의 멕시코 경제 위기 때문이다. 당시 심지에 불을 댕긴 건 미국의 가파른 금리 인상이었다. 미국 중앙은행(Fed)은 1994년 2월부터 1년 만에 6차례에 걸쳐 금리를 연 3%에서 6%로 두 배 올렸다. 달러 강세에 따른 자금 이탈이 멕시코의 금융위기로 번졌다. 이런 현상을 두고 '멕시코의 전통술 테킬라에 취한 거 같다'고 해 '테킬라 위기'라 불리게 됐다.

테킬라 위기의 악몽이 재현되는 조짐이다. 미국이 자국의 인플레이션을 잡기 위해 기준금리를 올리고, 그에 따른 강强달러 현상으로 글로벌 금융시장을 흔들리고 있다. 최근 미국 중앙은행(Fed)은 통상적인 금리 인상 폭의 2배인 '빅스텝(0.5%포인트 인상)'을 밟았다. 올해 두세 차례 추가 빅스텝, 이른바 점보 스텝도 예고했다. 그러면 연말 금리 상단이 연 2.75%에 이른다. 연초 연 0~0.25% 수준이었던 미국 기준금리가 1년 만에 연 3% 선에 다가서는 것이다.

슈퍼 달러가 독주하는 양상이다. 미국의 통화 긴축에다 향후 경제 전망에 대한 불안감이 더해지며 달러 강세나 이어지고 있다. 유로화와 엔화는 물론이고 달러 대비 비교적 강세를 보이던 위안화마저 약세를 면치 못한다. 달러화의 '나 홀로 상승'이 장기화하면서 세계 경제와 금융시장에 어두운 그림자가 드리워지고 있다.

남 얘기나 하고 있을 때가 아니다. 당장 내 코가 석 자인 상황이다. 우리 경제에도 이미 경고등이 켜져 있다. 한국경제는 대외 개방 수준이 높아 환율이 급등하면 금융시장 변동이 커지고 수입 물가 상승으로 실물경제가 타격을 받는 구조다. 실제로 미국의 기준금리 인상 등 긴축 가속화, 중국 봉쇄령과 우크라이나 사태 장기화 등으로 경제에 위기감이 감돌고 금융시장이 요동친다.

미국 긴축과 달러 강세 대비해야

달러 대비 원화 가치가 끝없는 추락이다. 원·달러 환율이 1,300원을 넘보고 있다. 금융위기 여파가 남아있던 2009년 이후 13년 만에 가장 낮은 수준으로 곤두박질쳤다. 당분간 원화 가치가 더 하락할 거라는 관측이 무성하다. 외국인 투자자의 국내 증시 이탈이 계속되고 있다. 연속된 '셀 코리아' 강풍에 코스피가 2,500선대로 힘없이 주저앉았다. 2,500 붕괴도 시간문제라는 전망이 듣기 거북하다.

믿었던 무역수지마저 적자로 돌아섰다. 무역으로 먹고사는 나라에서 수입이 수출보다 많아졌다. 예삿일이 아니다. 수출로 벌어들인 외화로 수입에 필요한 외화를 감당치 못하는 상황에 이르렀다. 당장 외화 부족을 걱정해야 할 판이다. 보유한 외환도 넉넉지 않다. 국제통화기금(IMF)이나 국제결제은행(BIS) 등의 권고를 참조로 해 추산하면, 우리나라에 적정한 외환보유 규모는 6,810억 달러 수준이다. 현재 외환보유고는 4,493억 달러에 그친다.

대비를 서둘러야 한다. 미국이 긴축을 위해 기준금리를 올리는 것에 대응하여 우리도 금리 인상의 고육지책이 불가피하다. 부작용을 모르는 바 아니나 이를 따질 겨를이 없다. 외환위기 위험의 노출을 피하려면 외환시장 안정과 자본 유출을 막는 게 급선무다. 외화 유출을 방어할 보루를 쌓아야 한다. IMF로부터의 금융도 방법이나 마땅한 대안이 못 된다. 유리한 지원 조건을 얻어내기가 힘들뿐더러 과거 금융위기 때처럼 혹독한 구조조정 조건을 감내해야 한다.

그나마 현실적 대안은 한미 통화스와프다. 이도 쉽지 않다. 우리가 필요하다고 되는 게 아니다. 상대도 필요로 해야 한다. 미국은 글로벌 금융시장에 달러가 부족할 때 유동성을 푸는 수단으로 통화스와프를 이용했다. 지금은 미국이 유동성을 흡수하는 상황이라 가능성이 작게 평가된다. 미국과 상설 통화스와프를 맺은 나라는 유럽연합(EU)·일본·영국·스위스·캐나다 5개국뿐이다. 경위야 어찌 됐든 윤석열 정부가 풀어야 할 긴급 과제다. 테킬라 위기가 '막걸리 위기'로 재현되면 안 된다.

<2022년 5월, 권의종>

슘페터(Schumpeter)와 디지털 자산

최근 사회경제 전반으로 암호화폐(cryptocurrency)가 주목받고 있다. 암호화폐는 탈중앙화를 목적으로 만들어진 새로운 가치교환 수단으로 개인 간(P2P) 거래를 통한 자유 시장의 수요를 기반으로 화폐가 통용된다. 암호화폐는 위조를 방지하고 안정적인 교환을 검증하기 위해 블록체인과 같은 암호 기술을 사용한 탈중앙의 전환형 디지털 화폐 또는 교환 매체로 정의한다.

시대에 따라 사람들이 기대하는 정부의 역할은 달라진다. 최근 우리 사회는 점점 이분화되고 빈익빈 부익부 현상이 심화되면서 정부의 정책이나 사회의 공정성에 대한 신뢰가 점차 줄어들고 있다. 만약 정부의 개입이 없어도 사회가 자율적으로 활성화되고 운영된다면 자율 시장에 맡기면 되지만 그렇지 않다면, 정부가 적극적으로 개입하여 사회적 이슈를 해결 하기 위해 앞장서야 할 것이다.

자본주의는 생산수단을 자본으로 소유한 자본가가 이윤 획득을 위해 생산 활동을 하도록 보장하는 사회 경제체제이다. 기업들이 사람들이 원하는 것을 충족시키기 위해 이윤과 연계된 활동을 하고 동시에 사회문제를 해결하면서 경제를 발전시킨다면 정부는 지속적으로 자본주의를 추구하고자 할 것이다. 그러나 반대로 사회가 불평등하게 흘러가고 경제 가치의 분배가 투명하지 않게 됨으로써 국가발전을 저해한다면 정부는 자본주의에 대한 한계점을 여실히 느끼게 될 것이다.

슈페터는(1883~1951, Joseph Alois Schumpeter)는 자본주의를 연구해온 오스트리아의 경제학자로, '혁신(innovation)'이라는 용어를 경제학에서 처음 사용하면서 경제 발전에 관한 원리를 이야기하였다. 그는 제1차 세계대전이 끝난 1919년에는 오스트리아에서 재무장관을 지냈으며, 1921년에는 빈의 민간 은행인 비더만 은행 총재를 역임했다. 그는 '혁신'이 자본주의를 이끄는 힘으로 기업들의 기업가 정신(entrepreneurship)을 강조하였다.

4차 산업혁명 시대를 맞은 현재의 시점에서 우리는 슈페터의 경제 이론들을 다시 한번 조명해 보고 있다. 새로운 기술이 시장에 적용되었을 때 기존의 기술들이 사라지는 '창조적 파괴(creative destruction)'는 기술의 출현으로 인해 변화되는 경제 상황을 설명해주는 개념으로 자본주의의 역동성을 가져오는 가장 큰 요인으로 꼽고 있다.

암호화폐, 슈페터의 창조적 파괴?

현재 새롭게 부상하고 있는 암호화폐는 정부 규제에서 벗어나 투명한 거래와 사용자 스스로가 가치를 측정할 수 있다는 측면에서 많은 사람들의 관심을 받고 있다. 최근 암호화폐는 하나의 가치저장 수단으로 인성받아 투자뿐만 아니라 새로운 거래 수단으로 사용되고 있다. 이에 암호화폐가 현재의 금융을 대체할 가능성에 대해 많은 전문가들의 의견이 공존하고 있는 상황이다.

암호화폐가 새로운 경제 수단으로 급부상하고 있는 현상은 정보통신 기술의 발달로 인해 사회가 복잡화되고 방대한 정보가 무분별하게 공개됨으로써 신뢰와 정확성을 기반으로 한 새로운 사회 시스템을 필요로 하는 단편적인 모습이기도 하다. 또한 소수에게만 부가 집중된 상황에서 전통적인 자산이 아닌 디지털 자산에 가치를 넣어 부를 재편성하기 위한 시도로도 볼 수 있다.

사람들은 점점 정부의 거대해진 시스템이 더 이상 공정하게 작용하고 있지 못하다는 의견으로 공감대를 형성했다. 정부에서 벗어나 새로운 금융세계를 구축하게 된 것이다. 이는 정부의 재정정책이 부富의 불평등을 심화하면서 자본주의도 사회주의도 아닌 새로운 체제로 가기 위한 시도이기도 하다.

이러한 흐름에 맞추어 금융위원회도 최근 은행권이 가상자산을 새로운 사업으로 진출할 수 있도록 금산분리 원칙을 완화하였다. 금산분리 원칙은 1995년에 도입된 제도로 금융 자본과 산업 자본이 상대 업종을 소유·지배하는 것을 금지하는 원칙을 의미한다.

현재 은행은 은행업, 금융투자업, 여신금융업 등 은행업 감독규정에 적힌 15개의 업종만 하도록 제한되어 있다. 그러나 규제를 완화하면서 은행권들은 앞으로 가상자산, ICT, 메타버스 등 신산업으로 업무 범위가 확대될 전망이다.

현재 허용되는 은행의 자회사 업종	은행권에서 추가 진출을 원하는 업종
은행업, 금융투자업, 보험업, 상호저축은행업무, 여신금융업무, 신용정보업, 팩토링업 등 은행업 감독 규정에 열거된 15개 업종	가상자산, 유통, 운수, 여행업, ICT, 메타버스, 디자인, 음식배달업, 통신업 (혁신금융서비스 인가를 통해 시범운영) 등

출처 : 매일 경제 2022.6.9.일자

파레토 법칙을 깨는 암호화폐?

그러나 이미 부의 불균형이 이루어진 상황에서 새로운 시스템이 도입되었다고 하여 균형적인 재분배가 이루어질까? 파레토 법칙1)을 깨지는 일이 발생할 수 있을까?

한 전문가는 최근 수십조 원의 가치를 보유하고 있던 '테라·루나코인'의 가치가 한순간에 사라지는 현상을 막기 위해 '차익거래 활성화', '정보 비대칭 문제'가 필요하다고 제시하였다. 이는 디지털 자산 역시도 현재의 상태에서는 의도를 가지고 조작이 가능하다는 것이다.

슘페터는 낡은 것을 파괴하고 새로운 것을 만드는 창조적 파괴의 과정이 자본주의의 핵심이며 본질이라고 하였다. 쉽게 변하기 힘든 사회구조로 인해 외력에 의한 체제 개혁이 필요한 시점에서 현재의 암호화폐는 굳건하게 유지되던 금융시장에 파장을 일으킨 창조적 파괴이다. 그러나 모든 가치가 사람들의 욕망에 의해 정해지듯이 디지털 자산의 미래는 사람들이 가상화폐나 NFT 그림 등을 소유하고 싶어 하는 심리에 달려있다.

비트코인을 비롯한 스테이블 코인들의 변동성과 테라·루나코인 사태는 사람들에게 디지털 자산의 가치를 다시 살펴보게 하는 계기가 되었다. 이에 자본주의 사회로부터 사회주의 형태의 사회가 필연적으로 생겨날 것으로 예측한 슘페터의 말처럼 가상자산이 과연 현재의 문제들을 수렴하여 안착될지는 앞으로 더 지켜봐야 할 것이다.

<2022년 6월, 백승희>

---

1) 이탈리아의 경제학자 V.파레토에 의해 발표된 소득분포의 불평등도에 관한 법칙으로, 사회현상의 80%는 20%로 인해 발생한다는 법칙.

'산타 랠리' 없는 크리스마스

크리스마스가 지나갔다. 크리스마스는 라틴어로 그리스도를 의미하는 Christus와 미사를 의미하는 missa의 합성어로 '그리스도의 탄생을 기념하는 모임'을 의미한다. 크리스마스를 지칭하는 단어는 프랑스의 노엘(Noël), 이탈리아의 나탈레(Natale)처럼 나라별로 다르다.

과거 크리스마스를 나타내는 풍경들은 구세군의 빨간색 모금함과 새로운 디자인의 크리스마스 씰, 시청 앞에 장식되어 있는 대형트리 등으로, 연말 분위기를 정감있게 보도하게 했다. 그러나 올해는 한파로 인한 경보 발령 등 폭설과 강풍으로 인한 어려움에 대한 이슈가 크리스마스 주제를 장식했다.

사람들은 대부분 크리스마스를 보내기 위해 다양한 준비를 한다. 따라서 크리스마스 시즌에는 일시적으로 소비가 늘어 경제가 활성화되는데 이를 '크리스마스 경제효과'라 부른다. 특히 올해는 사회적 거리두기가 해제되고 코로나 팬데믹 이전 시기인 2018년과 비슷한 모습으로 크리스마스를 맞이해 경제 활성화가 기대되었다. 그러나 올해는 팬데믹으로부터의 일상회복과 무관하게 경기침체로 인해 예년과는 다른 크리스마스 분위기가 나타났다.

산타가 실종된 미국, 영국, 한국

올해 미국의 크리스마스는 가장 추운 크리스마스로 기억될 만큼 폭설과 한파로 몸살을 앓았다. 크리스마스를 가장 즐기는 미국의 경우 가족과 이웃, 지인들에게 크리스마스 선물을 주는 것을 즐기는 편이다. 미국 시장분석기관인 Statista가 2018년 조사한 결과에 따르면 미국 소비자들은 크리스마스 선물로 평균 700달러에서 800달러를 지출하는 것으로 나타났다.

그러나 올해 미국인들은 선물마저도 살림에 보탬이 될 수 있는 것을 원했다. 미국의 글로벌 소비자 조사기관인 스태티스타(Statista)에서 성인을 대상으로 조사한 결과에 따르면 남성의 36%, 여성의 46%가 '돈'을 가장 받고 싶은 선물로 꼽았으며, 그다음으로 기프트카드나 물건을 살 수 있는 바우처를 선택하였다.

한편, 크리스마스 축제로 유명한 영국은 인플레이션으로 치솟은 물가 상승으로 인해 크리스마스에도 소비를 자제한 것으로 나타났다. 영국의 설문업체인 유고브가 영국 성인 4,232명을 대상으로 조사한 결과에 따르면 영국인들은 이번 크리스마스에는 선물 구입(49%)과 외식(46%), 식료품 구입(35%)에 예산을 줄일 것으로 답했다.

이는 팬데믹 이전 시기의 영국의 모습과는 대조되는데, 회계법인 딜로이트(Deloitte)가 2018년에 조사한 결과에 따르면 영국은 크리스마스 시즌 동안 유럽의 평균 지출인 400파운드보다 42% 더 높은 567파운드를 소비하였다. 따라서 이 시기와 현재의 영국의 모습을 비교해 보았을 때 영국의 물가 상승이 크리스마스 분위기마저 어둡게 만들었음이 나타났다.

우리나라 역시 물가 상승으로 대부분의 식료품 가격이 오르자 유통업계에서부터 크리스마스를 기점으로 소비를 촉진하기 위한 다양한 전략을 시도하였다. 가성비를 강조한 10,000원짜리 케이크와 10,000원짜리 치킨 등 가성비 좋은 상품들이 소비자들의 호응을 얻었다.

반면, 크리스마스를 기념하기 위해 외식을 하는 사람들은 많지 않아 보였다. 크리스마스 당일인 25일 저녁 5시, 저녁 식사 시간임에도 불구하고 양재동 카페 거리 일대는 한산했다. 일부 식당과 카페에서 저녁을 즐기기 위해 나온 사람들이 보였지만 힙한 카페와 식당으로 젊은이들이 많이 모였던 코로나 이전 시기에 비해 상권이 위축되어 보였다.

이렇듯 전 세계는 비대면 생활에 익숙해져 대면 모임이 줄어든 상황과 경기침체로 가계경제를 위해 지출을 줄인 현실이 시장에 반영되어 나타나고 있다.

'산타 랠리'를 기다리며

주식시장에도 경기침체는 예외가 아니었다. 일반적으로 주식시장에는 크리스마스 전후를 기점으로 주가가 상승하는 현상이 나타났다. 크리스마스 시즌에 늘어난 소비와 매출이 주식에 영향을 주었기 때문이다. 이에 주식 보유자들은 매해 크리스마스 때마다 '산타(Santa)'가 나타나 증시가 약세에서 강세로 전환된다는 의미인 '산타 랠리(Santaclasus Rally)'를 기대하게 되었다.

그러나 아쉽게도 올해 주식시장에는 산타가 나타나지 않았다. 미국의 3분기 국내총생산(GDP)과 실업 등으로 인해 투자 심리가 얼어붙어 미국뿐만 아니라 국내에도 기술주를 비롯한 대부분의 주가가 폭락했다. 이에 사람들은 산타가 안식년에 들어갔다는 우스갯소리를 하며 앞으로 지속될 경기침체에 우려를 표하고 있다.

금리가 지속적으로 오르면서 사람들은 물가 상승과 대출 이자 등의 부담으로 소비를 줄이고 있다. 이에 연말에 대한 기대가 나타나는 12월에도 시장경제는 초조한 모습이다.

대외 상황을 보더라도 러시아는 크리스마스에도 우크라이나 헤르손을 공격해 사망자를 발생시켰고 중국은 코로나 확진자가 더욱 증가하는 추세로 일일 코로나 확진자 수를 공개하지 않기로 하였다. 이렇듯 외부 악재는 해결될 조짐이 없어 보인다.

우리나라는 경제 침체와 일자리 불균형, 저출산 등 여러 문제에 직면해 있는 상황에서 피할 수 없는 고금리 정책으로 어려움에 빠져 있다. 전 세계의 어려움이 하나로 연결되어 이어지듯이 해결책 또한 전 세계와 같이 해결함으로써 세심한 경제정책을 설계해야 한다.

일기예보에 의하면 당분간 한파가 이어질 것이다. 그러나 날씨는 순환하듯이 경제 또한 2023년에는 개선되어 물가가 안정되길 바란다.

<2022년 12월, 백승희>

인플레이션으로 앓는 지구촌

전 세계가 인플레이션으로 몸살을 앓고 있다. 코로나가 한 국가에서 발병한 지 얼마 안 되어 전 세계로 퍼져나갔듯 인플레이션 또한 전 세계로 퍼져나가 각국에서 어려움을 겪고 있다.

대표적인 어려움으로는 기록적인 물가상승이다. 중국의 코로나 봉쇄, 기후 변화로 인한 생산량 변화, 우크라이나와 러시아 전쟁으로 인한 유가 및 곡물 가격 급등, 미·중 전쟁 등의 다양한 요인 등이 물가상승을 부추기고 있다.

현재 대부분의 국가가 인플레이션으로 인해 금리 인상 정책을 시행하고 있다. 뜻밖의 인플레이션을 맞이한 주요국들은 경제 위기를 극복하기 위해 각기 다른 양상을 보여주고 있다.

인플레이션이 언제까지 지속될지에 대해서는 전문가들 또한 의견이 분분하다. 따라서 인플레이션의 종료 시점에 대해서는 신이 아닌 이상 알기 어렵다는 우스갯소리가 전 세계 전문가들 사이에서 통용되고 있다.

경제도, 민심도 잃은 미국과 영국

미국은 그동안 유례없는 자이언트스텝(0.75%이상 금리 인상)을 4차례 연속 시행함과 동시에 내년까지 지속적인 금리 인상 가능성을 내비쳤다. 이에 미국의 경제 역시도 물가 상승으로 몸살을 앓고 있다.

다른 나라와 마찬가지로 미국은 올 한 해 국제유가와 곡물 가격이 급등했다. 이에 따라 미국인의 정치에 대한 민심에도 많은 변화가 나타났다. 8일(현지 시간) 실시한 중간 선거 투표 결과로는 민주당의 오랜 지지층인 흑인과 히스패닉의 민심이 경제 악화로 인해 공화당을 지지한 것으로 나타났다.

에머슨리서치가 실시한 설문조사에 따르면 유권자들의 표심에 가장 큰 영향을 준 의제는 인플레이션이었다. 이에 대다수 미국인들이 바이든 정권의 경제정책에 실망한 나머지 투표로 경제 심판을 보여주었다고 평가되고 있다. 다행인 것은 미국 노동부가 발표한 소비자물가지수(CPI) 상승률이 7.7%로 지난 1월 이후 9개월 만에 최소 상승폭이자 8개월 만에 처음으로 8% 아래로 나타났다는 점이다. 따라서 앞으로는 또 다른 국면이 전개될 수 있겠지만 IT업계 중심의 고용 불안정 등 여전히 여러 분야에 걸쳐 경제 위기라는 그림자가 드리운 상태다.

영국은 올해 경제 총리를 세 명이나 맞이했다. 주목해야 할 것은 두 명의 총리를 교체한 시점이 지난 두 달 사이라는 점이다. 보리스 존슨, 리즈 트러스에 이어 이번에는 리시 수낙 신임 총리까지 두 달이라는 짧은 기간 동안 총리가 세 번이나 바뀌었다. 그만큼 영국은 현재 경제 상황이 절박하고 어려운 상황이다. 영국 중앙은행인 영란은행(BOE)은 물가 안정을 위해 금리 인상을 진행하였다.

그러나 이에 반대되는 정책으로 리즈 트러스 전 총리가 대규모 감세 정책을 내자 파운드화 가치가 폭락하는 등 시장이 더욱 혼란스러워졌고, 결국 리즈 트러스 전 총리는 사임하였다. 현재 영국은 지난 3

일 자이언트 스텝을 밟음으로써 2008년인 세계 금융위기 이후 최고 수준의 금리가 되었다. 영국의 소비자 물가 상승률은 9월 기준 10.1%로 40년 만에 최고 수준이며, 실업률 또한 3.5%로 50년 만에 최저 상태이다. 앞으로 영국은 자이언트 스텝이 지속되는 등 경기침체가 오랜 기간 이어질 것으로 예상되고 있다.

일본형, 한국형 인플레이션

일본은 대부분의 나라와는 달리 미국의 금리 인상에도 불구하고 -0.1%의 단기금리를 유지하였다. 그 이유에는 디플레이션 방어 등의 여러 가지 이유가 있지만 이로 인해 엔화 가치는 32년여 만에 최저치를 기록했다. 이러한 엔저 현상은 국제 원자재와 에너지 가격의 상승과 함께 8년 만에 일본의 경상수지 흑자폭 최저치라는 결과를 가져오게 되었다.

일본 내에서도 다른 국가와 반대로 가고 있는 초저금리 정책이 물가 상승의 또 다른 원인이라고 반대하고 있다. 그런데도 정부가 기존 정책을 바꾸지 않자 기시다 총리의 정책이 인플레이션을 가져온다는 의미로 '기시다 인플레이션'이라는 신조어가 등장하게 되었다.

일본은 임금이 오르지 않는 나라로 유명하다. 인플레이션으로 인해 일본의 수입 물가는 전년 대비 40%로 오르고 밀가루 가격이 12.3% 오르는 등 전반적으로 물가가 상승했음에도 불구하고 임금은 그대로 유지되고 있다. 지난 10일 일본 중앙은행인 일본은행(BOJ)은 단기적으로는 기준금리 인상 가능성이 없다고 발표하였다. 이러한 원인으로는 일본이 과도하게 높은 민간 저축과 다른 나라보다 낮은 실업률 등이 분석되고 있어 다른 나라와는 상이한 일본의 경제정책이 더욱 주목받고 있다.

우리나라 역시 고금리로 인해 여기저기서 위기의 신호가 나타났다. 금리 인상으로 인해 부동산 가격이 하락하면서 전세보증금 반환 등에 대한 어려움을 막고자 전세보증금 대출 규제를 완화하였다. 그러나 한편에서는 레고랜드 사태를 기점으로 채권시장의 불안이 가중되었다. 현재 기업의 자금조달은 쉽지 않아 기업들의 생산과 고용 부분에 적신호가 들어온 상황이다. 미국 소비자지수 발표로 인해 우리나라의 증시는 살아났지만, 미국 연방준비제도의 긴축 기조가 변할지는 아무도 알 수 없다.

이번 인플레이션을 잡지 못한다면 물가안정은 점점 어려워질 것이다. 대다수 경제학자들은 기대 인플레이션을 잡기 위해서라도 금리 인상은 불가피하다고 이야기하였다. 다행히 앞서 살펴본 바대로 미국의 소비자물가 상승률이 예상치보다는 낮은 것으로 나타났으며, 중국 또한 코로나로 인한 폐쇄정책을 완화하는 것으로 전환하고 있다. 우크라이나 또한 헤르손 지역을 되찾았고 유럽연합(EU)은 평화유지군을 창설하기로 하여 러시아·우크라이나 전쟁 또한 변화가 예상된다.

앞으로도 각국의 중앙은행은 인플레이션을 잡기 위해 최선을 다할 것이다. 따라서 우리나라 역시 변화하는 국제정세에 발 빠르게 대응해야 할 점은 없는지, 경제 침체로 인해 취약층을 보호하기 위한 복지정책은 충분한지 다시 한번 점검해 보아야 한다.

<2022년 11월, 백승희>

'사회적경제자산은행'을 세우자

전국적으로 농촌지역개발사업의 판이 벌어진 마을, 지역마다 유휴시설이 골칫거리다. 커뮤니티센터 등 각종 기초 생활기반 확충 관련 시설, 농식품 가공장 등 지역 소득증대 관련 시설, 생태공원 등 지역 경관개선 관련 시설 등이다.

2011년 한국농어촌공사의 조사에 따르면 조사 대상 사업지의 50%에 달하는 시설물이 폐쇄 상태인 것으로 드러났다. 주로 미비한 사업계획, 미흡한 운영 프로그램, 부실한 사후관리 등이 원인이다.

이처럼 마을 공동체 사업의 성과물이 자칫 유휴시설로 전락하는 건 해당 마을만의 문제로 끝나지 않는다. 지역사회의 손실이고 국가적인 낭비로 귀결된다. 그렇다고 자산의 경영 및 관리 능력이 부족한 해당 마을에 책임을 떠넘기는 건 현명한 방법이 아니다.

'책임을 지고 싶어도 책임을 질 수 없는 구조적 역부족의 상태'에 놓인 마을이 적지 않기 때문이다. 효율적·안정적 관리와 지속 가능한 운영을 위한 정부의 전향적인 정책 대안이 절실하다. 가령 중장기 후속·연계사업 투자, 임차료 및 초기운영비 지원 등 특단의 지원정책이 필요하다.

'농촌 유휴시설 지역공유 사회적경제 자산은행'을

　그렇다면, 한국농어촌공사에서 운영하는 '농지은행'의 설립 취지와 운영모델을 참고할 필요가 있다. 이는 농지의 수급 조절을 통한 농지시장의 안정, 농지 소유 제한 완화에 따른 농지의 보전 및 관리, 도시민의 귀농 촉진 등이 목적이다.

　'노동력 부족, 고령화로 자경하기 어려운 자의 농지, 농지에 부속한 농업용시설'을 임대수탁 받아 전업농, 귀농 희망자 등에게 임대하는 농지임대 수탁사업을 주로 영위한다. '전업농 등에 농지를 매도, 영농규모 확대, 농지 이용률 증대, 농업구조개선'등을 촉진하려는 농지매도 수탁사업도 시행하고 있다.

　이처럼 '유휴농지'를 임대, 매도하는 농시은행의 정책 목적과 운영 메커니즘을 준용, 건축물 등 유휴시설을 임대, 매각하는 '시설은행'을 따로 설립하면 어떤가. 이른바 '농촌 유휴시설 지역공유 사회적경제 자산은행' 정도의 설립 취지와 사업목적을 띠면 적절할 것이다.

　정부와 지자체의 농촌지역개발사업 등의 국비 및 지방비 지원사업비로 조성되었으나, 애초의 사업목적이나 기대효과와는 달리 운영성과가 부실하거나 부진한 유휴시설이 주요 지원 대상이 될 것이다.

　유휴화된 기초 생활기반 확충 시설, 지역 소득증대 시설, 지역경관 개선 시설 등을 유망한 창업모델 및 사업계획을 갖춘 원주민, 지역주민, 귀농인 등 '적임자'가 재활용할 수 있다면 유휴시설화를 방지하는 효과는 물론, 마을공동체의 활성화와 지역사회의 재생이 촉진될 것은 자명하다.

사회적경제자산은행으로 사회적 금융의 활로를

사회적경제자산은행의 거래는 농업인, 농업법인, 지자체 등이 시설은행에 임대나 매도를 신청하면서 개시된다. 귀농인 등 농업인, 농업법인 등이 임차와 매입을 신청하면 '은행'은 거래 및 지원 타당성을 심사한다.

이때 사업 및 창업계획의 적정성 여부, 마을 및 지역공동체에 대한 사회적 기여도 등이 주요 고려사항이다. 특히 농촌의 원주민과 도시의 귀농인이 서로 협동하고 연대하는 이른바 도농상생 형태이자 사회적경제 방식의 마을·지역공동체사업일 경우 특별히 우대해서 지원할 수 있다.

이때, 정책자금대출, 신용보증 등 기존의 일반 금융제도 및 시스템과 제휴 및 연동, 임차료, 매입대금 지원, 창업자금 및 초기 운전자금 등의 타당성 및 투·융자 심사를 병행한다면, 정책사업의 효과를 극대화할 수 있을 것이다.

무엇보다, 사회적경제자산은행을 통해 국내 '사회적금융'의 성과와 가치를 혁신적으로 성장시킬 수도 있을 것이다. 사회적금융이란 사회적기업 등 사회적으로 가치가 있는 경제활동에 자금을 투자, 빈곤 등 전 지구적 문제를 해결하는 지속 가능한 발전을 추구하는 착한 금융을 뜻한다.

그런데 사회적경제기업의 버팀목이 되어야 할 국내 사회적금융의 활성화에 어려움이 있다고 한다. 우선 대차대조표와 담보를 중심으로 한 민간 금융 평가 방식이 걸림돌이다. 또 사회적경제기업, 사회적경제계를 바라보는 외부 투자자나 금융기관의 불신도 적지 않다.

가령, 협동조합의 조합원 출자금은 협동조합기본법상 '자본'으로 인정받지만, 돈을 빌려주는 금융권의 입장은 다르다. 조합원 탈퇴로 언제든지 빠져나갈 수 있는 돈이라는 판단에 '부채'로 인식한다. 일종의 동업자들이 공동으로 소유하는 협동조합에 대한 투자 자체가 불안하고 위험하다고 보는 인식이 금융 현장에서는 여전한 것이다.

정부·지자체의 사회가치기금 출연·출자 근거를 마련하는 등, 이러한 사회적경제 그리고 사회적금융의 해묵은 숙제를 해결하려는 목적으로 작성된 '사회적경제기본법'은 거의 10년째 국회에 계류되어 있다. 혼합 경제 및 시장경제를 기반으로 사회적 가치를 우위에 두는 경제활동으로서 '사람 중심의 경제'라고도 불리는 사회적경제가 정부 지원정책의 사각지대에 방치된 상태인 것이다.

그래서 더욱 사회적경제자산은행 같은 구체적인 돌파구가 필요한 시점이다. 모름지기 사회적금융이 자리 잡으려면 경제적 이익보다 사회적 가치 실현을 우선적으로 추구하는 협동조합 등 사회적경제조직에 지속적으로 투·융자하는 정책환경과 제도가 마련되어야 한다. 사회적경제자산은행이 국내 사회적금융 활성화를 위해 혁신적이고 실증적인 모델을 제시할 수 있다.

<2022년 10월, 정기석>

II. 한국금융, 지금

'빅블러(Big Blur)'시대, 한국금융의 활로

금융산업이 내우외환이다. 여러 걱정거리가 안팎에 널려있다. 은행노조가 속한 전국금융산업노동조합이 총파업을 벌였다. 은행원들이 서울 광화문 세종대로 사거리에 집결했다. 윤석열 대통령의 집무실이 있는 용산 삼각지까지 행진을 이어갔다. 고물가 고환율 고금리 등 3고高 여파로 민생이 휘청이는 판에 평균 연봉 1억 원 넘는 은행원들이 파업에 나선 것이다.

노조는 5.2% 임금 인상, 근로 시간 단축, 즉 4.5일제 근로제 1년 시범 실시, 점포 폐쇄 시 사전 영향평가제도 개선, 임금피크제 개선 등 여러 가지 요구사항을 내걸었다. 금융 공공기관 혁신안 중단, 산업은행 부산 이전계획 철회 등 사용자 측 대표기구인 금융산업사용자협의회가 결정할 수 없는 문제까지 들고 나왔다. 따가운 사회적 시선과 부정적인 여론에도 파업은 강행됐다.

외부 환경 또한 녹록지 않다. 금융산업에 대한 제도적 압박이 거세지고 있다. 시장 자율성을 위협하는 금융법안 발의가 봇물 터지듯 한다. 경제 위기 등 대통령령으로 정하는 긴급한 사유가 발생하는 경우 금융위원회가 금융회사에 약관 변경을 요청할 수 있게 하는 금융소비자보호법 개정안이 발의됐다. 대출 보유자가 일정 기간 이자만 내게 하는 상환유예 등의 보호 조치를 정부가 취할 수 있게 하려는 취지로 보인다.

목표이익률 등 대출금리 산정 근거를 주기적으로 공시케 하는 은행법 개정안도 나왔다. 지금도 은행이 기준금리와 가산금리, 가감조정금리를 공시한다. 여기서 한발 더 나아가 가산금리의 구성 요소인 리스크프리미엄과 신용프리미엄, 목표이익률 등의 세부 내역까지 공개를 의무화하는 법안이다. 법정 최고금리를 연 12%~15%로 낮추라는 이자제한법 개정안도 제출됐다. 법정 최고 금리를 넘는 대출 계약 자체를 무효화하자는 대부업법 개정안까지 등장했다.

시장 자율성 위협하는 금융법안 봇물

어디 이뿐이랴. 낮은 신용카드 수수료율을 적용받는 우대가맹점 범위를 넓히자는 여신전문금융업법 개정안도 선보였다. 현재 연간 매출이 30억 원 미만인 영세 가맹점엔 1.5% 안팎의 우대 수수료율이 적용된다. 그런데 매출 계산 과정에서 기타 세금·부담금이 포함돼 순수익 규모에 비교해 매출이 과다 산정되는 만큼 조정이 필요하다는 것이다. 백가쟁명이 따로 없다.

금융회사야 당연히 반대다. 금융 자율성을 무너뜨리는 관치금융의 전형이라는 항변이다. 금융소비자 보호만을 염두에 두고 금융회사나 금융시장에 미치는 파장은 고려치 못한 편파적 법안이라는 볼멘소리다. 코로나19 팬데믹 속 작금의 경제 위기는 채무자뿐 아니라 은행에도 위기이며, 은행의 위기는 국가의 위기로 전이될 수 있음을 경고한다.

"연 12% 이상의 고금리 대출이 금지되면 저축은행 대출이나 카드론 시장이 무너져 취약계층이 불법 사금융으로 내몰린다"며, 1금융권에서 대출이 거절되는 중저신용자는 금리 수준보다 대출실행 여부가 더 중요하다"는 지적도 덧붙인다. 신용카드 수수료율 인하도 불가 입장이다. 1.5% 수수료율은 카드사 '역마진' 구간인 데다 전체 가맹점의 96%가 이미 우대 수수료율 혜택을 받고 있어 대상 범위를 더 늘리는 건 무리라고 주장한다.

난세에도 영웅은 있다. 이 어려운 와중에도 생각지 못한 곳에서 수익을 내는 금융회사가 있다. 인터넷전문은행이다. '금융 플랫폼'을 표방해온 인터넷 금융사는 은행의 고유 기능을 뛰어넘는 과감한 행보를 서슴지 않는다. 자행 상품 판매에 그치지 않고 제휴사 상품 소개에 공을 들인다. 은행의 전통적 수익 기반인 이자수익뿐 아니라, 경쟁 금융사와의 제휴를 통한 플랫폼 수수료까지 노리는 것이다.

경쟁사 상품으로 플랫폼 수수료 노리는 인뱅

케이뱅크는 24시간 아무 때나 앱에서 여행자보험에 가입하는 서비스를 출시했다. 카카오뱅크는 더 열성적이다. 제휴 증권계좌 개설, 연계 대출, 제휴 신용카드 발급 등의 플랫폼 사업을 확대했다. 인터넷은행 최초로 내놓은 주식계좌 개설 서비스는 올 6월 말 기준 누적 계좌 수 600만 개를 돌파했다. 올해 상반기 플랫폼 수익으로 전년 같은 기간보다 15.8% 증가한 469억 원을 거둬들였다.

토스뱅크라고 가만히 있을 리 없다. 역시 제휴사의 금융상품을 소개하는 서비스를 시장에 내놨다. 그 첫 작품으로 한국투자증권의 '퍼스트 발행 어음'을 선보였다. 만기 6개월 기준 연 4.3% 금리 조건으로

2,000억 원을 4일 만에 완판했다. 카카오페이는 97곳 금융회사의 정기 예·적금 상품 600여 개 금리 정보를 한눈에 비교할 수 있는 서비스를 개시했다. 금융감독원의 금융상품 통합공시 포털 '금융상품 한눈에' 정보를 그대로 가져다 쓴다.

대신 가입 기간, 우대금리 포함 여부, 금리 유형, 비대면 가입 여부 등의 조건을 사용자가 설정하고 검색할 수 있게 했다. 금감원 포털보다 편의성과 가시성을 높였다. 시중에 출시된 가장 높은 금리의 상품을 기준으로 예상 이자 계산 내역과 전달 대비 금리 변동폭을 알려준다. 상품 가입 계획이 있는 사용자가 좋은 금리의 상품을 선택하도록 '예금상품 알림 받기' 서비스도 제공한다. 경쟁사 간 경계를 넘나들며 수익을 창출하는 신출귀몰한 재주가 놀랍기만 하다.

'넘나듦'의 경쟁력은 유대인을 빼고 말하기 어렵다. 15~16세기, 소수의 유대인이 무역을 독점할 수 있었던 이유는 교황이 기독교도의 이슬람 접촉을 금지한 데 있었다. 십자군 전쟁 때도 기독교권과 이슬람권이 대치하는 상황에서 양쪽을 드나들 수 있는 유대인이 어부지리를 얻었다. 유대인이 하는 걸 우리라고 못 할까. 산업 간 경계가 허물어지는 '빅블러(Big Blur)'시대, 한국금융이 발군의 기량을 발휘할 절호의 기회다. 필히 해야 하고, 능히 할 수 있다.

<2022년 9월, 권의종>

새출발기금, 성실 채무자에게도

'새출발기금'이 새출발 한다. 3조 6,000억 원의 예산이 투입된다. 30조 원 규모로 조성되는 배드뱅크다. 코로나19 피해 개인사업자와 법인 소상공인이 대상이다. 90일 이상 장기 연체 대출자에 대한 채무 조정 프로그램이다. 조정 한도는 담보 10억 원, 무담보 5억 원, 총 15억 원. 사업자·가계대출, 담보·보증·신용대출 등 모든 대출을 망라한다.

10월부터 두 그룹으로 나눠 지원한다. 3개월 이상 대출금을 연체한 '부실차주'와 아직 3개월 이상 연체는 안 했으나 곧 장기 연체를 할 가능성이 큰 '부실우려차주'다. 부실차주에 대해서는 원금의 60~80%를 탕감해준다. 소득 대비 순부채 비중과 경제활동 가능 기간, 상환 기간 등을 고려해 원금 감면율이 정해진다. 재산이 빚보다 많으면 탕감을 못 받는다.

기초생활수급자, 중증장애인, 만 70세 이상 저소득 고령자 등 취약계층은 최대 90%까지 원금을 깎아 준다. 원금 탕감을 하고 남은 대출에 대해서는 최장 1년 동안 상환을 유예해 준다. 대출은 10년(부동산 대출은 20년) 동안 분할 상환이 가능하다. 이 기간 이자와 연체 이자는 감면된다.

부실우려차주에게는 원금 탕감이 없다. 대신 낮은 금리 대출로 갈아탈 수 있게 해준다. 연체 30일 미만의 대출자에는 대출 금리가 연 9%가 넘는 금액을 9%로 낮게 조정해준다. 연체가 30일이 넘어가 신용점수가 하락한 대출자는 상환 기간에 따라 금리를 연 3%대 후반 내지는 4%대 후반으로 낮춰준다.

부실우려차주엔 저금리로 전환

원금 감면 후 은닉재산이 발견되면 채무 조정이 무효 처리된다. 부실차주에게는 신용 패널티도 부과된다. 2년간 채무 조정 프로그램 이용정보가 등록돼 신규 대출이나 신용카드 이용이 제한된다. 부실우려차주에게는 별도의 패널티는 없으나 신용 상태에 따라 신규 금융거래에 제약이 따를 수 있다. 자영업 가구의 평균 부채가 1억 2,000만 원인 점을 고려할 때 30~40만 명이 혜택을 볼 거라는 게 정부 측 추산이다.

반발이 극심하다. 코로나 피해 사업자에 대한 채무 조정의 취지와 당위성에 대체로 공감은 한다. 부작용과 후폭풍에 대한 걱정도 크다. 도덕적 해이가 가장 큰 우려 사항이다. 언론 보도마다 댓글이 순식간에 무수히 달렸다. 힘들어도 꼬박꼬박 대출금을 갚아온 차주들이 느끼는 상실감이 이만저만이 아니다. 열심히 살아본들 되레 손해인 현실에 분노가 극도로 치솟는다. 지금부터라도 연체하고 싶은 마음이 굴뚝같기만 하다.

정부도 할 말은 있다. "도덕적 해이를 방지하기 위해 신청 자격을 코로나 피해 차주로 한정하고 원금 조정을 90일 이상 연체한 장기 연체자에 국한해 적용하는 등 보완장치를 마련했다"는 설명이다. "그 밖에 나타날 수 있는 주요 도덕적 해이는 고의로 연체했거나 고액 자산가가 소규모 채무감면을 위해 조정을 신청하는 등 채무 조정을 거부할 수 있는 다양한 요건을 마련하는 방식을 통해 방지하겠다"라고 밝혔다.

그래도 정도가 지나치다. 원금, 그것도 90%까지 탕감해주는 건 누가 봐도 무리수다. 상환 기간을 늘려주고, 고금리를 저금리로 바꿔주고, 이자를 일부 깎아주는 정도에 그쳤어야 했다. 금융이 뭔가. 돈을 빌려주고 상응하는 대가를 받는 것 아닌가. 그렇다면 원금까지 탕감하는 건 금융의 범주를 벗어난다. 군이 말하자면 무상복지에 해당하는 일이다.

원금 탕감, 과잉 지원 우려

용어 표현은 정직해야 한다. 말은 '새출발'이나 실은 '헌 정리'에 불과하다. 부실채권전담은행을 배드뱅크(bad bank)로 명명한 미국의 예를 돌아볼 필요가 있다. 듣기 좋고 보기 좋은 용어로의 표현이 능사일 수 없다. 소비자에게 되레 혼란만 줄 뿐이다. 과대 포장된 금융용어는 이번이 처음은 아니다. 그간에도 햇살론, 디딤돌대출, 안심전환대출, 재도전 성공패키지 등 가식적인 명칭들이 범람했다.

'새출발'이라는 수식어는 지원 대상에 비춰봐도 가당찮다. 새 출발은 희망찬 미래로 나아가는 경우나 주체에 어울리는 용어다. 금융지원에서도 마찬가지다. 조금만 도와주면 살아날 수 기업을 도와줄 때 사용해야 하는 단어다. 회생 여부를 불문하고 장기 연체를 했거나 그럴 가능성이 있다는 사실만으로 무턱대고 빚 탕감을 하는 데는 알맞지 않다. 성실 채무자를 약 올리고 기를 꺾는 행위다.

사업성이 없는 기업은 원금을 깎아 줘도 채무상환을 안 하려 할 수 있다. 예전처럼 고리 사채를 얻어서라도 은행 돈을 갚아가며 사업에 목숨 거는 책임경영은 기대하기 힘들어졌다. 정부가 그렇게 만든 측면이 크다. 금융공기업은 대출이나 보증 지원 시 대표이사 연대 입보를 면제해왔다. 그러니 사업이 조금만 힘들어져도 하던 회사를 문 닫고 새로 법인을 만들어 사업을 하고 싶은 생각이 들지 않을 리 없다.

우수 채무자를 격려는 못할망정 소외까지 시켜선 안 된다. 그들에게도 어떤 형식으로든, 어느 정도로든 배려를 해야 마땅하다. 배고픈 건 참아도 배 아픈 건 못 참는 법. 금리 인하, 이자 감면, 상환 기간 연장 등의 금융 혜택도 공정성을 유지해야 뒤탈이 없다. 그리고 그에 따른 부담은 민간 금융회사가 아닌 재정에서 감당해야 맞다. 정부가 저지른 일은 정부가 해결하는 게 순리다. 결자해지가 정도正道다.

<2022년 8월, 권의종>

지속 가능 한국금융, 협력과 동행으로

절망은 없다. 적어도 사업에서만큼은 그렇다. '노(No) 재팬'으로 줄줄이 문을 닫아야 했던 일본의 패션 브랜드 유니클로가 되살아나고 있다. 한국 매출이 4년 만에 증가세로 돌아섰다. 2019년 시작된 일본 제품 불매 운동의 영향에서 벗어나고 있다. 유니클로 한국 사업을 운영하는 에프알엘코리아의 2022회계연도 매출은 7,042억 원, 전년보다 20.9% 늘었다. 영업이익은 1,148억 원으로 전년 대비 116.8% 증가했다. 격세지감이다.

에프알엘코리아는 유니클로 일본 본사인 패스트리테일링(51%)과 롯데쇼핑(49%)이 합작한 법인이다. 유니클로는 국내에서 2018년 매출 1조 4,188억 원, 영업이익 2,383억 원의 실적을 올렸다. 2019년 국내 소비자의 불매 움직임으로 매출이 9,749억 원으로 떨어졌다. 그 후로도 3년 연속 매출이 내리막길을 걸었다. 2019년과 2020년에는 영업적자를 기록하기도 했다.

유니클로는 매장 축소 등 구조조정을 단행했다. 올해 매장 수는 123곳, 작년 8월 말보다 22곳 줄었다. 고비용 점포인 서울 명동점, 강남점, 홍대점 등을 접었다. 그게 다가 아니었다. 회심의 반전 카드는 따로 있었다. 한국 시장에서의 '외면'을 해외 유명 업체와의 '외교外交'로 풀었다. 글로벌 패션 브랜드와의 제휴로 돌파구를 마련했다. 이탈리아 브랜드 마르니와 제휴한 '유니클로&마르니' 컬렉션이 출시됐을 때는 매장 앞에 줄을 서는 오픈런까지 벌어졌다.

유니클로의 빈자리를 차지하기 위한 국내기업의 반격도 매서웠다. 3년여간 유니클로의 활동 부진을 가만두고 보지 않았다. 시장 확대를 위한 절호의 기회로 삼았다. 국내기업 다수가 패스트패션(SPA) 시장에서 빠르게 점포를 늘리며 공격적인 마케팅을 펼쳤다. 유니클로와 국내 브랜드 간에 벌어질 치열한 시장 쟁탈전에 귀추가 주목되는 이유다.

금융도 비즈니스, 협력은 필수

금융에서도 협력은 필수다. 금융도 비즈니스인지라 영원한 적도 동지도 없다. 필요하면 '적과의 동침'도 불사해야 한다. 서로 으르렁대던 금융사와 핀테크 간 제휴가 늘어나는 현실이 이를 방증한다. 비대면 금융을 선호하는 소비자들이 늘어난 결과다. 금융사는 플랫폼의 강점을 가진 핀테크를 찾고 핀테크는 자사의 서비스를 활용할 금융사를 수소문하는 형국이다.

그도 그럴 것이, 디지털화가 지상 과제인 금융사 입장에서는 핀테크와 손잡으면 자체적으로 개발하기 힘든 서비스나 기술을 확보하고 기존 업무를 아웃소싱해 효율적으로 처리할 수 있다. 핀테크 또한 금융사가 그동안 쌓아온 고객 신뢰도를 자사 플랫폼 인지도를 높이는 데 활용할 수 있고, 서비스 라인업을 다양화함으로써 고객 편의를 끌어올리는 효과를 거두게 된다. 윈윈이다.

정부도 금융 제휴의 필요성을 인지하고 독려한다. 금융 데이터를 기반으로 하는 참신한 아이디어는 있으나 이를 시험할 기회가 없는 개인, 스타트업, 예비 창업자 등이 혁신적인 핀테크 기술·아이디어의 효과성, 혁신성 등을 검증할 수 있도록 테스트 환경을 제공하는 D-테스트베드 사업이 그 한 예다.

참여자에게 신용정보원·금융결제원 등 금융 유관기관과 금융·비금융회사가 보유한 데이터를 결합한 2,200여 개 항목의 결합데이터를 지원한다. 통신 등 비금융 데이터를 보강하며 기관별 데이터가 상호 결합한 데이터셋도 제공한다. 통계성 데이터에 비해 정보 손실이 적은 가명·익명 정보를 공급한다. 우수사례에 대해서는 금융위가 금융회사와의 공통 후속 연구, 사업제휴 등 매칭을 알선한다.

금융사 연합작전이 상생의 상책

금융사 간 협업은 미미한 수준이다. 일부 은행이 '공동자동화점포'를 개설하는 정도가 고작이다. 하나은행과 우리은행이 올해 4월 경기도 용인시 수지구 신봉동에 공동점포를 개점한 것이 시초다. 그 후 공동자동화 점포가 늘어나는 추세다. 기존 점포가 이전하고 난 빈자리에 현금자동입출금기(ATM)를 설치, 입출금거래, 통장정리, 계좌이체, 공과금 수납을 할 수 있게 하는 것이다.

고객 편의를 내세우나, 실은 은행의 여유 공간 활용과 운영비용 절감의 방편이다. 점포 이전에 따른 후속 조치에 불과하다. 이왕 고객을 위하는 거라면 방법을 바꿀 필요가 있다. 여러 금융사 영업점을 한곳에 모으거나, 아니면 아예 공동점포를 개설하는 방안이다. 시중은행과 금융공기업, 신용보증기관 등이 집단을 이뤄 종합적·일괄적인 서비스를 제공하는 내용이다.

　엄중한 경영환경에 대응하고 다양한 고객 니즈에 부응하려면 금융사 간 하드웨어적 협력만으론 부족하다. 금융사가 정보를 공유하고, 전산시스템을 연계하는 소프트웨어적 제휴까지 이르러야 한다. 장소적 '원스톱(one stop)'을 넘어, 실무적 '원세트(one set)'서비스로 진화해야 한다. 그래서 자료의 중복 제출, 금융사의 중복 방문 등의 비효율을 제거하는 서비스 혁신을 기해야 한다.

　차제에 협력에 대한 바른 인식이 요구된다. 금융사 간 제휴는 고객을 위한 것이기는 하나, 금융사에 더 큰 유익을 가져다준다. 그런 점에서 한국금융의 지속 가능한 성장을 이루기 위해 풀어야 할 마지막 퍼즐은 '협력'과 '동행同行'이다. 약육강식, 승자독식의 원리가 지배하는 살벌한 경제 전장戰場에서 금융사별 각자도생은 어렵다. 금융사가 뭉쳐 싸우는 연합작전이 유리하다. 백지장도 맞들면 낫고, 함께 가야 멀리 간다.

<2022년 12월, 권의종>

공인公認 금융해설사, 금융강사 아카데미를

　1685년 영국. 찰스 2세가 후사 없이 세상을 떠났다. 그의 동생 제임스 2세가 왕위에 올랐다. 그는 절대군주제와 가톨릭 복원을 시도하다 의회와 마찰을 빚었다. 휘그당과 토리당이 연대해 제임스 2세를 축출했다. 1688년 왕이 프랑스로 도망하고, 그 이듬해 국민협의회가 네덜란드로 출가한 제임스의 신교도 딸 메리와 그녀의 남편 오렌지공 윌리엄을 국왕으로 추대했다. 메리 2세와 윌리엄 3세로 공동 왕위를 잇게 했다.

　이 사건은 피 한 방울 흘리지 않고 왕권을 교체했다 하여 '무혈혁명(The Bloodless Revolution)'또는 '명예혁명(The Glorious Revolution)'이라 불린다. 메리와 윌리엄이 공동으로 왕위에 오르자 의회는 1689년 왕이 전횡을 일삼지 못하도록 왕권을 제한하고 의무를 규정하는 법안을 제정했다. 이게 바로 영국의 권리장전(The Bill of Rights)으로, 1215년 대헌장, 1628년 권리청원에 이어 '법의 지배'를 공표한 영국 헌정사의 3대 주요 문서다.

　권리장전은 제임스 2세의 불법행위를 12개 항목으로 열거했다. 의회의 동의 없는 법률의 제정이나 집행, 의회의 승인 없는 과세, 평화 시에 상비군의 징집과 유지, 지나친 보석금이나 벌금 및 형벌 등을 금지했다. 국민의 자유로운 청원권, 의원선거의 자유, 의회에서의 언론 자유의 보장, 의회 소집의 정례화 등도 명시했다.

권리장전은 법률로 왕권을 제약하고 정치적 논의와 활동의 축이 왕실에서 의회로 옮겨감으로써 의회가 중심이 되는 영국 입헌군주제의 토대가 됐다. 절대주의를 종식시켰다는 점에서도 큰 의의를 찾을 수 있다. 또 권리장전은 미국의 독립선언, 버지니아 권리장전, 매사추세츠 권리선언 등에 커다란 영향을 주었고, 이들을 통해 다시 프랑스 인권선언에 지대한 영향을 끼쳤다.

금융계의 '명예혁명', 금융소비자보호법 탄생

근년에 대한민국 금융산업에도 '명예혁명' 급 변혁이 일어났다. 금융거래의 중심이 금융서비스공급사에서 금융소비자로 옮겨가는 '권리장전'과 비견할 만한 획기적인 법률이 탄생했다. 2020년 3월 5일 총 8개 장章과 69개 조條로 구성된 「금융소비자 보호에 관한 법률」이 제정됐고, 2021년 3월 25일부터 시행되기에 이르렀다.

급격한 금융환경 변화, 고위험·고난도 금융상품 등장, 대규모 불완전 판매 사례 빈발 등이 법 제정의 배경이 됐다. 금융소비자 보호를 위한 제도적 장치가 강화돼야 한다는 요구는 진즉부터 있었다. 금융서비스 공급자와 금융소비자 간에 능력 차이와 자원 불균형, 정보의 비대칭성이 심했다. 금융소비자가 불리한 위치에 있음에도 불구하고 소비자 보호가 충분하지 못하다는 비난이 꾸준히 제기돼 왔다.

법 제정을 위한 정부 차원의 검토가 이루어진 시기는 2010년으로 소급한다. 실제로 입법이 이루어져 시행에 이르는 데까지 12년 정도 걸렸다. 최초의 제출안은 2011년 11월 정부안으로 입법 예고됐다. 그

후 20대 국회에서 법 제정을 재추진하고자 금융위원회가 2017년 5월 23일 '금융소비자 보호에 관한 법률' 안을 국회에 제출했고, 그 외 다수의 의원입법안과 함께 대안으로 2020년 3월 국회에서 제정안이 통과됐다.

법 시행 전에도 개별 법률에서 금융소비자 보호를 위해 금융회사의 영업행위에 대한 규제가 있었다. 근거 법률에 따라 규제 내용이 달라 금융소비자가 보호를 받지 못하는 사각지대가 존재했다. 법 제정으로 기존 금융법률에서 일부 상품에만 적용하던 영업행위 규제를 원칙적으로 모든 금융상품으로 적용 대상이 확대됐다. 동일 기능을 가진 금융상품에 대해서는 동일 규제를 적용토록 해 금융소비자 보호의 범위가 늘었다.

금융교육협의회 구성, 민간의 주도적 참여를

법은 금융소비자의 기본권과 금융소비자·국가·금융상품판매업자 등의 책무를 명시했다. 금융소비자의 권익 신장을 위해 금융상품 거래 후 일정 기간 내에 계약을 자유롭게 철회할 수 있는 청약철회권, 금융상품 판매업자와 자문업자가 법상 주요 영업행위 규제를 위반하여 금융상품 계약을 체결한 경우 계약 해지를 요구할 수 있는 위법계약해지권을 규정했다.

분쟁 조정이 신청된 사건에 대하여 진행 중인 소송을 중지할 수 있는 소송중지제도, 소비자가 신청한 소액 분쟁 조정 건에 대하여 조정 완료 시까지 금융회사의 소송제기를 금지하는 조정이탈금지제도를 마련했다. 금융상품판매업자 등에 대한 금융소비자의 자료열람 요구권을 신설하고 금융상품 판매업자 등의 설명의무 위반 시 손해배상 입증 책임을 금융상품 판매업자에게 전환하는 등 금융소비자의 권리를 추가하고 권리구제절차를 강화했다.

금융교육도 명문화했다. 금융교육 정책을 심의·의결하는 금융교육협의회가 법정기구로 가동할 수 있게 됐다. 다행이나 유감도 있다. 협의회 구성이 정부와 정부 기관에 편중돼 있다. 8개 정부 부처 외에 금융감독원, 금융협회, 소비자단체, 연구기관 등이 참여한다. 민간 금융교육 기관도 포함돼 있으나 2개에 불과하다. 여기에 실제로 현장에서 금융교육을 담당하는 민간단체 참여를 참여하면 정책의 실효성 제고에 효과가 클 것이다.

금융교육 전문 강사의 역량 강화와 교육 콘텐츠 개발에 대한 지원도 늘려야 맞다. 지금도 일정 기준을 충족하는 콘텐츠에 대한 '콘텐츠 인증제도'가 운영되고 있으나 그것만으론 역부족이다. 금융교육 전문 강사 양성을 위한 전문 아카데미를 설립하고, 현재 전국퇴직금융인협회가 운영하는 금융해설사 제도를 공인하는 등 교육 서비스의 질을 높일 필요가 있다. 소비자 보호의 효과 면에서 교육만 한 게 없다. 좋은 여건과 좋은 스승에게서 좋은 교육이 나온다.

<2022년 8월, 권의종>

'금산분리'에서 산업과 금융의 융합으로

"바뀐 투수의 초구를 노려라."

야구계의 속설 가운데 하나다. 구원투수는 보통 초구에 스트라이크를 잡으려 들기 때문에 타자는 이 공을 놓치지 말고 과감하게 휘두르라는 주문이다. 불펜투수가 마운드에 오르는 경우는 크게 두 가지. 위기 상황에서 앞선 투수가 강판을 당한 경우와 이닝 교체 후 시작부터 마운드에 오르는 경우다. 특히 전자의 경우 초구가 스트라이크일 확률이 높다는 게 야구전문가의 견해다.

정권 교체 후에 이뤄지는 첫 조각組閣도 투수 교체 상황과 엇비슷하다. 부처의 새 수장이 어떤 비전으로 무슨 정책을 구상하는지 다들 궁금해한다. 지명 후 첫 일성一聲이 초미의 관심사다. 윤석열 정부의 초대 금융위원회 위원장으로 지명된 김주현 후보자는 그런 점에서 인상적인 화두를 던졌다. '금산분리'규제 완화라는 시의성 있는 주제로 금융권을 술렁이게 했다. 정통 금융관료 출신다운 언급이다.

금산분리가 뭔가. 금융자본과 산업자본의 결합을 제한하는 것을 말한다. 금융자본을 바탕으로 하는 회사가 제조업 등 비非금융회사를 소유하지 못하게 하고, 반대로 제조업 등 비금융사업을 핵심사업으로 영위하는 회사가 은행을 자회사로 두지 못하게 한다. 산업자본이 소유할 수 있는 은행 지분을 시중은행 4%, 지방은행 15%로 제한한다. 비금융기업이 금융회사를 보유하면 자금조달 측면에서 이점을 갖게

됨을 규제하려는 목적이다. '기업의 사금고화'를 막으려는 의도다.

반대로 은행 등 금융업을 전문으로 하는 회사가 비금융기업을 자회사로 거느리는 것도 금지한다. 금융지주회사는 비금융 자회사나 손자회사를 소유할 수 없다. 다만, 보험지주회사나 금융투자지주회사는 비금융 자회사나 손자회사의 보유가 가능하다. 은행은 비금융회사의 지분을 15% 이상 보유할 수 없고, 보험사는 계열사의 지분 중 총자산의 3% 이상을 보유할 수 없다.

'금산분리' 완화의 기대효과

금산분리는 역사가 오래됐다. 1961년 법에 명시, 60년이 넘었다. 철통같은 금산분리 원칙도 인터넷전문은행 설립으로 금이 가기 시작했다. 2020년 인터넷전문은행특례법이라는 새로운 법을 만들어지면서다. 인터넷전문은행에 한해 IT기업일 경우 은행의 지분을 34%까지 보유할 수 있게 바뀌었다. '역차별' 지적이 나온다. '재벌'이라는 이름 때문에 금융업에 진출하지 못했던 비금융기업과 달리 '테크'기업이라는 이유만으로 규제를 피할 수 있게 됐다.

'형평성'에도 어긋난다. 빅테크기업은 금융과 비금융을 넘나들며 자유롭게 사업을 펼칠 수 있으나, 금융회사는 비금융사업에 대한 진출이 법에 막혀 있다. 게다가 금융시장 개방으로 외국자본은 국내 은행 산업에 마음대로 진출할 수 있으나, 국내 산업자본은 은행을 소유할 수 없게 돼 있다. 결과적으로 외국계 자본의 국내 금융산업 지배 현상을 심화시켰다.

금산분리 규제가 완화되면 뭐가 달라질까. 금융회사의 비금융업 진출과 비금융회사의 금융업 진출에 대한 허들이 낮아져 산업간 균형이 잡힐 수 있다. 금융회사는 그들이 보유한 인프라와 융합할 수 있는 비금융사업을 영위할 수 있게 된다. 비금융기업도 안정적인 먹거리를 확보할 수 있는 금융산업에 문을 두드릴 수 있다.

금융회사는 고객의 결제 데이터, 자산 데이터 등을 갖고 있어 이를 비금융업에 활용하면 돈 되는 먹거리를 찾을 수 있다. 고객의 '돈'에 관한 정보를 보유하고 있어 고객이 돈을 어디에 어떻게 쓰고 있는지를 분석하면 신사업 개척이 가능하다. 특히 질 좋은 데이터를 가진 은행에는 더없는 호기다. 은행법에 명시된 주 업무와 부수·겸영 업무 외의 일을 할 수 있게 된다.

분리 철폐보다 단계적 완화로 연착륙을

비금융회사들도 금융업에 진출해 새 수익원을 발굴할 수 있다. 든든한 캐시카우 구실을 하는 금융회사를 계열사로 둘 수 있다. 금융회사 지분에서 높은 배당을 받을 수 있는 거 말고도 누리는 이점이 크다. 금융회사는 고객 등의 자금을 자산으로 하는데 이를 돌려주기 전까지는 모두 금융회사의 자본으로 평가받을 수 있다. 그룹사 체제의 입장에서는 그룹 전체의 자산포트폴리오가 더욱 탄탄함을 시장에 표출할 수 있다.

금산분리를 어떻게 풀어야 할까. 금산분리의 완전한 철폐나 급격한 완화는 곤란해 보인다. 규제를 서서히 풀면서 공시의무를 강화하는 형식이 바람직할 수 있다. 금융회사의 비금융산업 진출에 대한 벽을 허물되, 비금융회사의 금융회사 보유 지분 한도 및 의결권 행사 가능 지분 비율을 차츰 완화하는 방향이 고려될 수 있다. 금산분리의 철폐나 무리한 완화는 기업집단의 문어발식 금융계열사 확장으로 이어질 우려가 크다.

규제 완화의 과정도 험난하다. 넘어야 할 산이 많다. 공정거래법, 은행법, 보험업법 등 다양한 법들이 적용되고 있어 관련 법을 일일이 개정해야 한다. 그런데 현재 국회의 다수 의석을 점하고 있는 야당은 금산분리를 도리어 강화해야 한다는 입장을 견지하고 있다. 금융위원장으로서도 금산분리 완화 방안을 마련해 여당과 협의하고 야당을 설득해야 함에 따라 조기 시행이 어려울 수 있다.

원칙이 없고 예외가 많아 역차별과 형평성 논란으로 얼룩진 금산분리. 만시지탄이나 그 기울어진 운동장을 바로 잡을 때가 됐다. 산업자본과 금융자본의 융합 시너지 창출로 산업 발전과 경제성장의 든든한 토대를 쌓아야 한다. 새 정부의 초대 금융사령탑으로 마운드에 오를 지명자가 직구, 커브, 슬라이더 등 어떤 구질로 금산분리 완화의 스트라이크를 잡을지 궁금하다. 어려운 시기에 등판한 만큼 무실점 쾌투로 승리투수가 되기를 바라는 마음이 간절하다.

<2022년 6월, 권의종>

금융에도 플랫폼을

4차 산업혁명 시대, 상거래의 총아는 플랫폼이다. 정보통신기술(ICT)의 혁명적 진화에 힘입어 플랫폼이 기업의 성패를 좌우하는 핵심 요인으로 떠오르고 있다. 구글, 애플, 페이스북, 아마존 등은 자신들만의 강점을 가진 플랫폼을 통해 각자의 영역에서 절대 강자로 자리 매김 중이다. 구글의 회장, 에릭 슈밋(Eric Schmidt)은 이들 기업의 성공비결이 강력한 플랫폼에 있음을 지적했다.

국내에서도 플랫폼에 대한 이해와 관심이 커지고 있다. 플랫폼이 되겠다는 기업이나 플랫폼 사업에 뛰어들겠다는 기업이 폭발적으로 늘고 있다. 판매, 배달, 유통 분야 등을 중심으로 일부 선도 기업은 플랫폼을 통해 괄목할 성과를 거두며 거대 기업으로 급부상하고 있다. 플랫폼이 도대체 뭐길래. 사전적 의미로는 기차를 승·하차하는 공간이나, 강사, 음악 지휘자, 선수 등이 사용하는 무대·강단 등을 뜻한다.

오늘날에는 특정 장치나 시스템 등에서 이를 구성하는 기초가 되는 틀이나 골격을 지칭하는 용어로 의미가 확대됐다. 컴퓨터 시스템, 자동차 등 다양한 분야에 적용 가능한 보편적 개념으로 진화하기에 이르렀다. 위키피디아는 플랫폼을 다양한 상품을 판매하거나 판매하기 위해 공통으로 사용하는 기본 구조, 상품 거래나 응용 프로그램을 개발할 수 있는 인프라, 반복 작업의 주 공간 또는 구조물, 정치·사회·문화적 합의나 규칙 등으로 정의한다. 들어도 이해가 어렵다.

플랫폼이 주는 가치와 효과가 지대하다. 투자 대비 높은 성과를 내는 지렛대 역할을 한다. 수많은 공급자와 수요자를 끌어모아 연결함으로써 다양한 비즈니스 모델을 창출한다. 수요자의 다양한 욕구를 충족시키는 맞춤형 서비스 제공을 촉진한다. 고객 확장을 통해 산업 내 주도권 경쟁에서 우위를 점하는 잠재력을 발휘케 한다. 여러 학문과 산업 영역의 경계를 무너뜨리는 융·복합화가 가능해지면서 이종산업간 결합이 플랫폼을 통해 일어나고 활성화한다.

금융시장은 플랫폼 불모지

그 한 예가 배달 플랫폼이다. 성장세가 실로 눈부시다. 과학기술정보통신부에 따르면 2020년 배달 앱을 통한 음식 배달 거래액은 20조 1천 5억 원에 이른다. 한해 전 14조 36억 원 대비 43.5% 늘었다. 플랫폼을 이용해 배달 및 운송업 근로자도 폭발적 증가세다. 한국노동연구원에 따르면, 2020년 기준 11만 4천 400여 명으로 추산됐다. 아르바이트 등 전업이 아닌 형태로 배달 및 운송업에 종사하는 인원을 포함하면 연 20만 명 수준에 이를 것으로 예상된다.

배달 앱 시장이 성장일로다. 코로나19 확산 등으로 외식 산업이 배달 위주로 재편되는 분위기다. 신한카드가 배달의 민족 등 주요 배달 앱 4개 업체를 대상으로 2019년과 2021년 카드 이용 현황을 비교·분석한 결과가 놀랍다. 배달 앱 이용 건수가 206%, 이용금액이 240% 폭증했다. 한 사람당 이용 건수는 월평균 3.1건에서 4.6건으로 늘었다. 국가통계포털(KOSIS)에 따르면 음식업종의 2019년 배달 앱 이용 비중은 11.2%에서 2020년 19.9%로 2배 가까이 늘었다.

여타 산업에서도 플랫폼이 대세를 이룬다. 그런데도 플랫폼 불모지가 있다. 금융시장이다. 그럴 만도 하다. 국내 금융시장은 사실상 경쟁의 무풍지대다. 만성적으로 수요가 공급을 초과하는 공급자 주도 시장이다. 공급자로서는 구태여 비싼 돈 들여 플랫폼을 만들어 동업자끼리 괜한 경쟁을 할 필요가 없다. 비싼 이자를 매겨도 돈 쓸 사람이 제발로 찾아와 줄을 서는 판이다. 그 덕에 사상 최대의 돈 잔치를 이어가는 지금의 호시절을 마다할 이유가 없다.

관리 감독을 담당하는 금융당국은 무심하다. 아무런 생각이 없어 보인다. 플랫폼의 중요성과 당위성을 깨닫지 못하는지, 아니면 알고도 모르는 체하는 것인지. 알 수가 없다. 집값을 잡기 위해 대출 총량이나 규제하고, 코로나19 관련 대출금의 만기를 연장하고 원리금 상환을 유예토록 금융회사를 압박하는 것으로 소임을 다했다고 여기는 건 아닌지.

신보 온라인 대출장터, 금융플랫폼의 원조

기실은 금융에도 플랫폼이 없었던 건 아니다. 11년 전에 도입된 바 있다. 시작한 날로 치면 배달의 민족을 운영하는 우아한 청년들보다 빠르다. 2011년 1월부터 전 세계 금융시장에서 최초로 신용보증기금을 통해 역경매 방식의 '온라인 대출장터'를 운영했다. 판매 기능에 경매 기능까지 결합해 일반 상거래 플랫폼보다 진일보한 시스템이었다.

제도의 출발은 순조로웠다. 시장의 반응이 뜨거웠다. 금융회사의 진

입장벽을 낮추고 공급자의 경쟁을 촉진하는 데 이바지했다. 은행 등 금융회사의 우월적 지위와 높은 협상력으로 인해 이론적인 수준보다 대출 금리가 높게 형성되는 걸 막을 수 있었다. 은행 간 경쟁이 활발해지고 소비자가 은행들의 금리 조건을 비교해 대출을 선택할 수 있게 되면서 금리가 내려가는 효과가 뚜렷했다.

강맹수, 권의종&이군희(2012) 연구가 이를 실증분석했다. 대출장터 시행으로 직·간접적 금리 인하 효과가 최대 73 bps(0.73%)로 나타났다. 최우수 금융상품으로 대한민국 금융대상에 선정됐다. 국내외 금융, 산업, 학계로부터 혁신 사례라는 극찬을 받았다. 호사다마였을까. 은행의 관심과 신보의 의지가 시들해지면서 3년을 못 넘기고 장터 문이 닫히고 말았다. 지금 와서는 이를 기억하는 사람조차 드물 정도다. 기껏 차려진 밥상도 못 찾아 먹은 꼴이 되었다.

플랫폼은 금융에 도리어 더 긴요하고 절실하다. 공급자 주도의 일방적 시장에서 수요자와 공급자가 상호작용하는 양방향 시장으로 바꾸는 도구로 활용돼야 한다. 시간적·공간적 제약을 허물고 정보를 자유롭게 흐르게 해 의사결정 단축과 불공정·불평등한 금융구조 개선의 방편으로 삼아야 한다. 소비자와 공급자 모두에 유익을 가져다주는 이기利器로 활용함이 마땅하다. 단명했던 대출장터의 화려한 부활이 기대되는 이유다.

<2022년 3월, 권의종>

금리인하 요구권, 금융사의 의무로

금리가 치솟는다. 빚진 자의 시름이 깊어진다. 이자 걱정에 밤잠을 못 이룬다. 일이 손에 안 잡힌다. 그간 먹고살기 바빠 누군지도 몰랐고 알 필요도 없었던 이창용 한국은행 총재나 제롬 파월 미국 연준 의장의 금리 인상 발언에 가슴이 덜컹한다. 변동금리를 고정금리로 바꿔주는 '대출 갈아타기'나 신용 상태에 따라 금리 변경을 요청할 수 있는 '금리인하요구권'에 자연 관심이 쏠린다.

금리인하요구권이란? 신용 상태에 현저한 변동이 있는 경우 사용 중인 대출에 대해 금리 변경을 요구할 수 있는 권리를 말한다. 무리한 금리 적용에 대항할 수 있게 한 제도다. 일반적으로 금융사는 소비자의 소득과 신용등급 등을 고려해 금리를 결정한다. 신용 평가 결과에 따라 금리를 차등 적용한다. 소득이 상승했거나 신용점수가 상향됐거나 부채가 감소하는 등으로 신용 상태에 변동이 생길 때 적용받을 수 있다.

금리인하요구권의 역사는 꽤 오래됐다. 초기에는 금융사들이 자체적으로 시행했다. 2018년 12월 은행법이 개정되며 법제화됐다. 금융사는 금리 인하 요구 제도를 소비자에게 안내하고 신청을 받으면 그 결과와 사유를 영업일 기준 10일 이내에 알리게끔 돼 있다. 은행권뿐만 아니라 보험사, 카드사 등에서도 신청할 수 있다.

신청 조건은 금융사마다 제각각이다. 일반적으로 '소득, 재산 증가',

'신용점수 상향'등으로 신용 상태가 현저히 개선된 경우 신청할 수 있다. 금리 인하 요구는 연 2회까지만 가능하다. 같은 사유로는 6개월 이내는 신청이 안 된다. 신규 대출이나 기간 연장, 재약정을 받고 3개월이 지나기 전에도 금리 인하를 요구하지 못한다.

금리인하요구권, 4건 중 1건만 승인

명분과 취지야 더없이 좋다. 실행이 어려울 뿐이다. 금융사마다 요구하는 조건이 상이할뿐더러 소비자는 자기신용이 어느 정도가 좋아져야 금리 인하가 가능한지 알기 힘든 단점이 있다. 일단 요구해놓고 기다리는 수밖에 없다. 요행히 요구가 받아들여지면 좋고 아니면 말고다. 쿨하게 넘어가야 한다. 금리 인하를 요구하는 사람이 많지 않고 받아들여질 확률 또한 높지 않은 이유다.

실제가 다르지 않다. 2022년 상반기 은행의 금리인하요구권 수용률이 높지 않은 거로 나타났다. 24.86%에 불과했다. 4건 중 1건만 금리인하신청이 받아들여진 셈이다. 전국은행연합회가 공시한 은행별 금리인하요구권 운영 실적에 따르면 올 상반기 금리 인하 요구 신청 건수는 약 88만 9,000건으로, 이 중 수용 건수는 22만 1,000건으로 집계됐다. 이자 감면 총액은 728억 2,900만 원이었다.

금융사별로 금리인하요구권을 운용한 성적이 처음으로 공시되고 순위가 매겨지자 금융사들에서 난리가 났다. "은행마다 신용평점을 금리에 적용하는 기준이 달라 단순 비교가 어렵다.", "애초부터 금리를 낮게 책정해 낮출 여지가 적다.", "비대면 시스템 마련으로 신청 건수가 많아 수용률이 낮다.", "은행권은 제2금융권에 비해 금리가 낮아 인하 폭이 작다.", "홍보를 늘릴수록 신용개선 없이 신청하는 고객도 늘어 수용률이 낮아지는 구조다."등의 반응이었다.

어찌 됐든 금융사와 소비자 모두를 만족시키지 못하는 제도는 존재할 가치가 없다. 어떤 형태로든 바꿔야 맞다. 떡 줄 사람은 꿈도 안 꾸는데 김칫국부터 마시는 격이 될 수 있다. 이자를 내려줄 금융사는 별생각도 않는데 소비자는 이미 다 된 것처럼 여기고 미리부터 기대하는 꼴이 될 수 있다. 금리 인하가 될지도 안 될지도 모르는 상황에서 일단 요구부터 해 보라는 자체가 명백한 소비자 경시輕視다.

현행 금리인하요구권, 발상의 전환 필요

정 그러려면 대출을 실행하면서 금융사가 금리 인하 요건을 자세히 알리든지, 아니면 이를 확인할 시뮬레이션 모형이라도 만들었어야 했다. 그나저나 이제는 그마저도 필요 없게 됐다. 금리 인하를 주도하는 주체를 바꾸는 게 나을 수 있다. 소비자가 금융사에 금리 인하를 요구하는 현행 방식을 고집할 게 아니다. 반대로 소비자의 요구가 없더라도 금융사 스스로 금리를 내리게 하는 게 유효할 수 있다.

그럴 경우 절차는 도리어 간단해진다. 금융사가 대출할 때 개인신용정보수집에 관한 동의를 받고 소비자의 신용 상태를 주기적으로 점검해 그에 따라 금리 인하 여부를 결정하게 하면 된다. 금리 인하가 이뤄지지 않을 때도 금융사가 사유를 상세히 설명하도록 의무화할 필요가 있다. 그리고 이것을 은행법 등 관련 법으로 규정하면 된다.

금융사의 목표이익률 등 가산금리의 투명한 공개도 검토할 가치가 있다. 소비자는 가산금리의 주요 구성 요소인 리스크프리미엄, 신용프리미엄 등을 알지 못하다 보니 가산금리 산정의 적정성을 확인하기 어렵다. 이 모든 일에 금융사는 반대할 것이다. 고객의 신용 상태를 일일이 점검하는 게 번거로울뿐더러 인하 요건을 충족하는 모든 대출의 금리를 내려줘야 하기 때문이다. 그리되면 이자수익 감소는 물론 영업기밀까지 내놔야 할 수 있다.

부작용도 염려된다. 금융사를 지나치게 규제하면 그 영향이 금리 상승으로 이어질 수 있다. 금융사가 금리 인하를 요구해 올 것을 고려해 금리를 보수적으로 산정할 수 있다. 대출할 때 금리를 높게 매기고 대출하고 나서 깎아주는 꼼수를 부릴 수 있다. 그러기에 더더욱 발상의 전환이 요구된다. 대출금리 인하의 문제는 차주의 '요구할 권리'가 아닌 금융사의 '이행할 의무'로 접근해야 해결의 실마리를 찾을 수 있다. 난제는 있어도 난치는 없다.

<2022년 9월, 권의종>

스위스에서 배우는 한국금융 활로

프랑스 혁명이 한창이던 1792년 8월 10일. 파리의 튈르리 궁전으로 성난 민중이 몰려왔다. 궁에는 루이 16세와 왕비 마리 앙투아네트가 머무르고 있었다. 엄청난 군중에 겁먹은 왕의 근위병들이 도망치기 시작했다. 오직 한 부대만이 필사적으로 군중과 맞서 싸웠다. 사상자가 속출하자 프랑스 시민군이 회유에 나섰다.

"퇴로를 열어줄 테니 너희 나라로 돌아가라!"

하지만 이들은 자리에서 꼼짝도 하지 않았다.

그 덕에 왕과 왕비는 궁을 빠져나갈 수 있었다. 하지만 곧이어 이 부대는 전멸하고 말았다. 모두 786명. 스위스 용병들이었다. 이들은 분명 살 기회가 있었다. 그런데도 왜 이런 무모한 싸움을 한 걸까. 프랑스 왕에 대한 충성심? 아니었다. 조국이 너무나 가난했기 때문이었다. 나중에 죽은 병사에게서 유서 하나가 발견됐다. 거기에는 "우리가 왕과 맺은 약속을 저버리고 도망친다면 이후 우리의 후손들은 아무도 용병으로 일하지 못할 것"이라고 쓰여 있었다

알프스의 나라 스위스. 산이 전 국토의 70%, 호수까지 합치면 75%에 달한다. 경작지는 25%뿐이다. 그마저 냉기가 심해 농사를 짓기 어려웠다. 스위스가 오랫동안 유럽에서 가장 가난한 나라로 살아야 했던 이유다. 대다수는 먹고살 길을 찾아 해외로 떠나야 했다. 용병 사업이 시작된 배경이다. 스위스인의 용맹성은 오래전부터 정평이 나 있

었다. 험준한 산악지대에서 살아 폐활량이 크고 체력도 강했다.

국경을 맞댄 오스트리아 합스부르크 가문과 싸우느라 실전 경험도 풍부했다. 스위스 용병의 몸값은 비쌌다. 그런데도 왕가들이 급할 때면 이들을 찾곤 했다. 100년 전쟁, 부르고뉴 전쟁, 스페인·폴란드·오스트리아 왕위계승 전쟁, 나폴레옹 전쟁 등 유럽의 굵직한 전쟁 뒤에는 늘 이들이 있었다. 로마 교황의 바티칸조차 수백 년 전부터 지금까지 경비는 오로지 스위스 용병에게 맡기고 있다. 왜 그럴까. 절대로 고용주를 배신하지 않기 때문이다.

스위스 금융의 성공 DNA, '용병의 신뢰'

용병 얘기를 말머리 삼아 긴 사설을 늘어놓은 데는 나름의 이유가 있다. 스위스가 금융업에서 성공을 거두게 된 중요 키워드가 이 속에 들어 있기 때문이다. '신뢰'다. 스위스의 금융업은 프랑스의 칼뱅파 신교도인 위그노들이 이주해오며 시작됐다. 17세기 후반 루이 14세가 신교의 자유를 허용한 낭트칙령을 철회하면서 제2차 위그노 탈출이 벌어졌다. 스위스로 온 위그노 중에서는 신흥 재력가들이 많았다. 이들은 주로 제네바에서 고리대금업을 영위했다.

공교롭게도 사치를 일삼던 루이 16세가 이들에게 손을 벌리게 된다. 그러면서 한 가지 조건을 내걸었다. 자신이 돈을 빌렸다는 사실을 절대 비밀에 부쳐달라는 것이었다. 자신이 내쫓은 사람들에게 도움을 청한다는 손을 내민다는 게 창피했을 것이다. 스위스 은행은 예금주와 돈의 출처를 묻지도 않는 비밀주의로 유명하다. 이게 바로 루이 16

세 때문이다.

이렇게 시작한 스위스 금융업은 제1, 2차 세계대전을 거치면서 세계적인 수준에 올랐다. 스위스가 중립국의 지위에 있다는 점과 스위스라면 자신들의 돈을 끝까지 지켜줄 것이라는 믿음이 있었기에 가능한 일이었다. 전쟁이 나자 부자들은 돈을 맡길 안전한 나라를 찾았다. 유럽에는 그런 나라가 스위스밖에 없었다. 스위스 은행으로 어마어마한 돈이 몰려들었다.

독일과 영국, 어느 쪽도 믿을 수 없었다. 전쟁에 지는 순간 돈이 휴지 조각이 될 것이기 때문이었다. 전쟁 수행에 필요한 석유를 공급하는 아랍국가들도 대금결제 수단으로 스위스 프랑을 요구했다. 허구한 날 침략이나 당하던, 용병 외에는 달리 먹고 살길이 없었던 가난한 나라의 돈이 일약 기축통화의 반열에 올랐다. 금융업이 스위스 경제를 반석 위에 올려놓았다.

금융은 신뢰와 신용으로 사는 산업

스위스 금융의 성공 신화는 한국금융으로 시각을 돌리게 한다. 한국금융의 신뢰 지수(Trust Quotient)는 얼마일까? 선뜻 자신 있는 답이 나오지 않는다. 금융에 대한 신뢰가 시원찮다. 해외금리연계 파생결합상품(DLF), 라임·옵티머스 펀드 사태에 테라·루나 가상화폐 사고까지. 금융 범죄가 끊이지 않는다. 보이스피싱 등 금융사기도 판을 친다. 금융회사 임직원의 비위와 부조리가 난무한다. 청탁, 횡령, 부당 거래, 부정 채용 등의 일탈이 공공연하다.

한국일보의 '2020년 금융 관련 인식 설문조사' 내용을 보면 기가 차다. 어느 정도 예상은 했으나 이 정도까지일 줄은 몰랐다. 국내 금융 소비자의 금융에 대한 신뢰도 변화와 미래 금융에 대한 전망을 조사한 결과가 실망스럽다. 응답자의 54.3%가 "금융에 대한 신뢰를 잃었다"라고 답했다. 실망한 이유가 가관이다. △금융사의 사고 후 책임지지 않는 모습, 82.3% △투자상품에 대한 불충분한 정보 제공, 66.9% △계속되는 환매 중단 사태, 54.1%로 나타났다.

금융위원회가 실시한 '2021년 금융소비자 보호에 대한 국민 인식 조사' 내용도 대동소이하다. 금융회사에 대한 원성이 자자하다. 응답자의 33.4%는 금융서비스나 상품 이용 시 불만족스러웠거나 불합리한 처우를 당한 경험이 있다고 밝혔다. 70.3%는 금융회사의 윤리의식이 충분치 않다고 답했다. 금융상품에 대한 불신도 크다. 65.8%가 금융 앱에서의 금융상품 추천을 '신뢰하지 않는다'라고 응답했다.

금융은 신뢰를 먹고 사는 비즈니스다. 대한민국 금융의 후진성은 신뢰 부족에 있다. 신뢰는 금융업이 생존과 발전을 이어가기 위해 마지막까지 지켜야 할 소중한 덕목이다. 프랑스 혁명에서 보았듯 신뢰를 지키기 위해서는 어떠한 희생도 감수해야 한다. 무신불립無信不立, 신뢰가 없으면 존립할 기반이 없다. 한국금융에 교훈이 되고 경계가 되는 잠언箴言이다.

<2022년 5월, 권의종>

미국 추종 금리 인상은 하책

같은 말도 남이 하면 듣기가 싫다. 자기에게 불리한 얘기는 더더욱 귀에 거슬린다. 국제금융협회(IIF)가 '세계 부채 보고서'를 발표했다. 익히 알고 있는 내용이나 막상 듣고 보니 언짢다. 2022년 1분기 기준 우리나라의 국내총생산(GDP) 대비 가계부채 비율이 104.3%로 표시됐다. 조사 대상 36개국 중 가장 높다. 미국과 일본은 각각 76.1%, 59.7%로 우리와는 상당한 차이를 보인다.

가계 빚이 GDP 규모보다 큰 나라는 우리나라가 유일하다. 1년간 국내 모든 경제주체가 생산 활동을 통해 만들어낸 부가가치로도 지금의 가계 빚을 다 갚을 수 없다는 얘기다. 실제로 가계부채 증가율이 높다. 코로나 이전 5년(2015~2019년)간 46%, 코로나 이후 1년, 2020년 중 8% 늘었다. 규모 면에서 세계 최고 수준일뿐더러 증가 속도 또한 경제협력개발기구(OECD) 평균의 6배다.

올 2분기 말 가계부채가 1,869조 원에 이르렀다. 이 가운데 주택담보대출이 1,001조 원으로 53.6%, 기타대출이 757조 원으로 40.5%를 차지했다. 판매신용은 111조 원으로 6.0%를 점했다. 가계부채를 가구 수(2021년 말 기준 약 2,145만 가구)로 나누면, 가구당 8,716만 원으로 나온다. 인구수(2022년 추계인구 5,163만 명)로 나누면, 1인당 3,621만 원의 빚을 진 것으로 나타난다.

부채 보유 가구 비율(63.8%, 국토연구원 조사)을 적용하면 규모는 더 커진다. 가구당 가계부채가 1억 3,661만 원으로 산출된다. 국제통화기금(IMF)은 이미 "한국의 가계부채는 가처분소득의 190%를 넘어 경제협력개발기구(OECD) 최고 수준이며, 중소기업의 절반은 이자도 갚지 못하는 한계기업"이라고 경고를 내린 바 있다.

국내총생산(GDP) 대비 가계부채 비율 104.3%

기준금리는 계속 오르는 중이다. 2021년 8월을 기점으로 0.5% 저금리 시대를 마감하고 올 10월까지 8차례에 걸쳐 3.0%에 이르렀다. 가계대출 이자율도 동반 상승세다. 1월 말 연 3.91%였던 가계대출 평균 금리기 9월 말 연 5.15%로 올랐다. 10월 말에는 시중은행 가계대출 최고 금리가 연 7%를 넘어섰다. 가계대출 평균 금리가 연 7%대에 진입하면 총부채원리금상환비율(DSR)이 90%를 초과하는 대출자가 120만 명에 이른다는 금융감독원의 분석이다.

금리 상승은 서민층과 중산층에 충격과 고통으로 다가온다. 대출 이자가 오르면 가계는 생활비나 교육비 등 다른 지출을 줄여야 한다. 더 큰 문제는 내년 상반기까지 금리 인상 기조가 이어지거나, 인하로 돌아설 가능성이 낮다는 사실이다. 국내 가계부채의 변동 금리형 대출 비중이 70~80%인 상황에서 채권시장 신용경색으로 서민대출이 어려워진 점 또한 우려스러운 대목이다.

금리 상승은 대외 변수에 기인해 온 바 크다. 미국의 초강력 긴축 기조에 따라 우리나라도 고환율 고물가 고금리라는 3고高의 복합 경제 위기가 초래된 게 분명하다. 미국 중앙은행(Fed)이 4연속 자이언트

스텝 등 빠른 속도와 큰 폭으로 기준금리를 올려왔다. 우리나라도 미국과의 금리 차에 따른 부작용을 줄이기 위해 빅스텝을 2차례나 하며 금리를 올리는 고육지책을 써야만 했다.

다행히도 근자에 가계 빚 증가세가 한풀 꺾이는 모습이다. 금리 인상으로 이자 부담이 커진 대출자들이 빚 갚기에 나선 결과로 풀이된다. 한은의 추가 금리 인상이 예고된 만큼, 앞으로도 대출 감소가 예상된다. 부실 위험은 되레 커지는 양상이다. 국내 은행의 가계대출 연체율은 8월 말 0.21%, 지난해 같은 기간보다 0.02% 포인트 올랐다. 같은 기간 주택담보대출 연체율은 0.01% 포인트 늘어 0.12%, 신용대출 연체율은 0.06% 포인트 올라 0.42%가 됐다.

美 긴축 기조 대응 시. 우리 현실과 특성도 고려

한국은행이 물가를 잡고 환율을 진정시키기 위해 기준금리를 연속해서 큰 폭으로 올릴 수밖에 없었던 저간의 사정은 이해가 간다. 그렇다 해도 물가 억제와 환율 안정만 우선 과제가 될 수 없다. 긴축 통화 기조 유지를 위해 금리를 계속 올리는 게 과연 잘하는 일인지 따져볼 필요가 있다. 지금까지야 어쩔 수 없다손 쳐도 앞으로도 그래야 하는지는 재고의 여지가 있다.

미국의 긴축 기조에 긴밀히 대응은 하되, 금리 인상의 시기와 강도를 어느 정도로 할지는 우리나라의 경제 현실과 특성에 맞춰 정해야 할 것이다. 물가를 안정시키고 통화가치 급락을 막기 위해 금리 인상의 폭과 속도를 미국의 환경에 계속 맞추다 보면 경기침체라는 더 큰 역풍을 맞을 수 있다. 병 좀 고쳐보려다 목숨을 잃는 것 같은 더 나쁜 상황에 맞닥뜨릴 수 있다.

실수가 실수를 부르는 법. 상황이 힘들면 정책 혼선이 빚어지곤 한다. 어쩌면 지금이 그런 모양일 수 있다. 한은은 물가를 잡기 위해 금리를 계속 올리는 데 재정에서는 시장에 마구 돈을 풀고 있다. 통화는 긴축이고 재정은 팽창인 엇박자 행태다. 일관성 없는 정책 조합은 효과는 효과대로 못 보면서 돈은 돈대로 낭비하는 꼴이 되고 만다.

복합위기에는 한 방향 정책만 펴서는 곤란하다. 한두 개 거시지표만 보고 상황을 판단하거나 정책을 입안하는 거야말로 위험천만하다. 이미 시행한 정책도 아니다 싶으면 즉시 방향을 바꾸거나 마땅한 대안을 찾아야 맞다. 기존의 판단을 합리화하기 위해 잘못을 인정하기는커녕 억지를 부리거나 말을 바꿔서도 안 된다. 사람이건 국가건 망하는 건 그놈의 고집 때문이다.

<2022년 12월, 권의종>

사람이 최고자산, '금융 인력뱅크'를

금융산업은 덩치가 크다. 은행, 보험, 증권 등 분야별로 거대 산업군을 이룬다. 세력도 막강하다. 자금 융통, 지급 결제, 신용 평가 및 정보 축적 등 다양한 역할과 특별한 기능을 수행한다. 공공성이 강조되며 철저한 사전 감독과 사후 검사를 통해 건전성이 확보된다. 4차 산업혁명 시대를 맞아 빅테크 진출이 가속화되면서 금융산업의 판도가 바뀌고 있다. SNS, 포털, 유통 중심의 고객 접점 플랫폼을 토대로 혁신적인 서비스가 속속 출현한다.

금융산업은 취업시장에서도 큰손이다. 매년 수많은 대학 졸업자들을 새로 채용한다. 취업 지망자들에게는 선망의 대상이다. 최고 수준의 연봉에다 60세 정년이 보장된다. 수익성과 안정성, 성장성을 고루 갖춘 '철밥통' 3종 세트다. 근자에 이르러 65세 정년 연장까지 거론된다. 돌아가는 분위기로 보면 가능성이 크다. '신神의' 직장, '신이 숨겨 놓은' 직장, '신도 시샘하는' 직장 등 온갖 수식어로도 표현이 부족할 정도다.

말이 그렇다는 것이지, 현실적으로는 꼭 그런 것만도 아니다. 알고 보면 실상은 딴판이다. 금융산업의 인력 운용을 보면 안타깝기 그지없다. 앞에서는 신입 직원을 대거 뽑아대면서 뒤에서는 기존 직원을 계속 내보내고 있다. 오랜 기간 현장에서 잔뼈가 굵은 베테랑 금융인의 퇴직이 러시를 이룬다. 점포 축소, 인력 구조조정, 비대면, 디지털화 등의 이유로 정년도 다 못 채우고 몸 바쳐 일했던 직장을 황망히 떠나고 있다. 명예퇴직이 봇물 터지듯 한다.

금융감독원 자료에 따르면, 2021년 국내 20개 은행의 해고·명예퇴직에 쓴 돈이 자그마치 2조 3,540억 원. 사상 최고치를 기록했다. 1년 새 2,000명 넘는 은행원이 자리를 떴다. 증권업계도 사정이 다르지 않다. 금융투자협회에 의하면 국내 59개 증권사의 지난해 말 명예퇴직금은 571억 8,292만 원으로 집계됐다. 같은 기간 증권사의 당기순이익이 9조 283억 원으로 역대 최대 실적을 경신한 것과도 대비된다. 그나마도 '호황형' 퇴직이다.

금융 퇴직 인력 활용은 '일거양득'

금융인력의 퇴직은 개인적 실직에 그치지 않는다. 경제 사회적으로도 커다란 손실이다. 장구한 세월에 걸쳐 축적된 경험과 지식, 체화된 노하우 등이 일거에 사장되고 만다. 인력 수급 미스매치로 구인난과 구직난이 동시에 벌어진다. 중소기업에서 전문인력을 구하는 건 언감생심. 고급 인력 확보는 감히 꿈도 꾸기 어렵다. 기업 경영에서 가장 필요한 게 돈인데, 자금 조달과 재무 관리에 능한 인력은 태부족 상태다.

중소기업이 겪는 돈 가뭄은 제도적 뒷받침이 충분치 못한 데에도 원인이 있다. 하지만 있는 제도도 몰라 활용치 못하는 경우 또한 비일비재하다. 집안에는 산해진미가 잔뜩 차려져 있는데 밖에서는 쫄쫄 굶고 있는 거나 마찬가지다. 금융기관은 대출할 곳을 찾지 못해 실적을 걱정하고, 기업은 제도를 알지 못해 돈 가뭄에 시달리는 어이없는 일이 흔하게 벌어진다. 이럴 때 금융전문가가 살짝 귀띔만 해줘도 양쪽 모두에 도움이 될 텐데. 그게 안 되고 있다.

차제에 퇴직 인력 운영에 대한 근본적 대책 마련이 필요하다. 퇴직 인력에 관한 인적 정보를 관리하고, 구인 구직을 연결하는 '인력뱅크' 설립이 절실하다. 큰 비용을 들이지 않고도 실업난, 구인난 해소와 함께, 인력 재활용의 '일거삼득'효과를 거둘 수 있다. 구태여 정부가 직접 나서지 않아도 퇴직자협회 등 민간단체 차원에서도 얼마든지 사업 수행이 가능하다.

통계청의 2019년 고령자 통계를 보면 정년 퇴직자는 전체 퇴직자의 7.1%에 불과하다. 10명 중 1명도 안 된다. 취업포털 잡코리아 설문에 따르면, 직장인 스스로가 체감하는 퇴직 나이를 중소기업 51.7세, 대기업 49.8세로 답했다. 실직자 보호 안전망도 취약하다. 통계청 '산업별 기업생존율'에 따르면 창업 후 2년 이상 생존할 확률이 47%에 불과하다. 재취업 시장도 빙하기다. 그나마 가끔 나오는 거라곤 경비, 청소, 주차관리 등 단기 저임금 일자리가 고작이다.

퇴직 고급 인력의 활용은 최선의 일자리 대책

퇴직 인력 활용은 일본이 발 빠르다. 퇴직자에 대한 호칭부터 다르다. '신新현역'이라 높여 부른다. △퇴직 전문인력 기술지도사업, △매니지먼트 멘토 등록제도, △신현역 매칭 지원사업 등을 체계적으로 시행하고 있다. 기술지도는 1991년 발족한 ATAC라는 기업의 전직 임원으로 구성된 기술 컨설턴트 그룹이 주도하는 민간지원사업이다. 대기업 출신 숙련기술기능자를 지방 중소기업들에 파견해 기능과 노하우를 전수한다.

멘토 등록제도는 퇴직 전문인력을 일본 경제산업성에 등록해 중소기업을 지원하는 사업이다. 기업에서 경영 애로점을 문의해 오면 정부와 중소기업 지원기관이 협력해 해결해 주는 지원 시스템이다. 신현역 매칭 지원은 대기업 은퇴 전문인력의 노하우를 필요로 하는 중소기업에 연결해 기술개발, 생산제조뿐 아니라 경영전략·기획, 판매·마케팅 분야의 경쟁력 향상에 도움을 준다.

일본이 하는 걸 우리라고 못할까. 여건이 갖춰진 금융산업에서부터 추진하는 게 순서일 수 있다. 금융산업은 실무에 투입할 수 있는 전문인력이 상당수 확보된 상태다. 진국되직금융인협회가 양성하는 금융해설사만도 1,000명에 육박한다. 경영지도사, 금융교육 전문 강사, 재무 컨설턴트 등 인력풀이 탄탄하다. 이들을 잘만 활용하면 기업에 든든한 조력자가 되게 할 수 있다. 퇴직자에게는 '인생 2막'설계의 기회가 된다.

윤석열 정부에 거는 기대가 남다르다. 겉으로 드러나는 일자리 수나 취업률에 일비일희해선 안 된다. 쓰레기 줍기, 빈 강의실 전등 끄기, 교문 지킴이 등 싸구려 일자리로 국민 눈을 속이려 들면 곤란하다. 신규 취업자 늘리기 못지않게 중요한 게 기존 유휴인력의 운용이다. 구슬이 서 말이라도 꿰어야 보배라 했다. 힘들여 길렀던 고급 인력을 적재적소에 활용하는 것만큼 유용한 일자리 대책이 없다. 비용 대비 효과가 크다. 가성비 만점이다.

<2022년 5월, 권의종>

시니어 금융 우대, 실질적 지원 혜택을

자고이래로 전해오는 인생 3대 비극이 있다. 첫째는 초년등과初年登科다. 젊은 나이에 너무 빠른 출세가 약이 아닌 독이 되는 경우다. 초반의 성공 입지를 잃고 나면 다음 할 일이 없다. 남은 인생 살기가 버겁다. 새 일자리를 구하려 해도 마땅찮다. 옛날보다 낮은 자리로 가기가 어렵다. 아무 일이나 하자니 창피스럽고 돈벌이도 시원찮다. 이런 일이 정치권이나 연예계에선 다반사다.

두 번째는 중년상처中年喪妻다. 청년과 노년 사이의 한참 나이, 이른바 마흔 살 안팎의 나이에 배우자를 앞서 보내는 경우다. 상처喪妻가 곧 상처傷處가 된다. 졸지에 홀아비 신세가 된 암담한 처지란 말로 형언하기 어렵다. 엄마를 잃은 어린 자녀들이 받는 충격 또한 크다. 무슨 말로도 위로가 힘들다.

세 번째는 노년무전老年無錢이다. 돈 없는 노후만큼 비참한 게 없다. 무병장수도 경제력이 뒷받침돼야 의미가 있다. 늙을수록 필요한 게 돈이다. 먹고살 정도는 있어야 남에게 궁한 소리, 자식에게 아쉬운 소리를 안 하고 살 수 있다. 주변과의 관계도 그렇다. 몇 번 얻어먹다 한 번은 살 수 있어야 최소의 품위를 지키고 노추老醜를 면할 수 있다.

그렇다면 3대 비극 중 어느 게 가장 힘들까. 단연 노년무전이다. 초년등과는 어찌 보면 축복이고 행운일 수 있다. 설사 실패를 해도 초반 성공이 재기의 발판이 될 수 있다. 중년상처 또한 마찬가지다. 상배喪

配해도 재혼이나 홀로서기를 통해 얼마든지 새 삶을 개척할 수 있다. 그러나 노년무전은 다르다. 현실적으로 만회가 어렵다. 재기할 기회 자체가 적고 가능성 또한 희박하다.

인생 3대 비극, 초년등과, 중년상처, 노년무전

노년의 고단함을 한탄만 할 순 없다. 그나마 가진 거라도 불려가며 아껴 쓰는 수밖에 없다. 시니어를 배려하는 제도적 장치가 없지는 않다. 금융 거래 시에도 노인 우대 제도가 마련돼 있다. 잘만 활용하면 쏠쏠한 '금융 꿀팁'이 적지 않다. 우선 예·적금은 비과세 저축을 활용하는 게 좋다. 65세 이상은 원금 기준 5천만 원까지 15.4% 세금을 안 내고 이자를 받을 수 있다.

생활비가 모자라면 주택연금 활용도 고려할만하다. '역모기지론'이라 불리는 주택연금이 주는 이점이 많다. 집을 담보로 맡기고 자기 집에 살면서 매달 국가가 보증하는 연금을 받을 수 있다. 집을 소유하면서 평생 또는 일정 기간 생활비를 조달할 수 있다. 힘들게 살다 자식들에 재산을 물려줘봤자 싸움만 생기고 정부 좋은 일만 시킨다. 상속세 최고 세율이 50%, 상속재산의 절반은 정부 몫이다.

대출 거래 때도 알아두면 유리한 게 있다. 대출은 돈을 쓴 만큼 이자를 물어야 해 대출받기 전에 금액과 기간, 원리금 상환액 등을 꼼꼼히 따져봐야 한다. 꼭 필요한 자금과 기간만큼만 대출을 받는 게 이자를 줄이는 첫걸음이다. 금리인하요구권도 적극적으로 활용할 필요가 있다. 대출 기간 중 직위, 연 소득, 신용점수 등 신용점수 상향

사유가 발생하면 금융회사에 대출금리 인하를 요구하면 된다. 은행은 물론 저축은행, 카드사, 보험사 등에서도 가능하다.

보험 가입에도 시니어 혜택이 있다. 교통안전교육을 이수하면 자동차 보험료를 5% 할인받을 수 있다. 노후실손의료보험에 가입하면 보험료가 싸다. 50세~75세(또는 80세)인 고령층이 대상이며 고액의료비 보장을 중심으로 보장금액 한도가 입원 및 통원 구분 없이 연간 1억 원까지 확대됐다. 자기부담금 비율을 높여 보험료가 일반 실손의료보험 대비 50~90% 수준으로 저렴하다.

시니어 금융소비자를 위한 '금융 꿀팁' 다수

고령자는 저축성보험을 10년 미만 보유해도 비과세 혜택이 있다. 65세 이상이 납입 보험료 총액 5천만 원 이내에서 저축성보험에 가입하면 보험 유지 기간이 10년 미만이더라도 비과세를 혜택을 받을 수 있다. 연금저축보험은 10년 이상 나눠 받아야 세금이 경감된다. 연금저축보험 가입 후 연금을 수령할 때는 10년 이상 세법상 연금 수령 한도 이내의 금액으로 받아야 저율의 연금소득세(5.5%)가 부과돼 연금을 10년 이상에 걸쳐 분할 수령하는 게 좋다

보험료 감액 제도 활용도 가능하다. 보험계약자가 경제 사정이 어려워져 보험료 내기가 버거우면 보험회사에 감액신청을 할 수 있다. 감액된 부분의 보험계약을 해지 처리하고 해지로 인해 발생한 환급금을 계약자에게 지급한다. 보험료 납부 자체가 아예 불가능하면 감액완납 제도 활용이 가능하다. 이 경우 감액에 따라 해지된 부분으로부터 발

생한 해지 환급금이 보험료를 내는 데 사용돼 추가로 보험료를 낼 필요가 없다. 대신 보장범위는 줄어들지만.

권리에는 의무가 뒤따른다. 우대 혜택을 받으려면 신용관리가 필요하다. 평소 자기신용에 관심을 기울이고 소액이라도 연체하면 안 된다. 신용카드보다 체크카드를 쓰고, 연체는 오래된 것부터 정리하는 게 좋다. 빚보증은 피해야 한다. 신용 평가 가점제 활용도 요긴하다. 건강보험료, 통신·공공요금 등을 성실하게 납부하면 신용정보회사의 신용 평가 시 가점을 받을 수 있다.

그래봤자 노후 생활에 별 도움이 안 된다. 금융회사가 마지못해 겨우 시늉만 내는 정도다. 하지만 그나마도 알지 못해 우대를 받지 못하는 노령층이 허다하다. 시니어에 대한 지원은 더욱 늘리고 혜택은 널리 알려야 한다. 예금금리는 올리고 대출 이자는 낮춰야 한다. 보험료는 내리고 보상은 늘려야 한다. 수수료는 면제하고 금융교육은 강화해야 한다. 대한민국 시니어는 그런 대접을 받을 자격이 충분하다. 젊은 시절 금융회사에 요모조모로 이바지한 게 얼마인가.

<2022년 9월, 권의종>

안심되지 않는 '안심전환대출'

금리는 오르고 집값은 내리고 있다. 빚을 내 집을 산 사람은 커지는 이자 부담에 밤잠을 설친다. 정부가 대출 부실화 확산과 신용불량자 양산을 막기 위해 기선 제압에 나섰다. '민생안정대책'이라는 이름의 지원 방안을 발표했다. 자영업자·소상공인 대출 원금 감면, 청년 특례 채무 조정 제도를 마련했다. 안심전환대출도 시행한다.

안심전환대출은 변동금리로 주택담보대출을 받은 차주가 고정금리로 갈아탈 수 있게 하는 정책금융상품이다. 한국주택금융공사가 시중은행으로부터 대출채권을 매입하는 방식으로 운용된다. 올해는 9월부터 4억 원 이하 주택의 변동금리 담보대출 금리를 전환하는 '우대형'이 지원된다. 내년부터는 주택 가격 9억 원까지 지원하는 '일반형'에 대한 전환이 이뤄진다.

우대형 지원 대상은 제1·2금융권의 변동금리 주담대다. 주택 소유자의 부부 합산 소득이 7,000만 원 이하여야 한다. 2억 5,000만 원을 한도로 보금자리론 금리 대비 최대 0.3%포인트 낮은 고정금리로 갈아탈 수 있다. 일반형은 소득제한이 없으며 5억 원 한도 내에서 보금자리론보다 0.1%포인트 낮은 고정금리로 바꿔탈 수 있다.

안심전환대출 규모는 올 하반기 25조 원, 내년 20조 원으로 책정됐다. 올해 정부 재정에서 1,090억 원, 한국은행이 1,200억 원을 주금공에 출자하면 운용배수(50배)만큼 지급보증 여력이 늘어난다. 예정된

총 45조 원 규모의 대출이 공급되면 은행권 가계대출 중 변동금리가 차지하는 비중이 지난 5월 기준 전체의 77.7%에서 72.7%까지 5.0%포인트가량 떨어질 것으로 정부는 내다본다.

고정금리 전환은 금리 하락기엔 불리

기대가 크나 걱정도 된다. 안심전환대출 신청에 신중할 필요가 있다. 만기가 수십 년인 주담대를 고정금리로 바꾸면 금리 상승기에는 당연히 유리하다. 하지만 금리 하락기에는 금리가 대출 기간 동안 고정돼 도리어 불리해질 수 있다. 향후 금리 전망이 엇갈린다. 금리가 더 오를 가능성이 크다는 의견이 있는가 하면, 내년 하반기쯤에는 금리 상승세가 꺾일 거라는 예상도 있다.

변동금리 차주에 대한 특혜가 분명하다. 안심전환대출은 정부 보증으로 장기고정금리 대출상품이 중간 마진 없이 제공된다. 시중 대출금리가 고정금리보다 내려가 차주가 기존 대출을 상환하고 다른 대출로 갈아타더라도 정부가 그 공백을 책임지고 메워주는 보증을 선다. 만약 이런 일이 벌어지면 주금공이 시중금리보다 비싼 이자를 계속 물어야 한다. 그래서 재원이 필요하고 그게 재정 등으로 출자되는 구조다.

고정금리 차주에게는 역차별이다. 금리 상승에 대비하라는 정부 말을 믿고 높은 고정금리 주담대를 받은 차주로선 억울할 노릇이다. 정부가 이런 고정금리 차주는 외면하고, 금리 상승 위험을 무릅쓰고 낮은 변동금리를 선택한 차주에게는 때만 되면 변동금리를 낮은 고정금리로 바꿔주는 혜택을 준다. 안심전환대출은 2015년과 2019년에 이어 이번이 벌써 세 번째다. 이런 일이 반복되면 고정금리 선택의 유인은 줄어들 수밖에 없다.

무주택자에게는 상처가 된다. 안심전환대출은 내 집을 마련한 '집주인'의 부담을 줄여주는 용도에 한정된다. 이들보다 형편이 어려운 전·월세자는 대출 대상에서 아예 빠져 있다. 집 없는 것도 서러운데 대출에서마저 차별을 당해야 한다. 전세대출은 6개월 변동금리 적용이 일반적이다. 금리 상승세를 고려하면 이자 부담이 더 늘어난다. 전세대출도 안심전환대출 대상에 포함돼야 하는 이유다.

고정금리 역차별, 무주택자 소외 등 역기능 주의

은행도 손해를 본다. 안심전환대출 시행으로 돈 되는 알짜 고객을 빼앗기고 만다. 은행 수지가 자연 나빠진다. 은행으로선 취약 차주의 부실 위험을 낮출 수 있을지 몰라도 변동금리로 얻을 수 있는 기대이익을 포기해야 한다. 또 고객이 빠져나간 만큼 다른 고객을 채워야 한다. 그러려면 은행들 간에 금리 인하 경쟁을 벌여야 하고 이 과정에서 신용도가 상대적으로 취약한 고객을 선택할 소지가 커지게 된다.

채권시장의 변동성을 키울 수 있다. 안심전환대출 재원 조달을 위한 주금공의 주택저당채권(MBS)이 발행되면 연기금이나 보험사 등의 여유자금이 정부가 보증을 서는 장기고정금리 상품 투자에 몰리게 된다. 이 경우 시중에는 자금 공급에 공백이 생기게 되고, 이는 곧 금리를 끌어 올리는 요인으로 작용할 수 있다.

한은 출자도 짚어볼 문제다. 금융지원을 위한 정부 재정 투입은 당연하다. 하지만 중앙은행 출자까지 끌어들이는 건 무리수가 될 수 있다. 선진국에서는 드문 일이다. 한은법상 금융 안정 목적의 출자가 안 되는 것은 아니다. 다만, 발권력을 동원하는 점에서 신중할 필요가 있다. 이런 일이 처음도 아니다. 2015년에도 한은이 주금공에 2,000억 원을 출자한 전례가 있다. 당시에도 발권력 남용이라는 지적이 많았다. 같은 일을 자주 하면 습관이 될 수 있다.

통화정책 면에선 엇박자다. 한은의 출자 규모가 크지 않아 시장에 미치는 영향이 미미할 걸로 가벼이 여겨선 안 된다. 《맹자》의 표현대로, 오십 보나 백 보나 크기만 다를 뿐 잘못한 건 마찬가지다. 사상 첫 기준금리 '빅스텝'을 단행하는 등 긴축 모드에 들어간 상황에서 한은의 출자는 발권력에 기댄 양적완화임이 틀림없다. 어찌 됐든 적잖은 사회적 비용과 경제적 대가를 치르며 추진하는 안심전환대출. 이름값을 톡톡히 했으면 좋겠다.

<2022년 8월, 권의종>

정부가 끌고 민간이 미는 금융

윤석열 정부는 자상도 하다. 출범하자마자 빚진 소상공인을 위한 지원책을 내놨다. 코로나19 피해 소기업과 자영업자를 위한 금융지원 과 채무관리를 한꺼번에 추진한다. 40조7,000억 원 규모의 추가경정 예산을 편성해 재원을 마련한다. 신용보증기금이나 지역신용보증재단 의 보증 공급을 3조 원 더 늘린다. 특례보증 형식으로 영세 소상공인 을 돕는다.

고금리 대출을 저금리 대출로 바꿔준다. 비은행권에서 높은 금리로 대출받은 차주가 낮은 금리의 은행 대출로 갈아타게 하는 프로그램 을 가동한다. 저신용자에 대해서는 연 12~20% 대출을 소상공인진흥 기금에서 사들여 낮은 이자 대출로 옮겨가게 해준다. 중신용자에게는 신용보증을 통해 3,000만 원 한도에서 최대 7% 수준의 대출로 바꾸 도록 지원한다.

코로나19 사태 장기화로 소상공인 회복이 늦어지면서 부채 증가로 이자 상환 부담이 늘고 대출 부실화 위험이 커졌다는 정책적 판단에 서다. 실제 지원은 소상공인 대출의 만기 연장과 상환 유예 조치가 끝 나는 9월 말 이후가 될 것으로 보인다. 실제로 비은행권 고금리 대출 이 은행권 저금리 대출로 전환이 이뤄지면 소상공인과 자영업자의 이 자 부담이 크게 줄어들 것으로 기대된다.

취지야 나무랄 데 없다. 코로나 팬데믹 방역 조치로 피해를 본 소상공인에 대한 지원을 반대할 자 많지 않다. 44조 원 상당의 초과 세수를 활용해 국채 발행 없이 59조 4,000억 원 규모의 추경을 편성한 것은 잘한 일이다. 큰 박수감이다. 다만, 정책을 시행하는 것 못지않게 중요한 점이 또 있다. 시행에 따른 비용을 누가 얼마만큼 부담할 거냐의 문제다. 혹시라도 생색은 정부가 내고 부담은 민간이 지는 경우라면 얘기가 달라진다.

코로나 피해 소상공인 지원, 정부는 생색만

전환 대출을 두고 벌써부터 말들이 많다. 은행들의 속앓이가 심하다. 새 정부 들어 첫 번째로 발표된 정책인지라 대놓고 말도 못한다. 다들 전전긍긍하고 있다. 주된 원인은 정부가 비은행권과 은행권의 대출금리 차이, 즉 이차를 보전하지 않기로 해서다. 갑자기 말이 바뀌었다. 애초 대통령직인수위원회가 소상공인의 이자 부담 경감을 위해 비은행권 대출을 은행권에서 대환할 때 이차 보전을 검토했다.

은행이 소상공인의 비은행권 대출을 가져올 때 정부가 이자 차액을 보상하고, 공적 보증을 통해 대출 리스크를 덜어주는 방안을 분명히 논의했다. 그런데 웬걸. 코로나19 손실 보상과 회복 지원 내용을 담은 인수위의 '코로나 비상 대응 100일 로드맵'에는 이차 보전 내용이 빠졌다. 이어 추경 편성에서도 이차 보전 예산은 반영되지 않았다.

이차 보전이 뭐길래. 대출받은 사람이 은행에 내는 금리의 일정 부분을 정부가 대신 내주는 것을 말한다. 소상공인이 비은행권 대출을 은행 대출로 갈아탈 때 새로 금리를 정하게 되는데, 정부가 그중 일부를 부담해주는 것을 의미한다. 예를 들어, 정부가 금리 2%를 이차 보전하기로 한 상황에서 은행이 7% 금리로 대환 대출을 실행하는 경우 돈 빌린 사람은 5% 이자만 내면 된다.

대환 대출에 대한 신용보증 비율이 낮게 제시된 것도 은행들의 불만 사항이다. 금융위원회가 구상하는 보증 비율 80%를 기준으로 할 때 대출 원금이 3,000만 원이면 2,400만 원까지만 보증기관이 책임진다. 채무자가 대출을 갚지 못하면 나머지 20%, 즉 600만 원은 채권자 손실로 돌아간다. 대출 부실의 일정 부분을 은행이 떠안게 되는 구조다. 정부가 소상공인 지원을 명분 삼아 은행 '팔 비틀기'에 나선다는 불만이 나오는 이유다.

정부가 대출 대환 이자 차이 보전을

정책 시행에 따른 비용은 정부가 대는 게 맞다. 비은행권 대출을 갚기 위한 대출로 생기는 손실을 애초 대출을 하지 않은 은행에 부담시키는 것은 말이 안 된다. 적반하장도 유분수지, 채무자의 고위험 대출을 떠맡아준 것만도 어딘데 손실까지 분담하라는 건 이치에도 안 맞는다. 은행도 영리를 추구하는 사私기업이다. 손실이 나면 그만큼 수익이 떨어진다. 주주 몫도 줄어든다. 정부가 이런 일을 하도 자주 하다 보니 이게 관치官治라는 사실조차 잊은 듯하다.

기왕 할 거라면 제대로 해야 한다. 그런 점에서 신용보증은 100% 전액 보증이 맞다. 채권자의 도덕적 해이를 방지하기 위한 부분보증 제도는 대환 대출에는 적용의 여지도 실익도 없다. 부실 책임을 나눠서

져야 하는 은행이 반발하는 건 당연하다. 그러잖아도 은행은 보증부 대출의 약정이자와 연체이자의 차이를 부담한다. 또 보증 비율이 낮을수록 부실에 대비해 대손충당금도 더 많이 쌓아야 한다. 코로나19 사태 초기 소상공인 대출도 보증 비율이 95%였다.

좋은 제도도 무리하게 밀어붙이면 반칙과 변칙이 난무하게 마련이다. 과거 전례로 보아 리스크 증가를 그저 보고만 있을 은행들이 아니다. 분명 꼼수가 등장할 공산이 크다. 물적 담보가 충분하거나 신용도가 상대적으로 우수한 차주에 대해서만 대환 대출을 하는 등 대출 문턱을 높일 수 있다. 그랬다간 코로나19 피해로 막심한 피해를 입은 소상공인이 지원을 못 받는 경우가 생길 수 있다.

문제는 이것으로 그치지 않는다. 카드사나 저축은행 등은 힘들여 확보한 고객을 졸지에 빼앗기게 된다. 정책의 희생양으로 전락하고 만다. 더구나 비은행권 고객을 은행권으로 인위적으로 이동시키는 자체가 시장 질서를 어지럽히는 중대 과오다. 정부도 스스로 모순을 드러낸다. 말로는 '민간이 끌고 정부가 미는 역동적 경제'를 들먹이며, 실제는 '정부가 끌고 민간이 미는 역설적 금융'을 강요하는 꼴이다. 약이 곧 독이 되곤 하는 정책. 이래서 어렵다.

<2022년 5월, 권의종>

정책금융 흥행 부진, 국고 탕진 우려

　정책금융이 흥행 부진이다. 코로나19 피해 자영업자와 소상공인의 이자 부담을 덜어주기 위해 시행한 대환 대출 실적이 영 신통찮다. 개인사업자는 최대 5,000만 원, 법인 소기업은 최대 1억 원까지 연 7% 이상 고금리 대출을 연 6.5% 이하 저금리 대출로 바꿔주는 그 좋은 상품이 뜻밖의 찬밥 신세다.

　2022년 9월 30일부터 접수를 시작한 이 프로그램은 추가경정예산까지 편성해 목표 금액을 8조 5,000억 원으로 잡았다. 그런데 웬걸. 12월 15일까지 시행 두 달 반 동안 신청 건수가 1만 5,839건, 접수 금액이 5,327억 원에 불과했다. 목표 대비 신청금액 비율이 6.3%에 그쳤다. 이 중 대출실행 금액은 2,202억 원, 목표의 2.6%에 머물렀다.

　금리 상승기에 저금리 대출이 먹히지 않는 이유가 뭘까. 그동안 기업의 자금 사정이 좋아진 걸까. 물론 아니다. 시중 자금 사정과 기업 자금난은 갈수록 심해지고 있다. 주된 이유 중 하나는 대상이 사업자 대출에 한정된 점이다. 사업자 대출을 받기 힘든 자영업자와 소상공인의 상당수가 통장대출, 주택담보대출, 카드론 등 일반 가계대출을 융통해 쓰는 현실과 거리가 멀다.

　대환 대출 실적이 저조한 이유는 이 말고도 또 있다. 부분보증이다. 은행이 부실 책임을 일부 져야 함에 따라 차주의 상환능력을 따져볼 수밖에 없는 구조다. 손실 보증비율은 신용보증기금 90%, 은행 10%

다. 가령 1억 원 대출을 받은 자영업자가 대출을 못 갚으면 신보가 9,000만 원, 은행이 1,000만 원 책임진다. 남이 한 대출을 떠안는 은행으로서는 10% 손실 위험까지 부담해가며 대출을 하고 싶은 마음이 생길 리 없다. 당연히 소극적으로 나올 수밖에 없다.

수요 예측 실패, 정책 간 충돌 시행착오

정책금융의 실효성 논란은 새출발기금에서도 뜨겁다. 새출발기금은 코로나19에 따른 영업 제한 등으로 대출 상환에 어려움을 겪는 자영업자와 소상공인의 금융부담 완화를 위한 맞춤형 채무조정 프로그램이다. 코로나 피해 자영업자·소상공인이 보유한 협약 금융회사의 대출을 차주의 상환능력 회복 속도에 맞춰 조정해 주는 데 목적이 있다.

'소상공인 빚 탕감'이라는 민감한 이슈로 신청 창구가 문전성시를 이룰 줄 알았다. 지난해 9월 27일부터 4일간 홀짝제로 사전신청을 받았다. 이어 10월 4일부터는 온·오프라인 동시 접수를 하는 등 야단법석을 떨었다. 실제로 사전신청 기간 2,827명이 4,027억 원의 채무조정 신청이 쇄도했다. 그러나 잠시 반짝한 결과물이었다. 예상은 빗나갔다. 서비스 개시 2개월이 지난 작년 11월 말 기준 채무조정액은 1조 7,489억 원, 목표 30조 원의 5.8%에 그쳤다.

현실 간과에 따른 수요 예측 실패였다. 새출발기금은 연체 90일 이상의 부실차주에만 원금 감면 혜택을 주다 보니 이에 해당하는 소상공인이 생각보다 많지 않았다. 나머지에 해당하는 부실우려차주는 원금 감면이 아닌, 금리 감면이나 상환 기간 혜택 등에 그치다 보니 별 호응이 없었다. 조건마저 까다로워 혜택을 받을 수 있는 대상이 제한적이었다. 취지가 좋고 내용이 나무랄 데 없었음에도 신청이 저조할 수밖에 없었던 이유다.

새출발기금의 수요 부진에는 또 다른 요인이 숨겨져 있다. 정책 간 충돌이다. 2022년 9월 말로 종료 예정이던 코로나19 피해 자영업자와 소상공인 대상 대출에 대한 만기 연장과 이자 상환 유예의 영향이 컸다. 차주로서는 만기 자동 연장과 원금은 물론 이자를 안 내도 되는 유리한 제도가 시행되는 마당에 굳이 그보다 조건이 불리하고 절차가 번잡한 새출발기금을 활용할 유인이 그리 강하지 않았다.

성과 못 내는 정책금융은 무용지물

정부가 새로운 정책을 시행하면서 여타 제도나 상품과의 관계나 영향을 꼼꼼히 따져보지 않은 결과라 할 수 있다. 금융정책을 총괄하는 컨트롤 타워가 제대로 작동되지 않고 있다는 방증일 수 있다. 정부는 일마다 때마다 정책금융 상품을 잘도 만들어낸다. 하지만 일단 시행을 하고 나면 나 몰라라 하곤 한다. 중간평가나 사후 관리에 소홀하다는 평을 부인하기 어렵다.

처음부터 완전무결한 상품은 흔치 않다. 성과가 부진하면 원인을 찾아내 손을 보는 수밖에 없다. 장애물이 생기면 치우고 문턱이 높으면 낮춰야 한다. 기준과 절차가 까다로우면 느슨히 해야 맞다. 다른 정책이나 제도와 기능이 겹치거나 충돌하면 적이 조정함이 마땅하다.

그렇다고 정부가 지금까지 그 같은 노력을 하지 않았다는 얘기는 아니다.

변동금리 주택담보대출을 최저 연 3.7% 고정금리로 바꿔주는 안심전환대출의 경우에는 제도 보완이 있었다. 작년 11월 7일 가입주택과 소득 기준을 4억 원 이하, 부부 합산소득 7천만 원 이하에서 6억 원 이하 주택, 부부 합산소득 1억 원 이하로 완화했다. 그런데도 12월16일까지 누적 신청액은 8조 5,386억 원으로 공급목표 25조 원의 34.1%에 그쳤다. 그도 그럴 것이 수도권 아파트 평균 가격이 8억 원에 육박하는데 6억 원 이하 주택으로 대상을 한정했기 때문이다.

실패에서 교훈을 얻어야 한다. 이쯤 되면 시행착오는 멈출 때도 됐다. 목적이 분명하고 취지가 훌륭해도 성과를 내지 못하는 정책금융 따위는 쓸모가 없다. 정책으로의 기능도 금융으로의 역할도 기대하기 어렵다. 아까운 나랏돈만 탕진할 뿐이다. 금융은 이론이 아닌 실제인 터. 시장실패를 보완하는 정책금융은 더더욱 그렇다. 계묘년 정초부터 회심悔心의 정책금융 홍행몰이로 기업과 경제에 새로운 희망과 용기를 불어넣으면 좋을 성싶다.

<2023년 1월, 권의종>

코로나 대출, 연장 종료 충격 대비

　소상공인과 자영업은 경제의 아픈 손가락이다. 경기침체와 코로나 19의 가장 큰 피해자다. 정부도 지원을 아끼지 않는다. 경제부총리가 제55차 비상경제중앙대책본부 회의를 열고 소상공인·자영업자 금융지원책을 내놨다. 소상공인에 대한 대출 만기 연장과 상환유예 연장을 발표했다. 코로나로 힘든 소상공인 지원을 위해 2020년 4월 시행됐던 조치다. 이후 6개월 단위로 세 차례 연장됐다.

　시중은행과 국책은행을 포함한 전 금융권과 중소기업진흥기금, 소상공인진흥기금 등 정부 기금 대출이 대상이다. 세부 시행 방안은 관련 부처와 금융권과 협의해 정해진다. 이를 위해 금융위원회와 금융감독원 주도로 자영업자의 경영 및 재무 상황에 대한 미시분석이 이뤄진다. 누적된 부채 해결을 위해 대출자별 맞춤형 지원 방안도 마련된다.

　그도 그럴 것이 대출로 버텨온 소상공인과 자영업의 자금난이 심각하다. 대출 연장이 절실하다. 중소기업중앙회 조사가 이를 잘 확인한다. 코로나 대출 지원 추가연장이 필요하다고 밝힌 기업이 10곳 중 8곳이다. 연장의 이유로 코로나 재확산으로 인한 매출 감소, 대출 금리 인상, 대출 상환 및 이자 납부를 위한 자금 여력 부족 등을 꼽는다.

　예고된 수순 같다. 금융위원장이 지난달 시중 은행장과의 간담회에서 대출 만기 연장과 상환유예 조치를 연장하겠다는 의도를 내비쳤다. 경제부총리 또한 금융당국 수장들이 모인 확대 거시경제 금융회의에서 "역대 최대 실적을 기록한 금융권이 자율적으로 소상공인들의 금융 애로를 조금이라도 덜어드리는 선제적 상생협력 모습을 기대한다"라며 운을 뗐다. 사상 최대의 돈잔치를 벌이는 금융회사로서는 어쩔 수 없이 따를 수밖에 없는 상황이 연출됐다.

코로나 상황의 금융부실 뇌관 부작용 우려

민생을 헤아린 시의적절한 조치라는 평가가 나온다. 반론도 있다. 거래는 당사자 서로의 이익이 교환되는 행위다. 한쪽에 유리하면 다른 쪽엔 불리해진다. 일방적 희생은 오래가지 못한다. 은행도 엄연한 영리 추구 기업이다. 대출 이자와 예금 이자의 차액으로 이문을 남기는 상인이다. 대출 만기를 계속 연장하고 원금은 물론 이자조차 받지 못한다면 피해가 막심하고 존속까지 위협받게 마련이다.

대출 규모가 어디 작기나 한가. 소상공인 대출 만기 연장·상환 유예 조치가 시작된 2020년 4월부터 2021년 12월까지 금융권이 284조 4천억 원을 지원했다. 만기 연장 270조 원, 원금 상환유예 14조 3천억 원, 이자 상환유예 2천 400억 원이다. 지난해 말 기준 금융권의 만기 연장·상환 유예 대출 잔액이 133조 8천억 원에 이른다. 만기 연장 116조 6천억 원, 원금 상환유예 12조 2천억 원, 이자 상환유예 5조 1천억 원이다.

코로나 팬데믹이라는 피치 못할 돌발 상황에서 대출 만기 연장과 상환유예가 이뤄질 수밖에 없었던 저간의 사정이야 이해가 된다. 그렇다고 이 같은 극단의 비상조치를, 그것도 금융회사의 일방적 희생을 담보로 한 조치를 언제까지 이어갈 순 없다. 이번 연장만 해도 벌써 4번째다. 이 또한 마지막이 아닐 수 있다. 전례로 봐서 9월 말에 가서 재연장이 또 거론되지 않으리란 보장이 없다.

정부가 그동안 말을 하도 자주 바꾸다 보니, 정책의 신뢰성이 땅에 떨어져 있다. 연장할 때마다 6개월만 더 하고 끝내겠다고 누누이 강조했던 정부다. 이번 연장도 그렇다. 오미크론 확산이 여전한데다 정치권 요구가 겹치면서 재연장 쪽으로 갑자기 방향을 틀었다. 국회가 지난 2월 추가경정예산을 의결하면서 '정부는 전 금융권의 만기 연장·상환유예 조치를 추가로 연장하는 방안을 조속히 마련해 시행한다'라는 부대의견을 달았다.

상환유예 대출은 건전성 분류상 '정상' 착시

부작용을 한껏 염려하고 경계해야 한다. 만기 연장과 상환유예가 자칫 '언 발에 오줌 누기' 식이 될 공산이 크다. 여태까지도 자금 사정이 안 좋아 만기 연장과 상환유예를 받아온 기업이 6개월 후라고 자금 사정이 나아질 것으로 기대하기 어렵다. 그때 가서 밀린 원금과 이자를 한꺼번에 갚지 못하는 기업이 쏟아져 나올 것이다.

더구나 금리 인상까지 예고되는 마당에 다른 대안도 없이 그저 대출 만기를 늘리고 상환을 미뤄준다고 차주의 경영난이 해소될 리 만무하다. 한 치 앞이 안 보이는 시계 제로의 팬데믹 상황에서 빚이 계속 쌓여가면 금융회사의 부실로도 번질 수 있다. 대출 원리금 상환이 본격화되면 숨어있던 부실 위험이 한꺼번에 터지면서 연체율을 비롯한 건전성 지표가 나빠질 게 불을 보듯 뻔하다.

겉으로 드러난 지표만 보고 안심해선 안 된다. 4대 금융지주의 핵심 계열사인 각 은행의 2021년 말 평균 연체율은 0.17%다. 전년보다 0.05%포인트 낮아졌다. 되레 개선된 것으로 나타났다. 거대한 잠재부실에도 연체율이 이처럼 낮아진 것은, 원리금 상환유예로 인한 착시효과라는 해석이다. 이자라도 받아야 연체 여부를 판별할 수 있으나, 그러지 못하다 보니 생기는 기현상이다. 실제로 상환유예 대출은 은행에서 자산건전성 분류 시 '정상'으로 판정된다.

연장 종료 시 뒤따를 충격에 대비해야 한다. 금융당국은 부실 가능성에 대한 모니터링을 강화해야 한다. 금융회사는 미래 손실을 감안해 대손준비금을 추가로 적립, 손실 흡수 능력을 키워야 한다. 현재의 연체율이나 대손율 등을 반영하여 쌓는 대손충당금과는 별도다. 이자 감면, 금리 우대, 분할 상환 기간 조정과 중도상환수수료 면제 등 인센티브도 있어야 한다. 사업 재편과 업태 전환, 구조개선 등 경쟁력 강화 지원도 병행함이 마땅하다. 그러잖아도 밀린 숙제를 잔뜩 떠맡은 새 정부의 어깨가 더 무거워지게 생겼다.

<2022년 3월, 권의종>

금융경력자 퇴직은 퇴계처럼

　우리 역사에 위대한 대학자를 꼽으라면 퇴계 이황을 빼놓을 수 없다. 조선 시대 최고의 사상가이자 교육자, 정치인이다. 1501년 경상도 예안현, 지금의 경상북도 안동에서 태어났다. 34살 늦은 나이에 문과에 합격했다. 관직 생활은 무난했다. 남보다 빠른 승진을 하지도, 주류에서 빗겨나 있지도 않았다. 주변에 이렇다 할 정적도 없었다. 대체로 평탄했던 것으로 전해진다. 이황의 관료 생활이 그랬다는 것이지 조선의 왕실과 조정이 평온했다는 뜻은 아니다.

　조선 제11대 임금, 중종에게는 세자가 한 명 있었다. 모친 장경왕후는 세자 출산 후 7일 만에 산후병으로 숨졌다. 중종의 계비이자 세자의 계모인 문정왕후가 왕비가 됐다. 문정왕후는 중종 재위 말년에 경원대군을 낳았다. 자신의 소생인 경원대군을 왕위에 옹립하고 싶어했다. 중종의 편애까지 더해지며 조정이 양분됐다. 세자를 지지하는 대윤大尹과 경원대군을 지지하는 소윤小尹으로 갈렸다. 이때 이황은 어느 편에도 속하지 않았다.

　중종 사망 후 세자가 임금의 자리에 올랐다. 제12대 인종이다. 대윤의 득세가 예상됐다. 하지만 병약한 인종은 재위 9개월 만에 세상을 떠났다. 이어 경원대군이 왕위에 오르니 그가 제13대 명종이다. 명종의 나이가 어려 문정왕후가 섭정에 나섰다. 소윤 세상이 됐다. 문정왕후와 소윤이 대윤에 정치적 보복을 감행하니, 이게 을사사화다. 당시 이황의 나이 46살. 그로부터 2년 후 문정왕후가 왕권 강화를 위해 사림파까지 탄압하는 과정에서 정치에 환멸을 느낀다.

부패하고 문란한 중앙의 관계를 떠나고 싶어 외직을 지망했다. 충청도 단양군수, 경상도 풍기군수를 역임했다. 지금도 그 지역에 가면 그와 관련된 일화가 무성하다. 백운동서원을 조선조 최초 사액서원, 소수서원으로 조성했다. 그가 세운 도산서당은 훗날 도산서원으로 발전했다. 관직에서 물러나서는 후진 양성과 학문 연구에 매진했다. 300명 넘는 제자를 길러냈고, 그의 시조들 또한 이때 쓰였다. 왕성한 활동과 탁월한 업적은 그의 퇴직 이후에 이뤄졌다.

금융권 퇴직자는 '구직난', 중소기업은 고급 인력 '구인난'

이황의 행적이 그러했듯 퇴직은 종말이 아니다. 새로운 출발이다. 그런 점에서 우리 금융산업의 인력 운용은 안타깝기 그지없다. 오랜 기간 현장에서 잔뼈가 굵은 베테랑 금융인의 무더기 퇴직 사태가 벌어진다. 점포 축소, 인력 구조조정, 비대면, 디지털화 등으로 정년도 다 못 채우고 평생을 몸 바쳐온 일터를 떠나고 있다. 명예퇴직이 봇물 터지듯 한다.

금융감독원에 따르면 2021년 국내 20개 은행의 해고·명예퇴직에 쓴 돈이 2조 3,540억 원. 사상 최고치를 기록했다. 1년 새 2,000명 넘는 은행원들이 자리를 떠나면서 그에 따른 비용도 함께 불어나는 양상이다. 증권업계도 다르지 않다. 금융투자협회에 의하면 국내 59개 증권사의 지난해 말 명예퇴직금은 571억 8,292만 원으로 집계됐다. 같은 기간 증권사의 당기순이익이 9조 283억 원으로 역대 최대 실적을 경신한 것과 대비된다. '호황형' 퇴직이다.

금융인력의 퇴직은 개인적인 실직에 그치지 않는다. 국가 경제적으로도 커다란 손실이다. 축적된 경험과 지식, 노하우 등이 일거에 사장되고 만다. 인력 수급의 미스매치가 문제다. 중소기업에서 전문 인력 확보는 언감생심, 감히 꿈도 꾸기 어렵다. 기업을 꾸려가려면 가장 필요한 게 돈인데, 자금 조달과 재무 관리에 정통한 고급 인력이 태부족한 상태이다.

기업의 돈 가뭄은 제도적 뒷받침이 충분치 못한 데에도 원인이 있다. 하지만 있는 제도도 몰라 못 쓰는 경우 또한 비일비재하다. 집안에 산해진미가 잔뜩 차려져 있는데 문밖에서는 쫄쫄 굶고 있는 거나 다를 바 없다. 금융기관은 대출처를 찾지 못해 실적을 걱정하고, 기업은 제도를 알지 못해 돈 가뭄에 시달리는 어이없는 일이 다반사로 벌어진다. 이럴 때 금융전문가가 살짝 귀띔만 해줘도 도움이 될 텐데. 그게 안 되고 있다.

금융 퇴직 인력 활용은 '일거양득'

퇴직 인력 활용은 일본이 발 빠르다. 퇴직자에 대한 호칭부터 다르다. '신新현역'이라 높여 부른다. △퇴직전문인력 기술지도사업, △매니지먼트 멘토 등록제도, △신현역 매칭지원사업 등을 제도화해 체계적으로 시행해 오고 있다. 기술지도는 1991년 발족한 ATAC라는 기업의 전직 임원으로 구성된 기술 컨설턴트 그룹이 주도하는 민간지원사업이다. 대기업 출신 숙련기술기능자를 지방 중소기업들에 파견해 기능과 노하우를 전수한다.

멘토 등록제도는 퇴직 전문 인력을 일본 경제산업성에 등록해 중소기업을 지원하는 사업이다. 기업에서 경영 애로점을 문의해 오면 정부와 중소기업 지원기관이 협력해 해결해 주는 지원 시스템이다. 신현역 매칭 지원은 대기업 은퇴 전문 인력의 노하우를 필요로 하는 중소기업에 연결해 기술개발, 생산제조뿐 아니라 경영전략·기획, 판매·마케팅 분야의 경쟁력 향상에 도움을 준다.

일본이 하는 걸 우리라고 못 할 바 없다. 여건이 갖춰진 금융 퇴직자 활용부터 추진하는 게 순서일 수 있다. 실제로 당장 실무에 투입할 수 있는 전문 인력이 상당수 확보돼 있다. 전국퇴직금융인협회가 양성한 금융해설사만도 천 명에 육박한다. 중소기업 경영지도사, 금융교육 강사, 컨설턴트 등의 인력풀도 탄탄하다. 이들을 잘만 활용하면 기업에 든든한 조력자가 되게 할 수 있다. 또 퇴직자에게는 '인생 2막'설계의 기회가 돼 일거양득이다.

차제에 금융 관련 제도와 서비스 운영에 대한 재검토가 필요하다. 여러 제도와 사업을 기관별로 제각각 시행하다 보니 효율이 떨어진다. 자금지원, 컨설팅, 멘토링, 상담, 교육사업 등을 연계·통합 운영하는 게 바람직하다. 학문의 기본에 충실하면서도 독보적인 성리학의 이론 체계를 완성한 이황처럼 말이다. 재미 삼아 사족을 달자면, 천 원권 지폐에 퇴계의 초상이 들어 있는 걸 보면 그도 전생에 금융과 인연이 꽤 깊었던 성싶다.

<2022년 5월, 권의종>

퇴직금융인을 '금융사金融士'로

현대사회는 개인이 자신과 관련된 모든 일을 직접 처리하기 힘든 세상이다. 전문성이 요구되는 분야일수록 더욱 그렇다. 그런 까닭에 대다수의 개인은 복잡한 일과 마주치면 자신을 도와줄 전문가를 찾는다. 소송업무는 변호사에게, 세무 관련 업무는 세무사에게 의뢰하는 식이다. 그에 따른 비용이 발생하지만, 그래도 그편이 훨씬 안전하고 편리하다. 이는 당사자는 물론 업무를 대행하는 전문가에게도 도움이 되는 공생적 구조라고 볼 수 있다.

우리나라에는 국가에서 자격을 부여하는 다양한 분야의 전문가가 존재한다. 법무부에서 주관하는 변호사를 비롯하여 법원행정처 소관의 법무사, 국세청의 세무사, 관세청의 관세사, 고용노동부의 공인노무사, 특허청의 변리사, 국토교통부의 공인중개사, 감정평가사 등이 있고, 금융위원회에서 주관하는 공인회계사, 보험계리사, 보험중개사, 손해사정사 등이 존재한다. 그들의 도움이 없다면, 현실적으로 일반인들은 복잡하고 전문적인 일들을 처리하기 힘들 것이다.

'금융 문외한'에게 금융전문가를

다른 분야와 마찬가지로 금융 업무도 날로 복잡해지고 있다. 때문에, 일반인들이 전문적인 금융 메커니즘을 제대로 이해하는 것 또한 힘들다. 업무의 다양성과 복잡성 때문에 고도의 금융 업무를 혼자 힘으로 완벽하게 처리할 수 있는 사람들이 점차 줄어들고 있다는 얘기다. 최근 들어 금융기관의 점포 수도 빠른 속도로 줄어들고 있다. 이런 추세는 노인들을 포함한 금융 문외한들이 금융기관과 거래하는 것을 점점 버겁게 만든다.

법률 상식이 없는 소송 당사자가 어디부터 어떻게 접근해야 할지 몰라 당황하듯이, 금융 상식에 어두운 사람도 복잡한 업무를 어떻게 처리해야 할지 난감하다. 그런 경우 바쁜 업무에 시달리는 금융기관 직원의 입장도 곤란해진다. 말귀를 알아듣지 못하는 특정 고객을 붙들고 장시간에 걸쳐 일일이 설명하다간 다른 업무를 제대로 처리할 수 없기 때문이다. 이럴 때, 전문가와의 예비 상담 과정을 거친다면 신속하고 정확한 일 처리가 가능해진다.

물론 지금도 금융해설사, 금융상담사 등 다양한 금융 도우미들이 존재한다. 하지만 그들이 국가에서 자격을 부여한 다른 분야의 전문가들과 동등한 역할을 하고 있다고 말하기는 어렵다. 그들은 주로 대중을 위한 금융 상식 교육이나 초보적인 상담에 응하는 정도라서, 복잡한 금융 거래를 믿고 맡길만한 전문가라고 하기엔 어딘가 부족함이 있다. 그런 면에서, 우리도 이제 본격적인 '금융중개전문가'제도를 도입해야 할 때가 된 것 같다.

앞에서 언급했듯이, 사람들은 법률적인 문제를 풀기 위해서는 변호사 사무실을 찾고, 집을 사고팔 때면 공인중개사를 찾는다. 마찬가지 이유로, 복잡한 금융 문제를 해결하려면 금융전문가의 도움을 받아야 하는 시대가 되었다. 따라서 비용을 지불하고라도 자기 일을 처음부터 끝까지 책임감 있게 맡아서 해결해 주는 전문가를 찾게 될 것이다. 그렇게 함으로써 금융 거래의 신뢰성과 효율성이 제고될 것임은 말할 것도 없다.

퇴직 금융전문가를 금융사金融士로

이제 공인된 '금융중개전문가(가칭 金融士)'제도의 도입을 검토할 때가 된 듯하다. 일반인이 전문가의 도움을 받아 최적의 금융 서비스를 받을 수 있다면, 당사자뿐만 아니라 금융기관의 입장에서도 환영할 만한 일이다. 초기 상담에 들어가는 업무 역량을 대폭 줄임으로써 인력을 효율적으로 재배치할 여유가 생길 것이기 때문이다. 이처럼 금융사 제도의 도입은 금융 관련 당사자 모두에게 유용한 방안이 될 것이다.

본 제도가 정착되면 금융소비자와 금융기관 사이의 벽이 낮아지고 불신은 줄어들 것이다. 금융사는 금융소비자에게 맞춤형 해결안을 제시함으로써 금융 장벽을 낮추고, 금융기관의 업무를 경감시킬 뿐만 아니라, 금융기관을 부당하게 이용하려 드는 부적격 고객을 사전에 걸러주는 역할도 하게 될 것이다. 그들의 활약에 힘입어 업무의 효율성은 획기적으로 높아지고, 쏟아지던 민원도 현저히 감소할 것이다.

하지만 금융사 제도의 많은 장점에도 불구하고 이를 단시일 내에 뚝딱 시행할 수는 없다. 지금까지 존재하지 않던 제도를 정착시키기 위해서는 적지 않은 절차와 시간이 필요하기 때문이다. 먼저 금융소비자와 금융기관을 비롯한 관련자들의 동의를 얻어야 할 것이다(사회적 합의). 그런 후에도 전문가의 자격요건을 정하고 시험제도를 정비하는 것에서부터, 그와 관련된 교육 과정을 다듬는 데까지 몇 년은 족히 걸릴 수도 있다.

금융사 제도를 도입하기 전까지는 퇴직금융인의 활용을 고려해 볼 만하다. 그들은 해당 분야에 대한 지식과 경험이 풍부한 베테랑들이다. 그들이라면 금융소비자에게 제대로 된 상담을 통하여 맞춤형 상품과 금융기관을 선택하는 데 도움을 줄 것이다. 그렇게 함으로써, 불완전 판매를 방지하고 합리적인 금융 거래가 이루어지도록 이끌 수 있다. 전국에 걸쳐 풍부한 관련 인력이 분포되어 있어 언제든 활용 가능하다는 장점도 있다.

퇴직금융인들을 적재적소에 배치하여 활용한다면 적은 비용으로 큰 효과를 낼 수 있다. 유능하고 열정이 넘치는 유휴인력을 재활용하는 것은 일자리를 창출하는 참신한 방법이기도 하다. 이는 금융소비자, 금융기관은 물론 퇴직금융인의 은퇴 후 삶까지 풍요롭게 만드는 일석삼조一石三鳥라고 할 수 있다. 금융 문외한들을 대상으로 오래전부터 금융교육에 힘쓰고 있는 '전국퇴직금융인협회'같은 비영리 단체를 참여시키는 방안도 좋은 선택이 될 것이다.

<2022년 11월, 나병문>

금산분리로 가상자산거래소를

　최근 금융위원회가 금융자본과 산업자본이 서로의 업종을 소유하거나 지배하는 것을 금지하는 금산분리와 금융사가 금융에 관한 서비스만을 제공하도록 하는 전업주의의 규제를 완화하기로 하였다. 이러한 금산분리 원칙으로 인해 그동안 금융업은 금융 외에 다른 업종에 진출할 수 없었고 기업의 주식을 일정 한도 이상(금융지주는 비금융 회사 주식을 5% 이상 보유할 수 없고 은행과 보험사들은 다른 회사 지분에 15% 이상 출자 불가능) 보유할 수 없었다.

　그러나 금산분리 규제 완화로 인해 앞으로 금융권들은 금융업뿐만이 아닌 비금융 업종에도 진출할 수 있게 되었다. 금융위원회는 지난 19일 36개의 금융혁신 세부 과제를 도출하고 금융업이 다양한 분야로 진출할 수 있도록 허용하였다.

은행, 가상자산 거래소로

　지금까지 금융 분야의 변화를 살펴보면 빅테크, 핀테크 기업이 금융산업에 진출하고 신산업이 발달하면서 은행과 비은행 간의 경계가 모호하였다. 따라서 그동안은 금융권에만 금산분리 원칙을 고수하게 함으로써 규제 차익(regulation arbitrage)이 발생하였다는 평가가 많았다. 이번 규제 완화는 IT 기술을 적극적으로 활용하여 디지털 시대를 발맞추어 나갔던 금융권에 많은 의미가 있다. 앞으로 금융권은 신기술의 가치를 선별하여 배달업이나 부동산업 등 다양한 분야에 진출하게 될 것이다.

그중에서도 은행이 가장 먼저 진출할 분야는 가상자산 거래가 될 것이다. 규제가 완화되면서 은행도 이제 가상화폐 발행을 할 수 있게 되었다. 정권 교체가 이루어진 올 초 은행연합회는 '미래 먹거리'를 위해 '가상자산 서비스 진출'을 희망하였다. 가상자산 서비스는 코인 거래뿐만 아니라 가상자산 보관 전자지갑 서비스, NFT 등 은행을 통해 가상자산 전반에 관한 서비스를 제공하는 것을 의미한다.

작년 일부 부실한 가상자산 거래소가 투자자들의 자금을 끌어들여 가상화폐에 투자하게 해놓고 잠적하는 부실한 거래소가 많이 나타나자 금융당국은 '특정금융정보법(이하 특금법)'을 적용하여 실명계좌 인증을 받은 거래소만 코인의 원화거래를 하도록 허가하였다. 이에 업비트, 빗썸, 코인원, 코빗의 4개 거래소만이 원화 거래를 할 수 있도록 개정하였다. 국내 가상자산 거래소 중 하나인 빗썸은 현재 미국의 가상자산 거래소인 FTX와 매각을 협의 중이다. FTX가 빗썸을 인수하기 위해 제시한 가격은 4조 원대로 계약이 어느 정도 진전되었다는 발표가 나왔다. 이러한 인수 활동이 앞으로는 은행에서도 진행될 것이다.

그동안 은행들도 가상자산 거래와 관련된 일들을 꾸준히 진행해왔다. 가상자산 거래소에 실명계좌를 발급해주거나 코인을 보관하는 회사에 투자를 진행하면서 새로운 가치 투자에 적응하였다. 농협은 코인원에 계좌를 열어주었고, 케이뱅크는 업비트에 계좌를 열어줌으로써 가상화폐를 거래하는 이용자들의 입출금 통로를 담당하였다.

	업비트	빗썸	코인원	코빗
거래 가능 은행 계좌	케이뱅크	NH농협	NH농협	신한은행

따라서 은행들은 앞으로 기업과 협력하여 코인을 개발하거나 가상자산 거래소를 인수하는 등 금융 업무에 가상자산을 추가할 것으로 예측된다. 은행의 입출금 서비스는 가상자산 거래소 뿐만 아니라 부동산업에도 유리하다. 대부분의 사람들이 부동산 거래 시 대출을 진행하기 때문에 은행이 부동산업에 진출할 경우 공인중개사를 이용하는 것보다 훨씬 편리하고 신속하게 거래를 할 수 있게 될 것이다. 이렇듯 금융권들이 향후 진출하게 될 분야는 매우 뚜렷하고 방대하다.

소비자가 걱정하는 금산분리

은행들이 다른 업종으로 진출하게 되면서 소비자들은 선택권이 많아진 반면, 우려해야 할 사항도 크다. 무엇보다 우리나라 대기업 집단들은 금융회사를 매개로 기업 지배 구조를 가지고 있는 특징으로 은행은 기업에 대한 모니터링의 역할을 하고 있다. 그러나 은행이 기업을 인수하게 될 경우 이러한 시장경제 시스템이 원활하게 작동할 수 있을지에 대한 우려가 있다.

또한 은행이 사업성 있는 기업들을 인수합병하면서 기업의 생태계가 훼손될 수 있다. 지난 10월 국정감사에서는 카카오가 네트워크를 기반으로 문어발식 사업 확장을 함으로써 골목상권을 침해하고 플랫폼의 지배력으로 시장을 독점하고 있다고 비판한 바 있다. 그 당시 카카오의 창업자인 김범수 의장은 고개를 숙이고 기업의 가치에 대해 다시 한번 생각해보겠다고 말하며 연신 송구함을 보였다. 국정감사에서 연신 비판한 카카오의 모습이 금융자본으로 기업을 인수한 은행에서도 나타나지 않으리라는 법은 없다.

뿐만 아니라 금융회사가 자회사 또는 협력사인 형태로 금융업 외의 회사를 설립하여 운영할 때 그동안 금융 서비스를 이용했던 고객들의 정보 활용 문제부터 상호구매, 판매망의 공동 이용 등이 불공정거래의 위험이 있다.

일각에서는 금융업의 금산분리 규제 완화가 코인 투자로 부채가 생긴 사람들의 빚을 은행이 떠안은 대신 주는 정부의 선물이라고 하고 있다. 이러한 볼멘소리가 지속되지 않도록 정부는 규제를 완화하기 전에 그로 인한 폐해가 발생하지 않도록 방지책을 선제적으로 마련하여야 하며, 은행업이 국내시장을 건전하게 할 수 있는 분야로만 진출할 수 있도록 칸막이를 설치해야 한다.

<2022년 7월, 백승희>

'금알못'에게 국민 금융교육을

한국은행이 두 번째 빅스텝(기준금리 0.5% 포인트 인상)을 발표하며 또 다시 금리 인상을 강행하였다. 물가와 환율 상승에 따른 대책이다.

기준금리 인상 시 각계와 기업의 이자 부담이 늘어날 것으로 예상됨에 따라 각 경제주체에 재정 위기 신호가 켜졌다. 더욱 우려되는 것은 올 연말에 미국 연방공개시장위원회(FOMC)에서 두 차례나 금리를 올릴 수 있어 자본 유출을 방지하기 위해 한국은행이 또 다시 금리를 올릴 가능성이 높다는 점이다. 현재 시중은행의 주택담보대출 금리 상단은 무려 7%에 육박하였다.

불과 지난해까지만 해도 이른바 '영끌'로 대출을 받아 집을 사 벼락거지를 면했다고 안심했던 사람들은 이제는 이자 부담으로 남은 돈을 끌어와 은행에 상환해야 하는 상황에 놓여있으며 집을 사지 않고 전세자금대출을 받은 사람 또한 높은 금리로 인해 부담이 커지고 있다.

잇따른 금리 인상으로 인한 대비책으로 전문가들은 변동금리에서 고정금리로 전환하라고 조언한다. 앞으로도 금리 인상이 지속될 예정이므로 변동금리를 선택할 시 시간이 지날수록 이자를 더 많이 납부해야 할 것이라는 계산에 따른 것이다.

'금알못'은 금융 약자를 자초

그러나 고정금리를 선택해도 현재 금리보다 훨씬 높은 이자를 채택해야 하는 건 매한가지이다. 한국은행이 강준현 민주당 의원실에 제출한 자료에 따르면 재산을 모두 처분해도 대출을 갚지 못할 위기에 있는 가구 가 38만여 가구로 전체 금융부채 보유 가구의 3.2%를 차지하는 것으로 나타났다.

거주를 목적으로 담보대출을 받은 개인들, 코로나 시기에 사업을 유지하고자 대출을 받았던 자영업자들, 달러 가치 상승으로 인해 무역 적자 등의 위기를 겪고 있는 기업 등 다양한 경제주체가 금리 인상에 휘청이고 있다. 지속 불가능한 부채 부담이 모든 경제 주체에게 퍼져있는 것으로 정부의 금리 인상이 대안이 없는 금융 약자들의 돈줄만 조여 희생이 불가피한 상황이다.

노벨경제학상을 수상한 버냉키 전 美연준의장은 최근 미국의 고강도 긴축 정책에 대해 "금융 불안을 줄이기 위해서는 디플레이션과 인플레이션 두 가지 모두를 피하는 것이 중요하다"라고 언급하면서 연방준비위원회(FOMC)가 인플레이션 해소에만 방점을 두는 것에 대해 비판하였다. 우리나라도 각 경제주체들이 처한 어려움에 적극적으로 대비할 수 있는 핀셋 대책이 필요하다. 작년까지만 해도 부동산 시장 상승을 막기 위해 '핀셋규제'를 도입하면서 부동산 시장의 과열을 막기 위해 세부적인 요건을 제시하였다.

그러나 그러한 부동산 정책이 결과적으로는 부동산 매입을 부추기게 되면서 현재 많은 사람들이 대출을 보유하고 있다. 따라서 정부는 규제에만 방점을 두는 '핀셋규제'만 적극적으로 펼칠 것이 아니라 정부의 실패한 정책으로 파급된 현실을 보호하고 예방하기 위한 '핀셋 대책'을 마련해야 한다.

국민 금융교육의 정규교육화

가계부채가 크게 늘어나면서 개인과 자영업자 등의 경제주체가 부채를 갚지 못하고 파산하는 상황에 처하지 않도록 각 특성을 고려한 다양하고 구체적인 지원 방안이 필요하다.

먼저 변동금리를 고정금리로 바꿔준다는 안심전환대출 제도를 손봐야 한다. 급변하는 경제환경으로 인해 금리가 장기적으로 오를 것이라는 확신이 없는 상황에서 현재 납입하고 있는 금리보다 높은 고정금리를 선택하기란 쉽지 않다. 따라서 고정금리 기간이나 금리 자체를 다시 살펴볼 필요가 있다.

법인세 인하(최고세율 25%에서 22%로 인하) 추진 또한 부자 감세라는 비판만 하지 말고 '신규 고용이 늘어난 기업'과 같은 조건을 달아 공익의 효과도 볼 수 있는 정책적 아이디어가 필요하다. 규제로 인해 모든 경제주체가 위태로울 수 있는 분야에서는 적극적으로 규제를 완화해주고, 경제주체 스스로 해결해야 하는 분야에서는 적극적으로 홍보하여 행동할 수 있도록 도모해야 한다. 그러기 위해서는 가계와 기업과 같은 경제 주체들이 처한 금융 문제와 원인을 진단해야 한다.

지난 12일에 개최된 '2022 글로벌금융리더포럼'에서 세계 3대 사모펀드 칼라일의 데이비드 루벤스타인 회장은 "위기라는 사실을 인식하고 대화를 통해 협력한다면 금융 위기를 이겨나갈 수 있을 것"이라고 하였다. 문제에 대한 원인을 정확하게 진단해야 한다는 의미를 내포하는 발언으로 전 세계적인 경제 불확실성 속에서 최대한 낙오자를 줄일 수 있도록 만전을 기해야 한다.

금융 지식의 보유 여부를 기준으로 금융 지식이 부족한 사람을 '금알못(금융을 알지 못하는 사람)'이라고 한다. '금알못'은 경제 위기 시대에 더욱 희생양이 될 수밖에 없다. 금리 인상을 역으로 이용하여 재테크를 하는 사람이 있는가 하면 금리 인상으로 인해 살던 집뿐만 아니라 오랫동안 납입하던 청약통장까지 깨는 사람이 있다. 최근 재테크족들 사이에서는 금리 인상을 활용하여 예금담보대출을 받아 대출 이자보다 금리가 높은 예금 상품에 가입하는 신종 재테크 방법도 등장하였다.

예금금리상품은 기존 상품의 예금금리에 1~1.25%포인트 가산금리를 더해 대출 금리를 산정하기 때문에 요즘과 같이 금리가 높은 상황에 차익을 보는 원리이다. 이처럼 금융 위기 시대에도 돈을 버는 사람과 금리 인상에 대한 소식에도 아무 대응을 하지 못하는 사람의 차이는 금융 지식의 보유 여부가 가장 클 것이다. 따라서 금융 지식의 평준화를 위한 교육이 그 어느 때보다도 절실한 시점이다.

우리가 생활 속에서 알아야 하는 금융 지식은 매우 많다. 전국은행연합회와 같은 은행 금리 비교 사이트에서부터 환율과 경제 상황, 세금에 관한 개념과 절세방법 등 살아가면서 반드시 알아두어야 할 정보가 무궁무진하다. 그럼에도 불구하고 이러한 교육을 필수적으로 받도록 하는 정책은 부재한 상황이다.

따라서 정부가 적극적으로 금융 정보를 홍보하고 금융교육을 정규

과정으로 편성하는 등의 노력을 통해 빈부격차를 해소해야 한다.

<2022년 10월, 백승희>

라이파이젠식 농협으로 재활, 재생을

한국금융은 '관치금융', '정치금융'으로 비판받는다. 정부가 금융을 통제하고 지배한다는 지적이다. 돈이 피라면, 금융은 혈관에 해당한다. 그런데 경제관료가 시장의 돈줄과 금맥을 틀어쥐고 있으니 피의 흐름이 원활하거나 자유롭지 않다는 것이다. 한국금융이 수시로 혈관협착증, 고지혈증, 심근경색 등 연관 질병에 시달리는 병인이다.

기업이나 가계라는 경제주체는 '돈이 필요한 곳에 돈을 공급하는 금융시스템'에 의해 적재적소에, 적절히 수혈을 받아야 목숨을 부지할 수 있다. 고질적, 만성적 경영난, 민생고의 악순환 고리에서 벗어날 수 있다. 금융이 문제다.

독일 농민의 구세주, 라이파이젠(raiffeisen) 은행

이런 '한국식 금융'과 전혀 다른 수준과 차원의 선진 금융시스템이 유럽에 있다. 라이파이젠 은행(raiffeisen bank)이다. '라이파이젠'은 사람 이름이다. 쾰른 남동쪽 작은 농촌인 바이어부쉬(Weyerbusch)의 시장이었던 프리드리히 빌헬름 라이파이젠(F.W.Raiffeisen)은 오늘날 신용협동조합의 아버지로 추앙받고 있다. 라이파이젠이 신용협동조합을 만든 것은 농민의 고리채 문제를 해결해주기 위해서다. 19세기 독일의 봉건적 토지소유자와 지배 권력자로부터 농민을 구원하려는 시대적 사명감 때문이었다.

당시 독일은 봉건적 토지소유자와 지배 권력자가 야합한 산업혁명의 부작용과 악영향에 시달렸다. 도시의 영세 독립 소생산자들과 농촌의 소작농들이 상업자본가의 고리채에 의존하며 가혹한 경제적 수탈을 당했다. 특히 1847년 대기근으로 독일 농민들은 기아에 허덕이며 극심한 민생고를 겪었다.

그때 굶주리고 죽어가던 농민들 앞에 라이파이젠이 구세주처럼 나타났다. 우선 마을 기금을 조성해 농민들에게 곡식을 외상으로 나눠주기 시작했다. 1849년에는 본격적으로 프람멜스펠트 빈농구제조합을 설립해 농민들에게 가축을 구입할 자금을 빌려주었다. 조합원 60명이 무한 연대책임으로 돈을 빌려 가축을 사고 5년 동안 나누어 상환하는 대출방식이었다. 이렇게 농민들이 십시일반 힘을 모아 함께 세운 신용협동조합은 1862년에 라이파이젠 은행(Raiffeisenbank)으로 전환되었다.

신용사업 말고 경제사업도 소홀히 하지 않는다. 일종의 유기농업 관련 복합매장인 라이파이젠 마트를 운영한다. 유기농산물, 유기농식품은 물론 유기농종자, 유기농업 관련 농자재와 농기구 등을 모두 구비하고 있다. 도시의 소비자는 물론 농민들도 웬만한 먹거리와 농자재는 원스톱 쇼핑이 가능하다.

독일 금융은 농도상생 금융, 협동연대 금융

독일 경제의 기반은 가히 협동조합이라 할 수 있다. 특히 1,300여 개에 달하는 신용협동조합, 시민은행(Volksbanken), 신용협동조합이 독일 경제와 농정을 떠받치고 있는 저변이자 저력이라는 점은 의심할 여지가 없다.

특히 라이파이젠 은행은 협동조합이라 증권거래소 기업공개도 안 되고 외부 투자 유치도 어려워 자금 조달이 쉽지 않다. 적정한 수익을 유지하며 경영하기가 일반 상업적 법인에 비해 쉽지 않다는 뜻이다. 그래서 자구책을 마련했다. 1890년부터 조합원들에게 배당을 하지 않기로 했다. 수익금은 라이파이젠 은행 내부에 순자기자본으로 차곡차곡 적립, 축적되었다.

결과적으로 18세기 마을금고 수준에서 출발한 라이파이젠 신협은 오늘날 유럽을 대표하는 세계적인 은행으로 성장했다. 특히 도시지역의 상인들이 1850년 세운 협동조합은행인 시민은행(Volksbanken)과 합병, 농도상생 금융, 협동연대 금융의 전범을 보여주고 있다. 전 세계적인 금융 위기, 재정 위기에도 흔들리지 않는 안정 경영을 고수하고 있다. 위기는커녕 오히려 조합원이 늘고 있다. 조합원 보호, 조합원 안전을 최우선으로 삼기 때문이다.

1,000여 개 협동조합은행의 연합체인 프랑크푸르트의 DZ방크(deutsch zentral-genossenschaft bank, 독일중앙조합은행)는 상위기구로서 협동조합은행의 안정된 경영전략과 효과적인 마케팅전략을 책임진다. 구체적으로 예금자 보호를 위한 이중 보호제도를 운영하고 있다. 회원조합의 분담금으로 설립한 보장기금(guarantee funds)과 보장망

(guarantee pool)으로 나뉜다.

보장기금은 회원 조합에 심각한 위기가 닥치면 보증과 대출을 제공해주고 보조금과 개선대책까지 수립해준다. 회원 조합들의 보증으로 운영되는 보장망으로 예금도 전액 보장된다. 예금 보호 한도에 제한이 있는 상업은행보다 더 안전한 것이다. 게다가 자체 보호제도는 연방금융감독청 감독 아래 안정적으로 운영, 독일에서는 1930년대 이후 단위 협동조합은행이 파산한 사례가 단 한 건도 없다고 한다.

한국 농협은 '라이파이젠식 농협'으로 재활해야

라이파이젠 등 독일의 협동조합은행을 생각하면, 한국의 농협이 저절로 겹친다. 그러나 둘은 많이 다르다. 오늘날 한국 농협은 일반 상업적 은행과 크게 차별화되지 않는다. '농민의 소득을 위한' 경제사업보다는 '농협이 돈 버는' 신용사업에 매달려 있다는 조합원 농민들의 비판을 받을 정도다. 지역농협조차 신용사업 수익을 중시, 농업소득과 밀접한 농산물 생산·가공·판매 등 경제사업은 적자사업, 환원사업으로 소홀히 하고 있다.

이른바 '신경 분리(신용사업과 경제사업의 분리)'도 성공적이지 않다. 오히려 협동조합 방식이 아닌 주식회사 방식으로 진행되면서 농협중앙회는 거대 지주회사로 변신하고 말았다. 농협중앙회는 '회원의 공동이익증진과 그 건전한 발전을 도모(농협법 제113조)'를 목적으로 하는 연합회 조직으로부터 더 멀어졌다.

농협의 개혁은 중앙회에서 시작해야 한다. 중앙회장부터 조합원들이 직선으로 선출해야 한다. 금융기관으로서 경제적 권력보다 협동조합으로서 사회적 책무에 충실하려면, '협동조합'이라는 본질적 정체성과 신뢰를 회복하려면 그게 최우선숙제이자 상책이다. 또 중앙회는 '회원 조합을 지원하는 연합회'로 재편, 비사업적 기능에만 전념해야 한다, 사업은 회원 조합의 연합회 체제로 전환하는 게 최선이다.

그렇게 농협은 '일반 금융회사'가 아니라 '농업협동조합의 원형'으로 돌아가야 한다. '라이파이젠식 농협'으로 재활, 재생되어야 한다.

<2022년 10월, 정기석>

III. 한국산업, 지금

45년 만의 쌀값 대폭락

추래불사추秋來不似秋. 가을이 왔건만 가을 같지 않다. 벼 수확을 앞둔 농가의 시름이 깊어진다. 쌀값 때문이다. 물가는 고공행진이나 쌀값은 급전직하다. 산지 쌀값이 1년 전보다 24.8% 떨어졌다. 45년 만의 최대 하락 폭이다. 대책 마련을 촉구하는 농민들의 외침이 전국으로 퍼진다. 농기계 시위, 삭발 항의, 논 갈아엎기 등이 벌어지며 정부에 적극적인 시장 개입을 촉구한다.

정부라고 손 놓고 있었겠는가. 쌀값 하락을 막아보려 안간힘을 다했다. 세금으로 남는 쌀을 대신 사들여왔다. 올해도 쌀 37만t을 매입하는데 7,900억 원이 들었다. 이를 2년간 보관하는 데 8,489억 원이 소요된다. 올해도 쌀 45만t을 사들이기로 했다. 쌀소비 촉진 캠페인도 벌였다. 그런데도 쌀 소비는 줄고 있다. 서구식 식습관과 육류 소비 증가, 가구 구성원 변화 등 때문이다. 2021년 1인당 쌀 소비량이 56.9kg, 하루 밥 한 공기 정도다.

쌀값 폭락의 주된 원인으로 생산 과잉이 꼽힌다. 벼 재배 면적이 줄지 않고 있다. 올해 72만 7,158ha로 전년보다 0.7%, 5,319ha 감소하는 데 그쳤다. 벼 생산량은 2018년 386만 8,045t, 2019년 374만 4,450t, 2020년 350만 6,578t, 2021년 388만 1,601t이다. 2020년은 태풍으로 작황이 부진했으나 해마다 늘어나는 추세다. 그러니 쌀 재고가 넘쳐날 수밖에. 올해 8월 기준 농협의 쌀 재고가 31만 3,000t으로 지난해

보다 15만 9,000t, 배 이상 늘었다.

올해도 쌀 작황이 좋다. 농협은 올해 쌀 생산량을 379만~385만t으로 내다본다. 이에 비해 햅쌀 수요는 346만t 내외에 그칠 것으로 추산한다. 올 10월 말 기준 묵은쌀 재고는 15만~18만t, 햅쌀은 33만~39만t으로 총 50만t 이상의 공급초과가 불가피하다. 가뜩이나 재고 쌀이 넘쳐나는 판에 햅쌀이 본격적으로 출하되면 쌀값은 더 떨어질 것으로 보인다.

반反시장적 엇박자 정책, 벼농사 장려

정책은 엇박자다. 반反시장적이다. 쌀이 남아돌고 값이 폭락하는데도 여전히 벼농사를 장려한다. 보조금을 줘가며 쌀 생산을 독려하고 비싼 값으로 사주고 있다. 모내기 때는 종자 비용, 기르는 동안에는 비료 가격을 지원하고, 추수하고 나서는 공공비축미를 매입해준다. 경지 ha당 100만~205만 원의 공익형 직불금과 면세유 혜택도 제공한다.

쌀을 제외한 다른 곡물은 수입에 의존한다. 우리나라의 곡물 자급률은 2020년 기준 20.2%에 불과하다. 1970년 80.5%에 달했던 게 50년 동안 4분의 1토막 났다. 사료를 제외한 식량자급률도 45.8%에 그친다. 곡물의 절반 이상을 수입해서 먹고사는 꼴이다. 쌀이 남아나고 있는데도 세계무역기구(WTO) 협정에 따라 연간 40만t의 의무 수입 물량을 들어와야 한다.

국제 곡물 가격이 치솟는다. 전 세계적인 가뭄과 폭우, 러시아·우크라이나 전쟁 등으로 수입 먹거리 가격이 가파른 상승세다. 올해 2분기 농·축·수산물 소비자물가지수는 111.6으로 지난해 같은 기간보다 3.6% 상승했다. 한국농촌경제연구원에 따르면 올해 2분기 농림축산물 수입액은 약 125억 3,900만 달러로 지난해 같은 기간에 비해 16.8% 증가했다. 올해 3분기 곡물 수입단가 또한 2분기 대비 13.4% 높아질 거라는 예상이다.

정부는 걸핏하면 우격다짐이다. 식품 가격이 뛰자 업계에 경고장부터 날렸다. 경제부총리가 식품업계의 제품 가격 인상과 관련해 일일 모니터링을 강화하고 부당한 가격 인상이 나타나지 않도록 담합 등 불공정행위를 공정거래위원회와 소관 부처를 통해 합동 점검하겠다며 으름장이나 놓고 있다. '시장 친화적 물가 관리'를 내세우며 농산물 관세 인하 등 간접 방식으로 물가 충격을 흡수해온 그간의 정부 모습과는 다르다.

쌀값 안정은 공급 감축과 수요 증대 쌍끌이로

정치권은 생각이 짧아 보인다. '쌀 의무매입법'이라 불리는 양곡관리법 개정안이 국회 농림축산식품해양수산위원회 소위를 통과했다. 쌀 생산량이 예상 수요량의 3% 이상이거나 쌀 가격이 전년보다 5% 넘게 떨어지면 정부가 의무적으로 초과 생산된 쌀을 시장격리, 즉 매입·보관 후 일부 재판매하는 내용이다. 올해 초과생산이 예상하는 쌀이 50만t 정도인 점을 고려할 때 이 법이 통과되면 1조 1,450억 원이 소요된다.

쌀값을 안정시키려면 기본적으로 수급 구조를 바꿔야 맞다. 공급은 줄이고 수요는 늘려야 한다. 쌀 공급을 줄이려면 벼 재배 면적부터 축소해야 한다. 논에 벼만 심을 게 아니다. 밭작물 등 다양한 전작을 추진해야 한다. 논에 다른 작물을 기르도록 2018~2020년 시행한 '논 다른 작물 재배 지원 사업'을 재개할 필요도 있다. 소비는 주식主食용에만 매달릴 게 아니다. 가공용이나 사료용, 전분용 등 타 용도로도 활용 방안을 찾아야 할 것이다.

쌀 시장격리도 개선의 여지가 크다. 시장격리를 하려면 제때 하는 게 좋다. 올해처럼 시기가 늦어지고 그마저 나눠서 하다 보면 효과가 떨어진다. 돈은 돈대로 들면서 시장격리가 어려워진다. 최저가 입찰방식의 매입도 재고할 필요가 있다. 쌀값 안정 외에 하락을 부추길 소지도 있다. 양곡관리법 규정도 형평에 안 맞는다. 쌀값 상승 시 시장공급은 의무 사항이나, 쌀값 하락 때 시장격리 매입은 임의 사항이다.

그래봤자 이 모든 게 임시방편에 불과하다. 한국 농업을 살리는 궁극적 해법은 농업경쟁력을 강화하는 길뿐이다. 전업농 육성, 경작농지 광역화 등으로 규모의 경제와 범위의 경제를 동시에 이뤄야 한다. 농사 기술에 로봇, 드론, 인공지능, 정보통신기술(ICT) 등을 접목, 지능화된 스마트팜으로 경쟁국 농업을 앞질러야 한다. 생산·유통·소비 전 과정에 걸쳐 고高부가가치를 창출해내야 한다. 정부 대책에 거는 기대가 그만큼 간절한 이유다.

<2022년 9월, 권의종>

기업의 장수비결, '돈' 관리

기업을 하자면 없어서는 안 되는 게 돈이다. 돈이 있어야 원재료도 사고 종업원도 고용한다. 기계도 구매하고 영업도 가능하다. 돈이라는 피가 돌아야 기업이라는 몸이 지탱할 수 있다. 하지만 중소기업은 태생적으로 자금력이 취약하다. 기업주가 조달하는 자기 자금만으로는 사업을 꾸려가기 힘들다. 으레 집이나 땅, 사업장을 담보 잡히고 금융기관에서 대출을 받아야 한다. 게다가 외형이 늘어나면 필요한 돈도 덩달아 커진다. 빚이 계속 늘어나게 마련이다.

기업에서 빚은 분해되지 않고 몸속에 쌓여 있는 체지방體脂肪에 비유된다. 부채가 늘어나면 경쟁력이 떨어지고 심하면 기업 자체가 흔들린다. 과도한 차입은 이자 부담을 늘려 고용, 투자, 연구개발 등의 경영활동에 부정적 영향을 미친다. 체지방 비율이 높으면 만성질환, 심혈관 질환과 같은 비만과 관련된 합병증에 노출될 위험이 커지는 이치와 같다.

부채경영은 기업으로서는 불가피한 측면이 있다. 그렇다고 일방적으로 매도될 사항은 아니다. 차입금을 적절히 활용해 부가가치를 창출하고 이로 인해 생긴 여유자금으로 채무를 상환하는 것은 당연한 순리라 할 수 있다. 한계이익과 한계비용을 고려한 적정 수준의 차입금 보유는 되레 권장할 사항이다. 그런 점에서 자금 관리의 중요성은 아무리 강조해도 지나치지 않다.

기업의 자금 관리는 인체의 건강관리에서 배워야 한다. 몸에 해가 될 정도로 넘치는 체지방을 줄여 우리 몸의 항상성을 유지하고, 자연 치유력을 높이는 데는 사실 다이어트만 한 게 없다. 다이어트 비결을 기업의 자금 관리에 적용하면 놀랍게도 중요한 의미와 시사점을 발견할 수 있다.

차입경영, 경영 부담 필요악

전문가들이 제시하는 다이어트 요법은 다음 몇 가지의 원칙들로 요약된다. 첫째, 단순히 살을 빼는 것이 아니라 생활을 바꿔야 한다고 한다. 다이어트가 필요한 사람은 대개 생활 습관에 문제가 있는데, 이런 습관을 바꾸게 되면 살은 저절로 빠진다는 것이다. 반대로 자신의 생활 습관을 그대로 두고 살을 빼기란 무진장 어렵다는 이야기다.

자금 관리도 무리는 금물이다. 자금을 너무 빠듯하게 운용하는 것도, 그렇다고 너무 느슨하게 가져가는 것도 도움이 안 된다. 필요한 자금을 적기에 동원할 수 있을 정도의 여유를 두고 운용하는 게 상책이다. 필요할 때 돈이 없으면 자금난을 겪게 되고 그러다 보면 불리한 조건으로 돈을 빌려야 한다. 반면, 과도한 여유자금을 보유하면 수익 면에서 되레 손해다.

두 번째 원칙은 자신의 몸을 정확하게 진단하라고 한다. 의학적으로는 분명 건강한 몸인데도 날씬해지려는 욕망에 무작정 굶거나 무리한 운동으로 건강을 해치는 사례가 드물지 않다는 것이다. 다이어트 시작에 앞서 자신의 신체 상태를 정확히 확인하고 그에 맞는 처방이 내려져야 한다는 내용이다.

자금 관리에서도 맞춤형 처방은 필수다. 기업별로 처한 경영환경과 내부 사정이 제각각인지라 돈 관리도 차별화가 필요하다. 모든 기업에 맞는 표준모델이나 모범답안은 없다. 개별 기업의 매출상황, 재고자산 규모, 매출채권 회수, 투자 계획, 그간의 자금 운용 경험 등이 반영된 자금계획을 세우고 그에 따라 실행하는 수밖에 달리 방도가 없다.

셋째는 음식조절과 운동을 병행해야 한다는 것이다. 무작정 적게 먹는 것도, 무한정 운동만 하는 것도 모두 해롭다고 한다. 지나친 소식小食은 신체에 필요한 에너지와 영양소를 제때 그리고 균형적으로 공급하기 어렵고, 음식조절 없는 과도한 운동은 현재의 몸무게를 유지하는 정도의 효과에 그칠 수 있다는 지적이다.

자금 관리 다이어트 10계명

자금도 관리 그 자체에 얽매여선 안 된다. 외부로부터 돈을 많이 끌어오는 게 능사가 아니다. 그보다는 매출이나 투자를 통해 벌어들이는 게 정상적인 돈벌이 경로라 할 수 있다. 그러자면 전사적全社的 관리가 긴요하다. 자금을 계획하고 운용하는 과정에서 생산, 영업, 구매 업무 등과 연계된 일사불란한 관리가 이뤄져야 한다.

넷째, 다이어트 계획을 미리 짜고 시작하는 일이 중요하다. 그냥 '살 좀 빼야지', 그저 '덜 먹고 운동 좀 해야지' 등으로 막연하게 생각하고 시작하면 며칠 못가 그만둘 확률이 높다는 것이다. 신체에 무리가 가지 않는 범위에서 얼마의 동안에 얼마만큼의 몸무게를 줄여나갈지를 구체적인 수치로 설정하고 다이어트에 들어가는 게 바람직하다는 제안이다.

세밀한 계획과 충실한 실천은 자금 관리에서도 당연지사다. 그런데도 이를 제대로 이행하는 기업이 많지 않다. 만성적 자금난에 시달리는 대다수 중소기업의 처지에서는 사전에 자금계획을 세우고 그에 따라 실행하는 게 말처럼 쉽지 않다. 그날그날 돌아오는 자금 청구를 막기도 버겁다. 그럴수록 자금 관리에 빈틈이 없어야 한다. 한치라도 오차가 생기면 한순간에 위기에 내몰린다.

다섯째. 적게 먹고 많이 움직일 것을 권한다. 숨어 있는 다이어트 비법은 없다고 한다. 단순하고 고전적인 방법, 즉 적당히 먹고 많이 움직이며 운동하는 게 최선이라는 것이다. 일부러 기회를 만들어서라도 많이 움직이고 걸으라는 내용이다. 꼭 헬스클럽에 가야 운동이 되는 것이 아니다. 하다못해 집 안 청소나 산책, 계단 오르내리기나 버스에서 서가는 것도 운동이 된다는 말이다.

이를 자금 관리 측면에서 해석하면, 효율적인 자금 조달과 운용을 위해서는 부지런히 발품을 팔아야 한다는 당부로 들린다. 기업이 활용 가능한 자금의 종류는 수도 없이 많다. 이자율, 수익률, 대출 기간과 조건이 천차만별이다. 그중에서 가장 유리한 조건으로 자금을 조달하고 운용할수록 기업에 득이 된다. 가령, 저리로 자금을 빌리면 이자 비용을 줄일 수 있고, 여유자금을 고수익 상품으로 운용하면 더 많은 이득을 취할 수 있다.

문제해결의 상책은 실천

여섯째, 식사량은 갑자기 극단적으로 줄이지 말고 세 끼를 규칙적으로 챙겨야 한다고 한다. 몸에 지방을 축적하거나 폭식하지 않으려면 세 끼 식사를 다 챙기고 저녁 식사는 6시나 7시 이전에 끝내는 게 좋다는 것이다. 식사량을 갑자기 너무 많이 줄이면 간식이나 폭식 가능성이 커 규칙적으로 세 끼를 모두 먹되, 식사량은 이전의 3분의 2 정도로 유지하는 게 좋다는 주문이다.

정기 점검은 자금 관리에서도 필수 덕목이다. 자주 하면 할수록 유익이 크다. 일별, 주별, 월별, 분기별, 연도별 점검을 이어가야 한다. 자금 관리를 경리 직원의 업무로만 여기면 안 된다. 경영자도 꼭 해야 하는 일이다. 시간이 나지 않으면 직원 퇴근 후나 휴일, 아니면 집에서라도 해야 한다. 대형 횡령 사고도 사소한 관리 소홀이나 부주의에서 비롯된 경우가 많다.

일곱째는 신선한 물과 덜 가공된 식물성 음식을 즐기는 일이다. 지지고 볶고 튀긴 음식과 복잡한 맛의 음료수보다는 자연 그대로의 음식인 채소와 물이 공복감을 없애고 운동에 도움이 된다고 한다. 물은 식사 도중과 직후에는 소화를 위해 절제하되 아침에 일어나서 마시는 한 잔을 비롯해 하루 8컵 이상을 마셔 신진대사를 활성화해야 한다는 얘기다.

자금 관리도 경영에 부담을 주는 정도가 되어선 안 된다. 급전이 필요하다고 고금리 자금이나 사채 등을 분별없이 그것도 과도하게 동원하다 보면 결국 무리가 따른다. 종업원이나 지인의 돈을 마구 끌어들이는 것 또한 위험천만할 수 있다. 약속을 지키지 못하거나 상환을 제대로 하지 못하면 돈은 돈대로 잃고 소중한 인간관계까지 해친다.

여덟째, 식사는 최대한 천천히, 열량이 낮은 음식으로 하며 조금 더 먹고 싶을 때 끝내야 한다. 음식을 급하게 먹으면 포만감을 느끼기 전에 많은 음식을 먹게 되므로 꼭꼭 씹어서 20~30분에 걸쳐 먹는다. 열량이 낮으면서 포만감을 줄 수 있는 채소, 해조류, 버섯 등을 충분히 먹는 것이 다이어트 식사다. 식사량이 약간 부족한 듯한 느낌이 들 때가 식사를 마칠 순간이다.

힘들어도 빈틈없는 자금 관리

기업의 자금 조달에도 나름의 순서가 있다. 자금 조달은 경영자나 주주 등으로부터의 이른바 자기 자본을 우선 활용하는 게 좋다. 그러고도 모자라면 외부 자금을 활용하는 게 바람직하다. 외부 자금에 대한 의존도가 높아지면 부채비율 상승으로 재무구조가 나빠진다. 금융비용 지출 증가로 수익성에도 악영향을 미친다. 외부 자금 조달 시에도 금리가 낮은 자금 순서로 조달하는 게 맞다.

아홉째, 간식은 통제해야 좋다. 간식은 피하는 게 좋으나, 배가 많이 고플 때는 채소나 약간의 과일, 저지방의 우유 또는 유제품 내에서 골라 먹어야 한다고 한다. 저녁 폭식을 막기 위해서 점심과 저녁 사이에 열량이 낮은 음식을 섭취하는 것도 나쁘지 않다고 지적이다. 다만, 인스턴트 식품이나 패스트푸드는 제한하는 게 좋다는 충고다.

돈을 만지다 보면 엉뚱한 유혹에 빠지기 쉽다. 회사 통장에서 잠자고 있는 여유자금을 빼내 공모주 청약, 주식이나 암호화폐 투자 등으로 높은 수익을 내고 싶은 욕심이 날 수 있다. 하지만 고수익에는 고위험이 도사리는 법. 무리하게 얻으려 했다가는 가진 것도 잃을 수 있는 게 바로 자금 관리 업무다. 돈 몇 푼 벌려다 낭패를 당할 수 있다.

끝으로 운동 기간과 횟수를 꾸준히 유지해야 한다고 한다. 운동을 일주일에 하루 이틀 몰아서 몇 시간씩 무리하게 하는 건 좋지 않다. 그보다는 주 3~5회 규칙적으로, 최소 3~5개월 정도 꾸준히 하는 것이 체중 감량에 도움이 된다. 자금 관리도 월말이나 연말에 하는 정기 행사가 돼서는 안 된다. 매일 매일, 그것도 수시로 점검해야 차질이 생기지 않는다.

성공적인 다이어트 비결도 알고 보면 특별한 내용이 아니다. 누구나 다 알고 있는 상식을 모아서 풀어놓은 것에 불과하다. 문제는 이를 잘 지키느냐 그렇지 못하느냐 하는 실천에 달려있다. 기업도 장수 비결이 따로 없다. 자금 관리 원칙만 잘 지켜도 오래오래 건강하게 살 수 있다.

<2022년 12월, 권의종>

북핵보다 무서운 '빚핵'

　장마철이다. 올 장마는 7월 중순까지 이어질 거라는 예보다. 2년 전 겪은 수해의 악몽이 불현듯 머리를 스친다. 2020년 8월. 이틀 동안 400㎜의 기록적인 폭우로 섬진강 지류인 서시천 둑이 무너지며 전남 구례읍이 물에 잠겼다. 700여 가구가 침수되며 약 1,800억 원 피해가 났다. 수해 후 섬진강 홍수위만큼 둑을 높이고 배수장을 설치하는 대책을 추진했으나 아직도 공사 중이다. 올 장마도 조마조마하다.

　둑은 정작 다른 곳에서 터지려 한다. 금융 부문이다. 우리 경제의 가장 취약한 고리인 소기업과 자영업자에 대한 대출에서 부실 공포가 커지고 있다. 코로나19 여파가 지속되고 경기침체가 이어지는 가운데 자영업자·소상공인 금융지원책이 종료되고 기준금리 인상 기조가 계속되고 있기 때문이다.

　한국은행이 발표한 '2022년 상반기 금융안정보고서'에 담긴 내용이 섬　하다. 올해 3월 말 현재 자영업 대출 잔액이 960조 7,000억 원에 이른다. 코로나 팬데믹 직전인 2019년 말보다 40.3% 늘었다. 전 분기와 비교해도 60조 원가량 증가한 수치다. 이 가운데 3개 이상 은행에서 대출받은 저소득·저신용 자영업자에 대한 대출 규모만도 88조 8,000억 원. 이런 취약차주가 31만 6,000명으로 전 분기 대비 3만 명 넘게 불어났다.

　정부는 2020년 이후 소상공인·자영업자의 채무상환 부담을 덜어주는 정책을 펴왔다. 은행이 대출 만기를 연장하고 원리금 상환을 유예하게 했다. 대출의 원금은 물론 이자를 2년 동안이나 못 받게 했다. 누가 봐도 명백한 관치官治. 세계 금융사史에서 유례를 찾기 드문 예다. 사상 최대 돈 잔치를 벌이는 금융회사들로서는 솔직히 입이 있어도 감히 토를 달기 어렵다.

소기업·자영업자 대출의 부실 위험 우려

한은 보고서에 따르면, 자영업 가구의 채무상환 부담을 나타내는 총부채원리금상환비율(DSR)이 최근 들어 낮아졌다. 하위 30% 저소득 자영업 가구의 DSR은 작년 말 기준 38.8%. 정부의 금융지원이 없다고 가정했을 땐 43.4%로 추정됐다. 이도 잠시. 내년부터는 자영업자 채무 부담이 늘 거라는 관측이다. 한은이 시나리오 분석을 통해 점검한 결과, 전체 자영업자의 DSR은 내년에는 46.0%로 올해보다 7.5%포인트 증가할 것으로 추산됐다.

특히 저소득 자영업 가구를 중심으로 채무 부담이 크게 늘 것으로 전망됐다. 하위 30% 저소득 자영업 가구의 DSR은 올해 34.5%에서 내년 48.1%로 13.6%포인트 늘어날 거라는 예상이다. 중소득 가구 47.8%, 상위 30%, 고소득 가구 44.4%보다 DSR 증가 폭이 크다. 저소득 자영업자 대출 부실이 심화하면 이들에 대한 대출 비중이 높은 비은행 금융권의 연쇄 부실로 이어질 공산이 크다.

둑이 무너지는 걸 막는 방법은 크게 2가지. 하나는 둑 안의 물을 방류해 수위를 적정수준 이하로 낮추는 일이다. 또 다른 하나는 둑을 보강해 담수 능력을 키우는 것이다. 이런 이치는 금융에도 한 치 오차 없이 적용된다. 전자의 경우가 회생 가망이 없는 한계기업을 정리하는 구조조정이라 한다면, 후자의 경우는 은행의 부실 흡수 능력을 키우는 일이다.

소기업과 자영업자에 대한 금융지원 정책의 방향 전환이 시급하다. 기존의 유동성 지원 중심에서 채무 이행 지원 중심으로 바꿔야 한다. 여태까지처럼 자금지원을 계속했다간 큰일 난다. '터진 둑에 물 대기' 식이 되고 만다. 금융지원 조치를 단계적으로 줄이면서 채무상환 능력이 낮은 한계기업에 대해서는 채무 재조정, 폐업 지원, 사업전환 유도 프로그램 등으로 출구를 터줘야 한다.

한계기업은 정리하고, 대손충당금은 더 쌓고

상황이 상황인지라 한계기업 정리는 피할 수 없다. 그것도 빠르면 빠를수록 좋다. 금융감독원이 국회에 제출한 자료를 보면, 5대 시중 은행 중소기업 대출 215조 원의 27%인 58조 원이 부실 우려 대출로 분류됐다. 영업이익으로 금융비용도 감당치 못하는 기업이 5만여 개에 이른다. 이런 한계기업 1곳당 평균 대출액이 10억 원이 넘는다. 이런 상황을 내버려 뒀다간 결국은 잠재 위험이 폭발하고 말 것이다.

기업 부실이 금융회사 부실로 번지는 걸 막아야 한다. 금융회사가 대손충당금을 더 많이 쌓게 해야 한다. 국내 은행은 그동안 이자 장사로 손쉽게 돈을 벌면서 대손충당금 적립 등 위험 관리에는 소홀했다. 국내 은행의 대손충당금 적립은 미국 은행의 20%에 그친다. 국내

4대 은행의 총대출 대비 충당금 비중을 뜻하는 대손 비용률은 0.02~0.03%로, JP모건 0.10%의 5분의 1 수준이다. 대손충당금은 미래에 발생할 손실에 쓰기 위해 은행이 미리 쌓아두는 돈이다.

정부가 부실 우려 금융회사에 대해 선제적으로 자금을 지원하는 방책도 함께 세워야 한다. 국내 금융사들의 위험 수준이 아직은 관리 가능하다고 안심해선 안 된다. 위험수위는 한순간에 높아진다. 특히 취약차주가 많은 비은행 금융권의 부실에 대비해야 한다. 빠르고 효율적인 시행을 위해서는 '한계기업 구조조정 및 금융회사 지원'에 관한 특별법을 만들 필요가 있다.

둑은 약한 곳에서부터 터진다. 그리고 한 곳이 터지면 순식간에 둑 전체가 무너지고 만다. 과중한 부채가 경제 파탄 도미노의 시작점이 된다는 건 경제의 초보적 상식이다. 가계와 기업이 빚에 무너지면 금융이 부실해지고, 금융이 부실해지면 나라 경제가 흔들리게 마련이다. 위기 대응에도 다 때가 있는 법. 실기했다간 호미로 막을 것을 가래로도 못 막는다. 모든 게 허사가 되고 나서 땅을 치며 후회한들 무슨 소용이랴. 북핵보다 무서운 게 '빚핵'이다.

<2022년 7월, 권의종>

'현장 만능' 아날로그 금융산업

제2차 세계대전 때다. 미합중국 육군 항공대 장교가 몰던 B-24 폭격기가 실종 아군을 수색하던 중 고장으로 태평양에 추락했다. 탑승자 11명 중 8명이 사망했다. 19세에 최연소 국가대표로 1936년 베를린 올림픽에 출전한 미국 육상선수 출신의 루이스 잠페리니와 그의 동료 두 사람만 살아남았다. 구명보트로 망망대해를 표류했다. 상어와 폭풍과 싸우며 적기로부터 날아드는 총탄에 몸을 맡겨야 했다.

날생선과 갈매기를 잡아먹으며 47일을 버티던 어느 날. 마셜 제도 부근에서 일본 해군에 발각됐다. 해군 포로수용소에서 지내다 오오모리 소재 육군 포로수용소로 압송됐다. 잔혹한 고문과 배고픔이 이어졌다. 일본군의 옥쇄정책으로 도쿄로 압송돼 종전 때까지 갇혀 지내야 했다. 기적 같은 이들의 여정은 '언브로큰(Unbroken)'이라는 이름의 영화로 제작됐다. 전 세계 관객의 마음을 사로잡았다. 안젤리나 졸리가 감독을 맡아 세간의 주목을 더 받기도 했다.

영화의 원작자인 로라 힐렌브랜드의 스토리 또한 한편의 감동 드라마다. 작품의 유명세와 달리 작가는 베일에 가려져 있었다. 은둔형 외톨이 작가로 살았던 때문이다. 뉴욕타임스(NYT)가 그런 그의 이야기를 북미권 영화 개봉에 즈음해 대중에게 알렸다. 작가를 오랜 기간 집안에 잡아둔 것은 만성피로증후군이라는 지병이었다. 오하이오주 케니언대학 2학년 때 발병했다. 메릴랜드주 베데스다에 있던 어머니 집에서 요양하며 지냈다.

이때부터 지인과 연락이 끊기고 잠적이 시작된 셈이다. 지병과 싸우며 2권의 논픽션을 발표했다. 대박이었다. 단번에 미국 논픽션 대가의 반열에 올랐다. 2001년 출간된 첫 번째 책 '씨비스킷(Seabiscuit)'은 1930년대 미국 최고의 스포츠 영웅인 경주마 이야기였다. 베스트셀러가 됐고 영화로도 만들어져 성공을 거뒀다.

현장에는 없는 빅데이터

힐렌브랜드가 펴낸 두 번째 책이 바로 '언브로큰'이다. 꺾이지 않는 삶의 의지와 희망, 용기를 손에 잡힐 듯 그려냈다는 호평을 받았다. 이 또한 2014년에 영화로 제작됐고 북미 지역 개봉 후 아마존 종합순위 1위에 올랐다. 영화는 이듬해 여러 나라에서 상영돼 성황을 이뤘다. 안타깝게도 주인공 루이스는 자신의 일대기를 담은 영화의 완성을 못 보고 97세의 일기로 세상을 떠났지만.

아파서 외출도 할 수 없었던 처지에 어떻게 논픽션을 쓸 수 있었을까. 실화 작가들은 집필 대상을 만나 인터뷰를 하며 이야기를 끌어내곤 한다. 힐렌브랜드는 그러지 않았다. 언브로큰을 쓰는 동안 작품 주인공을 단 한 차례도 만난 적이 없었다. 전화 통화로 인터뷰를 대신했다. 그런 그는 전화 인터뷰의 장점을 도리어 소상히 열거했다. 인터뷰를 위해 옷을 차려입지 않아도 되고, 질문지를 뒤적거리는 모습을 상대에 들키지 않아도 된다고 했다.

그가 언급한 비대면의 장점은 그뿐이 아니었다. 상대방과 눈을 마주치지 않은 상태에서 어려운 질문을 쉽게 할 수 있다고 했다. 주인공을 직접 만나지 못했기에 더 좋은 글을 쓸 수 있었다는 얘기다. 겉모습을 모르기에 선입견 없이 상대를 상상할 수 있었다는 역설이 놀랍다. "잠페리니는 나에게 19세의 달리기 선수, 26세의 2차대전 폭격수였을 뿐, 80대 노인이 아니었다"는 술회가 그럴싸하다.

현장 만능주의에 대한 그릇된 믿음은 우리 사회의 도처에 산재한다. 금융산업도 예외일 리 없다. '우리의 모든 문제는 현장에 답이 있다'는 '우문현답'에 대한 믿음이 맹신에 가깝다. 금융회사들이 대출할 때 차주의 사업장은 반드시 나가봐야 한다고 믿어 의심치 않는다. 그러지 않으면 무슨 큰일이라도 나는 듯 그저 덮어놓고 현장 방문을 '금과옥조'로 삼고 있다.

현장 조사 편중 심사는 후진 금융 구태

현장 방문이 주는 이점이 작지 않다. 탁상에선 알기 힘든 실상을 파악할 수 있다. 현장 사람들과 만나 질문을 하고 의견을 들을 수 있다. 그래도 그게 선택 사항은 될지언정 필수 요건은 될 수 없다. 시대착오적이다. 현장에 가야만 정보를 얻을 수 있는 아날로그 시절은 벌써 지났다. 고객 동의만 얻으면 앉아서도 필요한 정보를 얼마든지 구할 수 있는 빅데이터 시대다.

금융 거래에서 현장 조사의 중요성은 아무리 강조해도 지나치지 않다. 다만, 그 당위성과 실효성이 예전만 못하다는 사실이다. 구태여 적지 않은 시간과 인력, 비용을 들여가며 현장에 나갈 필요가 없어졌다.

꼭 필요한 경우에만 하면 된다. 현장 조사의 목적 가운데 하나인 '정상 영업'여부도 현장에 나가 봐야만 알 수 있는 건 아니다. 매출이 정상적으로 발생하고, 대출금이 제날짜에 상환되며, 세금이 제대로 납부되는지를 확인하는 것만으로도 가능할 수 있다.

현장 사람들과의 면담도 생각만큼 효과가 크지 않을 수 있다. 대출을 신청한 고객의 처지에서는 자기에게 유리한 정보나 제공하지, 불리한 얘기를 꺼낼 리 만무하기 때문이다. 정작 놓쳐서는 안 되는 현장 조사의 중대 역기능은 따로 있다. 금융지원이 늦어지는 점이다. 금융소비자는 한시가 급한 사람들이다. 당장 자금이 필요한 입장이다.

돈이 급한데 현장 조사로 지원이 늦어지는 거야말로 후진 금융의 구태이자 명백한 공급자 횡포라 할 수 있다. 지금이 어떤 세상인가. 국내외 상거래나 금융 거래 시 아무리 큰 금액도 눈 깜짝할 새에 오가는 상황이다. 현장 조사는 이제 '전가의 보도'가 아닌, 이미 '녹슨 칼'에 불과하다. 신속한 지원이 고객에는 생명줄, 금융회사에는 경쟁력이다. 빠른 금융이 바른 금융이다.

<2022년 10월, 권의종>

소상공인 실패 방지, 창업교육 법제화로

소상공인 창업이 활발하다. 창업기업 수가 증가세다. 통계청·중소벤처기업부 「소상공인실태조사」에 따르면, 소상공인 창업사업체 수가 2018년 1,036,092개, 2019년 1,069,167개, 2020년 1,084,963개다. 매년 조금씩 늘고 있다. 창업이 많으나 실패도 많다. '다산다사多産多死' 생태계다. 창업 1년 차 생존율이 68.1%, 셋 중 하나는 망한다. 2년 차 생존율은 52.8%, 절반이 문 닫는다. 5년 차 생존율은 29.2%, 살아남는 자체가 용하다.

업종별 생존율은 천양지차다. 전기, 가스, 수도(74.1%), 운수업(40.3%), 부동산 임대업(39.6%)은 평균 생존율을 웃돈다. 숙박, 음식점(17.3%), 금융, 보험(13.4%), 예술, 스포츠, 여가(14.7%)는 생존율이 떨어진다. 소상공인 창업의 대부분은 경기 불황과 시장포화, 경쟁 심화 등으로 생존율이 저조한 업종에 속해 있다.

창업 초기 생존율이 낮은 첫 번째 요인은 '창업자금 확보의 어려움'(71.9%)이다. 두 번째 요인은 '창업 실패·재기에 대한 두려움'(44.1%), 세 번째 요인은 '창업 지식·능력·경험 부족'(33.6%)으로 조사됐다. 창업청년기업가정신재단의 조사 내용도 다르지 않다. '창업 활성화를 위해 가장 중요한 것' 1위는 창업자금 및 기업 성장자금 지원(36.8%)이다. 2위는 기업가 정신 및 창업 실무 교육지원(18.5%), 3위는 창업 인프라 구축 및 지원(14.2%)으로 나타났다.

뭐니 뭐니 해도 자금 조달이 창업의 성패를 좌우하는 핵심 관건임을 방증한다. 아무리 좋은 창업 아이디어를 갖고 있어도 이를 사업화하려면 돈이 필요하다. 돈이 없으면 되는 일이 없다. 창업 초기에는 사업 세팅비 외에도 최소 6개월가량의 운전자금이 필요하다는 게 대체적인 시각이다. 하지만 그런 창업 사례는 찾아보기 어렵다.

창업자금 조달, 사업 성패 열쇠

소상공인 창업자금 부족의 현실은 앞서 거론한 소상공인실태조사를 통해서도 구체적인 수치로 확인되는 바다. 2020년 창업한 소상공인 사업체 1,084,963개 가운데 자금 사정이 어렵지 않은 업체는 98,001개, 전체의 9.0%에 불과했다. 나머지 986,962개, 91.0%는 자금 사정이 힘든 상태에서 '돈 없는 창업'에 나선다는 얘기다.

소상공인은 사업을 처음 시도해보는 신규 창업이 대부분이다. 사업 준비 기간이 짧고 아이템에 익숙지 못한 경우가 많다. 그런 불리한 조건 속에서도 '빠른 흑자'와 '빠른 성장'의 두 마리 토끼를 잡아야 한다. 둘 다 쉽지 않다. 매출이 궤도에 오르지 못한 상태에서 고정비를 부담해야 해 적자 신세를 면하기 어렵다. 매출이 늘수록 자금은 더 필요하다. 자금이 제때 투입되지 못하면 실패로 내몰리고 만다.

소상공인 창업지원 시스템은 그런대로 잘 돼 있는 편이다. 제도는 풍성하나 운영이 허술하다. 사전 관리부터 제대로 안 되고 있다. 창업기업은 영업실적이 없다 보니 면밀한 사업성 검토가 어렵기 때문이다. 사업자등록일, 신용불량 확인 등 지원 대상 여부를 판단하는 수준의

간이簡易 심사가 불가피하다. 실패율이 높을 수밖에 없다. 창업 초기에 맞닥뜨리는 '죽음의 계곡(death valley)'을 넘는 소상공인이 많지 않은 이유다.

사후 관리도 부실하다. 지원하는 사업체가 많다 보니 충실한 관리가 어렵다. 인력이 태부족해 일단 지원을 하고 나면 사실상 업무 종료다. 그다음은 그저 사업이 잘되기를 바랄 뿐이다. 정상 영업 중인 곳은 돌아볼 겨를이 없다. 그러다 사업체가 도산하고 나면 채권관리 하기도 바쁘다. 그러니 축나는 건 나랏돈이다. 아까운 혈세가 줄줄 새고 있다. 이런 사회적, 국가적 낭비가 없다.

창업 지원, 사전·사후 관리 법제화를

창업 실패를 줄이려면 '자동차 운전'을 참고할 필요가 있다. 운전면허를 취득하려면 교통안전교육, 신체검사, 학과시험, 기능시험, 연습면허 발급, 도로주행시험을 거쳐야 한다. 사고 예방 등을 위해서다. 이런 절차가 없으면 폭발적 사고 증가를 멈출 수 없다. 기업 경영도 이와 같다. 어느 하나만 삐끗해도 전체가 잘못되고 마는 '종합예술'에 해당한다. 사업 경험과 기술력, 경영 능력이 충분치 못한 소상공인 창업에서 교육의 중요성은 아무리 강조해도 지나치지 않다.

지금도 소상공인 교육이 없는 것은 아니다. 중소벤처기업부나 중소기업 지원기관에서 다양한 교육프로그램을 시행한다. 지원과 교육이 따로 노는 게 문제다. 소상공인시장진흥공단은 예외다. 창업자금 지원 시 중소벤처기업부 장관이 정한 교육 과정을 12시간 이상 이수토록 하고 있다. 소상공인 지식배움터(edu,sbiz,or,kr) 교육 후 정책자금지원대상 확인서를 발급받아 소상공인지역센터에 자금을 신청하면 최고 7천만 원까지 5년간 저금리 대출을 받을 수 있다.

소진공의 교육 사례를 중소기업 지원기관 전체로 확대할 필요가 있다. 각종 창업지원 시 소정의 교육을 받도록 법제화하는 방안이다. 창업 초기 실패를 줄이는 최소의 제도적 장치가 될 수 있다는 점에 의의가 있다. 교육 운영도 전문기관 중심으로 내실 있게 해야 한다. 지원기관 자율에 맡겨 두면 고유 업무에 밀려 마지못해서 하는 부수附隨 업무로 전락할 수 있다.

소상공인 반발이 있을 수 있다. 교육을 성가시게 여기거나 불필요한 규제로 생각할 수 있다. 그럴수록 창업교육은 소상공인을 돕기 위한 제도임을 적극 인식시켜야 한다. 사업 실패의 주요 원인 중 하나가 '창업 지식·능력·경험 부족'이며, 창업 활성화를 위해 필요한 사항 가운데 하나가 '창업 실무 교육지원'임을 널리 주지시켜야 한다. 아는 게 힘이라면 알리는 건 의무다.

<2022년 11월, 권의종>

저소비·고효율, '에너지 이용 합리화법'

윤석열 정부의 에너지 정책이 확정됐다. 탈원전에서 친원전으로 180도 방향을 틀었다. 원전 발전 비중을 27.4%에서 2030년 30%대까지 높인다. 문재인 정부는 '2030 온실가스감축 목표(NDC)'를 통해 2030년 원전 비중을 23.9%까지 줄일 계획이었다. 현재 건설 중인 신한울 1·2호기, 신고리 5·6호기 등 원전 4기를 2025년까지 완공, 지난해 24기였던 원전 기수도 2030년 28기로 늘린다.

신재생에너지 '과속 보급'은 브레이크를 밟는다. 10차 진력수급기본계획을 수립하며 풍력, 태양광 등 신재생에너지 발전원별 적정 비중을 산출할 계획이다. 석탄 등 화석연료 수입은 줄인다. 화석연료 수입 의존도를 81.8%에서 2030년 60%대로 낮춘다. 노후 석탄발전소를 액화천연가스(LNG)발전소로 대체하는 등 전력 수급 상황을 고려해 석탄발전을 감축한다.

에너지 수요 효율화도 꾀한다. 산업, 가정·건물, 수송 등 3대 부문에서 여러 지원책과 제도 정비를 추진한다. 산업부문의 경우 연간 20만 TOE 이상 다소비 기업 30곳을 대상으로 에너지효율 혁신을 위한 자발적 협약을 진행한다. 기업과 함께 효율 혁신 목표를 설정하고 환경·사회·지배구조(ESG) 인증, 포상, 협력업체 지원 시 보증·보조 등의 지원책을 제공한다.

시범사업 중인 '에너지공급자 효율 향상제도'를 의무화한다. 한국전력, 가스공사, 지역난방공사 등 에너지공급자가 고객의 효율 향상을 후원한다. 또 대기전력 저감, 고효율 기자재 인증, 효율 등급제에 대한 규제를 혁신한다. 가정·건물 등 민간 부문에서는 3개 시군구에서 시범사업 중인 '에너지 캐시백'을 전국으로 확대한다. 주변 단지·가구 간 전기 절감률 경쟁을 통해 우수자에게 절감량에 비례한 캐시백을 지원한다.

탈원전에서 친원전으로, 신재생에너지 '과속 보급' 급제동

전국 약 32만 동의 대형 기축 건물에 대한 에너지효율을 강화한다. 에너지 진단 권한 이양, 에너지자립률 제고를 추진하고 지방세 감면도 검토한다. 수송부문에서는 전기차의 전비電費 개선을 위해 현행 단순 표시제를 등급제(1~5등급)로 개편한다. 중대형 승합·화물차(3.5t 이상)에 대한 연비 제도 도입도 추진하고 차세대 지능형 교통망(C-ITS)도 구축한다.

정책 수립에 애쓴 흔적이 역력하다. 비전이 선명하고 목표가 분명하다. 정책 방향도 나무랄 데 없다. 에너지 공급 중심에서 수요 효율화 중심으로 전환하고, 시장원리에 따른 전력시장 구조 확립을 위한 정책 틀을 마련했다는 점에서 의의가 있다. 에너지 신산업 태동, 수출산업화 기여와 함께 일자리 창출에도 한몫할 것으로 기대된다.

시의도 적절하다. 글로벌 탄소 중립 추세가 지속되는 가운데 러시아·우크라이나 사태 등 글로벌 에너지 공급망 불안이 고조됨에 따라 에너지 안보와 탄소 중립 목표 달성을 위해 에너지 정책의 역할이 중요한 상황에서 이번 정책이 나왔다. 국내외 여건 변화에 대응하고 원전 비중 확대 등의 에너지·탄소 중립 관련 국정과제 이행을 위해 새로운 에너지 정책 목표와 방향을 설정할 필요가 있었다.

굳이 흠을 잡자면 대책 내용이 부실한 점이다. 에너지 절약을 잘하는 곳에 포상, 캐시백, 세금 감면, 금융지원 등의 유인책을 주는 정도다. 그래서는 에너지 수요를 획기적으로 감축하는 데 한계가 있다. '안 하는 것을 하게 하는 것'도 중요하나, '못하는 것을 하게 하는 것'이 더 효과적이기 때문이다.

에너지 대책은 내용 부실, 대상 제한

적용 대상도 제한적이다. 정작 에너지 효율화가 필요한 중소기업에는 별 도움이 안 된다. 소규모 기업일수록 에너지 절감이 필요하나 자체적 해결이 어렵다. 에너지효율을 높이려면 에너지 과소비 시설을 교체해야 하는 데 현실적으로 쉽지 않다. FA 저널, SMART FACTORY의 시장조사에 따르면, 에너지 관리 시스템 도입에 있어 가장 큰 장애요인으로 '높은 초기투자금'(53.2% 선택)과 '투자비 회수 장기화'(33.9%)가 꼽혔다.

실제가 그렇다. 중소형 공장에서 에너지관리시스템 구축은 언감생심이다. 자금 조달도 어렵거니와 경제성 확보는 더더욱 힘들다. 투자금에 대한 페이백 기간이 최소 3년 이내여야 하나 중소형 규모에서는 실현이 어렵다. 이처럼 기업 스스로 하기 힘든 일을 정부가 도와야 한다. 에너지효율 혁신과 고효율 기기 보급에 대한 정책지원이 절실한 이유다. 에너지이용 합리화법을 고쳐서라도 이를 뒷받침할 필요가 있다.

　탁상행정이 늘 말썽이다. 정책 수립에 앞서 현장의 사정을 소상히 살펴야 한다. 파악된 문제점은 어떻게 하면 바로잡을지 부단히 고민해야 한다. 그런 점에서 정부의 소통방식은 문제가 있다. 소수 인원을 모아 공청회나 열고 기업단체들과 간담회를 개최하는 정도로 의견을 수렴한 것으로 착각해선 안 된다. 이왕 만나려면 우수 설비를 갖춘 대·중견기업의 대표보다 에너지 저효율 설비를 돌리는 중소기업의 대표로 해야 맞다.

　대한민국은 세계 10번째 에너지 다소비국이다. 에너지 소비효율이 경제협력개발기구(OECD) 회원국 중 최하위권이다. 변변한 자원 하나 없고 기름 한 방울 나지 않아 에너지의 93%를 수입에 의존한다. 이토록 취약하기 짝이 없는 에너지 다소비 저효율 구조를 혁신하는 것만큼 중대사가 없다. 자원 안보의 핵심이자 경쟁력의 본체인 에너지의 위기, 피할 수는 없어도 막을 수는 있다. 우리 하기 달렸다.

<2022년 7월, 권의종>

외교·통상 연계 새 무역판

돈이 좋긴 좋다. 세계적인 거부, 무함마드 빈 살만 사우디아라비아 왕세자의 방한에 온 나라가 들썩였다. 내로라하는 재벌 총수들이 그의 부름을 받고 한걸음에 달려갔다. 윤석열 대통령은 새로 단장한 한남동 관저에 그를 첫 해외 VIP로 초대했다. 2시간 30분간 오찬을 나누며 환담했다. 그가 묵은 호텔 앞에는 그의 얼굴을 보러 온 인파로 문전성시를 이뤘다.

의전은 화려, 보안은 철통이었다. 왕세자 편의에 맞춰 식자재부터 왕실에서 사용하는 물건을 그대로 가져왔다. 그가 머문 호텔 객실의 모든 창문에는 40여 장의 방탄유리가 설치됐다. 그가 떠난 뒤에도 사우디 측 인력 200여 명이 남아 생체정보가 노출될 수 있는 모발과 지문 등을 제거한 것으로 알려졌다.

'돈 보따리'도 통 크게 풀었다. 자산만 2조 달러(약 2,800조 원)를 가진 '미스터 에브리싱(Mr. Everything)'다웠다. 그 바람에 우리 기업들은 횡재했다. 사우디 정부, 기업, 기관 등과 26개 프로젝트 관련 계약 또는 업무협약을 맺었다. 총 사업 규모가 300억 달러(약 40조 원)에 달했다. 사우디는 사업비만 5,000억 달러(약 640조 원)가 투입되는 미래 신도시 '네옴시티' 건설을 추진 중으로 그의 방한으로 한국 기업들이 참여할 기회가 활짝 열렸다.

다음 행선지로 알려졌던 일본 방문은 전격 취소됐다. 애초 왕세자는 일본을 방문, 기시다 후미오 일본 총리와 첫 정상 회담을 하고 유가 안정 필요성 등을 논의할 예정이었다. 그런데 방문 하루 전날 일본 방문 계획이 철회됐다. 신혼여행을 가고 현지 게임회사를 인수하는 등 일본 문화에 관심이 큰 그였던지라 돌연한 방일 취소 배경을 두고 관측이 분분했다.

외교와 통상도 '관계'에서 비롯

빈 살만 왕세자의 방한은 우리 정부가 기울인 노력과 정성의 결과임이 틀림없다. 실제로 원희룡 국토교통부 장관이 사전에 사우디아라비아를 방문, 적극적인 수주 외교를 벌였다고 한다. 하마터면 취소될 뻔했던 방한이 그 덕에 성사된 것으로 알려졌다. 윤 대통령도 "진심을 다해야 우리에게 수출 계약과 사업권이 온다"며 왕세자와의 만남을 철저히 준비한 것으로 전해졌다.

이유가 어디 그뿐이겠는가. 우리가 오랜 기간 국제사회에 쌓아온 두터운 신뢰와 돈독한 우의에 기인한바 또한 컸을 것이다. 이 대목에서 중요한 깨달음 하나를 얻게 된다. 세상만사 다 '관계'에서 비롯된다는 사실이다. 관계는 친분과 관심, 배려와 기여, 공감과 존중을 아우르는 폭넓은 개념이다. 그런 점에서 좋은 관계는 쉽게 맺어지기 어렵다. 오랜 기간 무진 공을 들여야 한다.

나라 간 외교와 통상도 관계에서 비롯되는 일이다. 다른 나라와 정치적 경제적 문화적인 관계가 좋아야 교류와 교역이 활발해질 수 있다. 그런데 국제 관계를 좋게 유지하려면 외국과 외국 기업, 외국인에 대한 심도 있는 연구가 전제돼야 한다. 그리고 연구 결과를 수요자와 두루 공유하고 체계적으로 관리할 필요가 있다.

세계 최강을 자랑하는 미국을 보라. 수많은 국책 및 민간기관과 공식·비공식 연구단체, 대학과 전문가들이 수없이 많은 보고서를 생산한다. 아울러 그 내용이 백악관을 비롯한 정치권과 경제계, 산업과 기업들에 공유되고 활용된다. 이게 바로 세계가 부러워하는 미국만의 차별화된 경쟁력의 본체다.

'어군 탐지' 집어集魚 세계 전략을

우리나라는 이떤가. 외국에 관한 연구가 활발하지 못하다. 미국, EU 등 주요국은 물론 중국, 일본 등 주변국에 관한 연구가 변변찮다. 세계 최대 해외 여행국이라는 사실이 무색할 정도로 외국에 대한 이해도가 낮을뿐더러 그릇돼 있기까지 하다. 가령, 중국은 짝통 물건이나 만드는 나라, 일본은 경제 내리막길 국가로 애써 깎아내리려 한다. 중국과 일본을 무시하는 세계 유일의 국가가 한국이라는 말이 회자될 정도다.

그 밖의 나라에는 관심조차 없다시피 하다. 인식도 지극히 시대착오적이다. 동남아시아는 싸구려 여행지쯤으로 치부하는가 하면, 중동하면 모래사막에서 '한 손에 칼, 한 손에 코란'을 든 이슬람을 떠올리는 식이다. 또 아프리카는 타잔이나 동물의 왕국을 연상하는 수준이다. 하지만 이들 국가에 가보라. 세계 주요국들이 경제 교류와 시장확대, 자원 확보 등을 위해 혈투를 벌이는 충격적인 광경을 목도할 것이다.

그러다 보니 정작 피해를 보는 쪽은 다름 아닌 우리다. 내수 기업은 '우물 안 개구리'에 머물러 있고, 수출 기업은 나라 밖에서 '맨땅에 헤딩'을 하는 형국이다. 해외 물정에 밝지 못하다 보니 기업들은 좌충우돌, 몸으로 부딪치며 시장을 개척하고 있다. 우호적 네트워크를 구축하고 유리한 관계를 만드는 데 정부나 연구기관 등 누구로부터도 도움을 받지 못하다 보니 기업들이 안 해도 될 생고생을 하고 있다.

국제 관계의 새판을 짜야 한다. 외교와 통상을 연계하고 연구가 이를 후원하는 새 버전으로 업그레이드해야 한다. '막고 품는' 식이 아닌 '어군 탐지' 집어集魚 방식으로 세계 전략을 일신해야 한다. 내수시장이 좁고 부존자원이 없는 우리는 나라 밖에서 살길을 찾아야 한다. 그러자면 '외교 따로, 교역 따로'의 각개전투는 힘을 못 쓴다. 민관학民官學 연합작전으로 남는 장사, 이기는 외교를 해야 한다. 2013년 정부조직 개편 때 5년 단명으로 그친 '외교통상부'의 부활을 꿈꿔본다.

<2022년 11월, 권의종>

최저임금 산출 기준 '들쭉날쭉'

산고 끝에 옥동자가 태어났다. 내년 최저임금이 5.0% 오른다. 최저임금위원회는 2023년 최저임금을 올해보다 460원 오른 시간당 9,620원으로 결정했다. 올해 인상률 5.1%와 비슷하다. 노사 모두 불만이다. 민주노총 소속 근로자위원 4명은 표결을 거부했다. 치솟는 물가에 5.0% 인상은 사실상 실질임금 하락이나 다름없다는 주장을 폈다. 사용자위원 9명도 영세 중소기업과 소상공인이 감당하기 어려운 수준이라며 표결 선포 직후 전원 퇴장했다.

표결은 나머지 근로자위원인 한국노총 소속 5명과 공익위원 9명, 기권 처리된 사용자위원 9명을 의결 정족수로 했다. 찬성 12표, 반대 1표, 기권 10표로 가결했다. 공익위원들이 단일 안을 제시하고 노사 일부가 반발하며 퇴장하는 식의 파행은 이번이 처음은 아니다. 올해를 포함 최근 10년간 공익위원 안이 표결에 부쳐진 게 벌써 일곱 번째다. 노사 대립 구도에서 정부 추천을 받은 공익위원들이 최저임금 결정에 있어 '캐스팅보트' 역할을 해온 셈이다.

기준이란 일관성과 예측 가능성이 있어야 맞다. 최저임금 인상은 전혀 그렇지 못하다. 매년 기준이 들쭉날쭉 제멋대로다. 내년도 인상률 5.0% 산출 근거만 봐도 허술하기 짝이 없다. 올해 경제성장률 전망치 2.7%에 소비자물가상승률 전망치 4.5%를 더하고, 취업자증가율 전망치 2.2%를 뺀 수치라 한다. 그렇게 쉽게 산출할 거면 구태여 노·사·공

최저임금위원회 구성조차 필요 없어 보인다.

얼마를 올릴지 미리 정해놓고 거기에 꽤 맞춘 듯한 인상이 짙다. 그러고도 공익위원들은 한치 거리낌이 없다. 현 상황에서 가장 합리적인 방안이라 당당하게 주장한다. '현 상황'을 강조하는 걸 보면, 2년 연속 사용해온 이 계산식이 내년에도 쓰일지는 미지수다. 모르면 몰라도 그때 가서 사정이 여의치 않으면 또 다른 산식을 꺼내 들 공산이 크다.

최저임금 인상, 기업은 '인력 감원', '근로 시간 단축'으로

최저임금법에도 충실치 못하다. 최저임금 결정 기준으로 근로자 생계비, 유사 근로자 임금, 노동생산성, 소득분배율 등을 규정한 제4조1 내용과도 괴리가 있다. '전망치'를 기준으로 한 것도 논란거리다. 경제 상황과 측정하는 시점, 주체, 기간별로 달라지는 변동치를 기준으로 한 건 적절치 못하다. 통계적 오류도 눈에 띈다. 3가지 기준 지표들은 상호배타적이 아니라 상호 연결돼있다. 변수 간 중복 영향을 제거하지 않고 원 수치를 그대로 사용하면 오류가 생긴다.

최저임금은 인상폭 그 자체보다 인상에 따른 파급효과가 더 위협적이다. 중소기업중앙회와 경총이 최저임금 근로자를 고용하는 중소기업 600개 사를 대상으로 한 의견조사 결과가 이를 잘 말해준다. 내년도 최저임금 인상 시 대응 방법으로 '신규 채용 축소'36.8%, '기존 인원 감축'9.8% 등 고용을 줄일 거라는 의견이 46.6%에 달했다.

소상공인연합회 조사 내용은 더 심각하다. 소상공인 65.7%가 최저임금 인상 시 대처 방안으로 '기존 인력 감원', '근로 시간 단축'등 일자리를 줄이겠다고 응답했다. 실제로 경영난에 시달리는 소기업이나 영세업자가 임금을 올려주려면 기존 일자리를 줄이는 수밖에 없다. 아생연후살타我生然後殺他라는 바둑의 격언처럼 기업이 먼저 살고 봐야 근로자를 고용하고 임금도 올려줄 수 있다. 당장 내 코가 석 자인 상황에서 근로자의 사정을 헤아리긴 어렵다.

정작 주목할 점은 따로 있다. 최저임금도 못 받는 근로자 수가 증가 일로다. 2001년 57만여 명이던 2018년 311만여 명, 2021년 321만여 명으로 계속 300만 명을 웃돌고 있다. 2010~2015년엔 11%대를 유지하던 최저임금 미만율도 최저임금이 8.1% 올랐던 2016년 13.5%로 급등했다. 2018년에는 15.5%, 2021년 15.3%로 여전히 줄지 않고 있다. 이 비율이 농림어업은 55%, 음식·숙박업은 40.2%에 이른다.

파행과 졸속 심의 반복의 최저임금 위원회

이런 일련의 현상은 최저임금이 고용주인 기업의 지급 능력을 넘어서고 있음을 여실히 방증한다. 중소기업과 영세 상공인, 자영업자들이 최저임금 동결을 호소하는 이유가 바로 여기에 있다. 어찌 됐든 최저임금은 해마다 그것도 크게 올랐으나, 최저임금 미만 근로자 수가 갈수록 늘고 일자리는 날로 줄어드는 현실은 아이러니다. 최저임금의 역설이다.

최저임금을 올리면 일부 근로자는 혜택을 보는 건 맞다. 그런데 취업 준비자와 저숙련 근로자 등 취약계층에는 되레 손해가 되는 현실이 안타깝다. 실제로 일자리가 없어지거나 줄어들면 임금이 올라봐야 아무런 소용이 없다. 고물가로 임금 인상 요인이 커진 것도 사실이다. 하지만 지금은 고물가만 문제가 아니다. 성장, 투자, 고용 사정이 하나같이 심각하고 무역과 재정 적자 또한 위태롭다.

최저임금 결정 방식에 대한 제도개선이 긴요하다. 반발과 퇴장 등의 파행이 반복되고, 속전속결식 졸속 심의가 일상화된 현행 위원회 결정 방식은 한계를 드러냈다. 어떤 형태로든 손을 봐야 한다. 그렇다고 그간의 경과가 다 허사라는 얘기는 아니다. 오히려 지금까지의 경험과 학습 효과를 토대로 더 투명하고 합리적인 방안을 찾는다면 그만한 전화위복이 없다. 최저임금법 개정이 시급한 이유다.

대립이 극명한 사안에 정답이 있을 리 없다. 더구나 지금은 당면한 경제 상황마저 엄중하다. 기업 경영이 힘들고 근로자 삶 또한 고단하다. 다들 힘든 마당에 자기주장만 고집했다간 공멸의 위기에 처할 수 있다. 지금 우리의 처지는 어찌 보면 오월동주吳越同舟 신세나 다름없다. 서로 반목보다는 공통의 곤란과 이해에 대한 협력이 긴요한 때다. 각자 조금씩 양보하고 고통을 분담하면 공존공영을 이룰 수 있다. 근로자도 살고 기업도 살고 경제도 살아날 수 있다.

<2022년 7월, 권의종>

태양광발전, 산지山地 아닌 농지農地에서

내 이럴 줄 알았다. 산비탈에 태양광 설비를 할 때부터 알아봤다. 비가 오면 무슨 일이 생길지는 이미 예견된 일이었다. 지난 8월 집중호우 또한 피해 가기 어려웠다. 강원도 횡성군 둔내면에서 산사태로 70대 노인이 매몰돼 숨졌다. 370㎜라는 기록적인 강우량 때문만이 아니었다. 산지에 태양광발전 시설을 분별없이 설치한 게 주된 원인일 수 있다는 산림청의 조사 결과가 나왔다.

국회가 산림청으로부터 제출받은 '횡성 둔내 사면 붕괴지 원인조사 보고서'가 이를 자세히 설명한다. 3년 전 산사태 발생 지역인 횡성군 둔내면 현천리 일대 2만㎡ 부지에 태양광 패널 200여 개가 들어섰다. 단시간 집중호우로 많은 양의 빗물이 비스듬한 태양광 패널을 타고 한쪽 경사면 쪽으로 흘러들었다. 경사면에 집중된 빗물로 상층부 지반이 하중을 이기지 못해 무너졌다는 게 조사단이 내놓은 분석이다.

태양광 설비 공사를 할 때부터 지반이 약했던 것으로 밝혀졌다. 나무를 베어내고 뿌리를 뽑아낸 뒤 흙을 쌓는 성토, 지반 다지기를 거쳐 부지를 조성했다. 그리고 그 위에 콘크리트 블록을 쌓았다. 그런데 사고 조사 과정에서 보니 기초공사에 쓰이는 말뚝이 보이지 않았다. 지반이 견고하지 못한 상태에서 공사가 진행됐을 개연성이 크다는 추론이다.

그도 그럴 것이 태양광 시설이 없는 주변 산지의 경사면은 멀쩡했다. 같은 강우량에도 무너진 곳이 없었다. 소나무와 기타 활엽수 등이 자라고 있어 빗물 차단과 말뚝 설치 효과가 있었을 거라는 판단이다. 산림청은 산지 태양광 시설의 하중을 분산하는 등 근본적인 지반 안정 대책이 필요하다는 의견을 달았다. 사후약방문이다.

농정의 양대 고민, 쌀 과잉생산과 태양광사업

고지대에까지 태양광발전소가 들어서는 바람에 입는 피해가 막심하다. 수려한 자연경관이 망가졌다. 수십 년 된 나무가 벌목되고 오래된 숲이 사라졌다. 산림 훼손, 산사태, 토사 유출 등의 피해가 커지고 있다. 태양광 시설 공사가 허술하게 진행된 곳이 어디 횡성뿐인가. 전국적인 현상이다. 연초에 산림청이 산사태 위험성이 있는 산지 태양광 공사시설 320곳을 조사했다. 8곳을 제외한 312곳에서 보완사항이 지적됐다.

난제일수록 발상 전환이 긴요한 터. 개별 사안에 매달려 씨름만 할 게 아니다. 다른 과제들과 함께 답을 구하는 멀티태스킹(multitasking) 접근이 유효할 수 있다. 한국 농정의 양대 고민거리인 쌀 과잉생산과 태양광사업을 따로 떼어놓고 보는 것은 근시안적 행정일 수 있다. 성격이 다른 사안을 서로 연계시켜 거시적인 안목에서 궁리하면 의외의 해법을 얻을 수 있다.

자연환경을 훼손하지 않으면서 태양광발전과 쌀 과잉생산의 고민을 동시에 해소하는 대안이다. 연간 40만t 가량의 쌀 과잉생산량에 해당하는 면적의 농업진흥구역에 태양광발전소를 설치하는 내용을 말한다. 엉뚱한 역발상으로 비칠지 모르나, 기대효과만큼은 뛰어나다. 우선 정부의 재정 부담을 덜 수 있다. 벼 재배면적 축소로 공익직불금을 줄일 수 있다. 쌀값 안정을 위한 공공비축미와 시장격리곡 매입 비용도 절감할 수 있다.

농가 소득은 높일 수 있다. 영남대 정재학 교수 연구팀이 2021년 국내 전력 가격을 기준으로 '영농형 태양광'발전 수익을 계산했다. 100kW 규모의 발전소를 운영할 경우 연간 787만 원~1,322만 원의 소득이 나는 것으로 계산됐다. 이는 같은 면적의 농지, 약 700평에서 벼농사를 지을 때 버는 연간 농경 소득, 240만 원의 3~5배다. 태양광 패널 아래에 다른 작물을 재배하거나 미꾸라지 등 수산물을 양식하면 추가 수입도 얻을 수 있다. 벼농사를 계속하는 농업인도 전체적인 쌀 생산량 감소에 따른 가격 상승효과로 소득 증가를 기대할 수 있다.

일석사조, 농업진흥구역 내 태양광발전사업

설치비용은 저렴하다. 농업진흥구역 내 태양광발전 시설의 설치는 산악지대에 비해 비용이 적게 든다. 도로, 전기 등 기반 시설이 갖춰져 있어 작업이 수월하기 때문이다. 접근성도 좋아 유지 보수나 관리가 쉽다. 거주지역과도 멀리 떨어져 민원 발생도 적어진다. 그럴 리 없겠으나, 만에 하나 식량안보가 우려되는 비상 상황에서도 설비 제거가 쉬워 금세 농지로 되돌릴 수 있다.

눈에 띄지 않는 장점은 이 말고도 더 있다. 무분별한 난개발에 따른 환경 훼손을 막고 자연경관을 보존할 수 있는 점이다. 자연 파괴는 한순간에 벌어지나 원상 복구에는 상당한 노력과 엄청난 비용, 장구한 시일이 소요되게 마련이다. 벌거벗은 민둥산이 울창한 숲으로 돌아오기까지는 30년이 넘는 시간을 기다려야 한다.

하지만 이게 말처럼 쉽지 않다. 현실적인 제약이 크다. 법률과 조례 등에서 논에 태양광발전 시설의 설치를 막고 있다. 전국 지자체 226곳 가운데 100곳가량이 농촌 태양광발전 시설 설치에 관한 사항을 조례로 규제한다. '이격離隔거리 제한'이 엄격하다. 대부분 주서시역에서 대략 300m, 도로에서 350m 이상 떨어져야 태양광발전 시설 등의 개발을 허가하고 있다.

농촌 재생, 에너지 생산, 환경 보전, 재정 절감의 난제를 한꺼번에 해결할 방안으로 지금으로서는 농업진흥구역 내 태양광 발전사업만 한 게 없다. 돌 한 개를 던져 네 마리의 새를 잡는 '일석사조'의 유망 대안이다. 문제를 문제로 보면 문제로 남지만, 기회로 보고 기회를 찾다 보면 기회는 찾아오게 마련이다. 정부의 창의적 발상이 긴요한 까닭이다.

<2022년 10월, 권의종>

'노동시장 유연화'는 개혁

새 정부의 대통령을 비롯한 국정 담당자들은 새로운 국가비전 실현을 위하여 정책을 세우고 추진하는 데 전력투구하고 있다. 하지만 아직은 여기저기서 삐걱대는 소리가 들린다. 그 모습을 지켜보는 대다수 국민의 가슴은 조마조마하다. 역대 정권과 비교하여 집권 초기의 지지율이 턱없이 낮은 것도 마음에 걸린다.

하지만 제대로 된 정부라면 대중의 인기만을 좇아서 국정 운영을 할 수는 없다. 진정으로 국민을 위하는 길이라면 때로는 소신 있게 밀고 나가는 강단이 필요하다. 그동안 어느 정부도 제대로 해결하지 못했던 '노동시장 유연화'를 과감하게 추진하는 것도 그중 하나일 것이다.

새 정부는 일찌감치 노동시장의 개혁을 외쳤다. 얼마 전, 이정식 고용노동부 장관이 경제계 인사들과의 간담회에서 한 발언에서도 그것이 잘 드러난다. 그는 임금체계 개편이나 근로시간제도 개선 등에 관해서 중점적으로 언급했다. 추경호 경제부총리도 "경제 현실과 괴리된 노동시장 구조를 방치하는 것은 국가의 경쟁력과 역동성을 잠식하는 일"이라며 주 52시간제의 기본 틀을 유지하면서 탄력적으로 제도를 운용할 수 있는 방안을 추진하고 있다고 밝혔다.

임금체계와 근로시간제 개혁부터

'노동시장 유연화'는 그동안 기업들이 일관되게 주장해온 명제다. 전국경제인연합회는 오래전부터 산업구조의 변화에 따른 고용의 경직성 해소가 시급하다고 주장했고, 한국경영자총협회도 대통령직 인수위에 제출한 '신新 정부에 바라는 기업 정책 제안서'에서 새 정부가 추진해야 할 핵심 노동 개혁 과제로 일자리 창출을 위한 노동시장 유연성 제고와 노동법제 선진화를 추진해야 한다고 강조한 바 있다.

윤 대통령은 대선 후보 시절부터 노동시장 유연화의 필요성을 강조해왔다. 노동시장의 경직성이 생산성 약화를 불러오고, 기업의 공급 비용을 높여 경제 성장을 저해한다는데 동의한 것이다. 또한 노사 간 타협의 중요성도 강조했다. 취임 100일을 맞아 실시한 기자회견에서는 합법적인 노동운동은 최대한 보장하겠다고 천명했다. 대화와 협상을 통한 선진적인 노사관계를 추구하고, 노동시장의 양극화와 이중구조 문제를 풀어보겠다는 의지를 피력한 것이다.

'노동시장 유연화'의 요체要諦는 자유로운 이직과 해고다. 이는 워낙 중차대한 주제라서 역대 어느 정부도 손대는 걸 꺼려왔다. 기업이 근로자를 자유롭게 해고할 수 있다는 표현에 대한 국민적 거부감이 크기 때문이다. 하물며 노동계의 반발은 말할 것도 없다. 하지만 그렇다고 언제까지 그냥 두고 볼 수도 없는 '뜨거운 감자'같은 이슈다. 선진국들은 이미 시행하고 있는 제도를 우리만 따라가지 못한다면 치열한 경쟁에서 그만큼 불리할 수밖에 없다.

여기서 분명히 짚고 넘어가야 할 것은 '자유롭게 해고할 수 있다'라는 의미를 곡해曲解해서는 안 된다는 점이다. 알다시피, 현행 노동법은 해고 사유를 지나치게 엄격하게 제한하고 있다. 기업이나 경제단체의 주장은 이 규정을 다소 완화하여 정당한 사유가 있을 경우에 한해서 지금보다 유연성 있게 적용하자는 취지이다. 근로자를 아무 때나 마음대로 자를 수 있다는 뜻이 아니다.

노동 개혁의 핵심은 '노동시장 유연화'

노동시장의 유연성이 높아지면 근로자들의 생산성이 향상되고, 기업의 경쟁력이 높아진다는 것이 경제단체들의 주장이다. 전경련은 프랑스의 고질적인 문제였던 실업난이 크게 해소된 배경으로 쉬운 고용과 해고, 공공부문 축소 등을 통해 노동시장 유연화를 추구한 친기업적 개혁이 있었다고 주장했다. 마크롱 대통령 취임 이후 법인세 인하, 노동시장 유연성 제고 등 개혁 정책이 효과가 있었다는 것이다.

하지만 노조 입장에서는 그와 같은 주장을 선뜻 받아들이기 어렵다. 언제라도 종업원을 해고할 수 있다는 말이 주는 부정적인 이미지가 너무 강렬해서 처음부터 아예 마음을 열 생각조차 들지 않는 것이다. 오랫동안 노사협상을 하는 과정에서 쌓인 사(社) 측에 대한 뿌리 깊은 불신을 털어내는 것도 결코 쉽지 않은 일이다.

이 같은 구조적 한계는 노사 간의 협상을 어렵게 만든다. 그런데 노사는 단지 적대적 관계일 뿐인가? 만약 그렇다면 앞으로도 계속 대결할 것이고, 대화나 타협은 기대할 수 없다. 하지만 실상은 그게 아니다. 그들은 서로가 원해서 만난 사이다. 개인은 생계를 유지하고 자신의 성장 기회를 찾아 취업을 선택했고, 기업은 조직을 제대로 영위하고자 필요한 인재를 채용한 것이다. 즉, 그들은 같은 배를 타고 항해하는 상생의 관계다.

그러므로 노동시장 유연화가 아무리 시급해도 일방적으로 거칠게 밀어붙여서는 안 된다. 관련 법률을 만들고 시행하기에 전에 충분한 토론과 의견 수렴 과정을 거쳐야 한다. 무엇보다, 상대적 약자인 종업원들이 불이익을 당하는 일이 없도록 세심하게 배려해야 한다. 그러기 위해서는 기업의 횡포를 원천적으로 차단하는 제도직 장치를 먼지 마련하는 것이 필요하다.

세상은 하루가 다르게 변하고 있다. 러시아의 우크라이나 침략을 전하는 뉴스를 지켜보면서, 힘이 없으면 당할 수밖에 없다는 국제 관계의 엄혹한 현실을 다시 한번 절감하게 된다. 이러한 때에 여전히 정신 차리지 못하고 싸우는 곳은 정치권 하나로도 족하다. 지금은 정책 당국과 노사가 서로 진지하게 머리를 맞대야 할 때다. 해묵은 숙제였던 '노동시장 유연화'를 이번엔 반드시 이루어내기를 기대한다.

<2022년 8월, 나병문>

기업을 위한 상속세, 법인세

"2021년 4월 30일 이건희 전 삼성전자 회장의 보유 주식을 포함한 재산 상속 안案이 확정 발표됐다. 상속세만 12조 원 이상으로 추정되며, 삼성 오너들은 5년 동안 6차례에 걸쳐 상속세를 분할납부하는 방식을 선택했다."

지난해 삼성의 상속과 관련된 기사이다. 과도한 상속세율은 특정 기업에 국한된 문제가 아니다. 어느 기업이든 때가 되면 경영권 승계를 시도하기 마련이다. 이때 상속세가 걸림돌이 된다. 이 때문에, 상속을 포기하고 기업을 처분하는 경우까지 생긴다. 그리되면, 기업의 계속성을 해치고 경영 의욕을 꺾는 결과를 초래한다. 오너의 입장에서는, 평생을 피땀 흘려 키운 기업을 자녀에게 물려주지 못한다면 억울할 것이다.

우리나라의 상속세, 증여세율이 선진국들에 비해 현저히 높은 수준이라는 것은 이미 알려진 사실이다. 한국경영자총협회(경총)가 7월 2일 발표한 자료에 따르면, 한국의 직계비속 상속세 명목 최고세율은 60%로 OECD 최고 수준이다. 공제 후 실제 부담하는 상속 세액도 분석 대상인 54개국 중 두 번째로 높은 것으로 나타났다.

미국과 영국이 40%이고, 독일이 30%라는 점만 보아도 우리나라의 상속세율이 얼마나 가혹한지 알 수 있다. 13개국은 상속세가 아예 없었다. 이런 분석을 접하면서, 대부분의 나라들이 왜 우리와 다른 길을 가는지에 대해서 주의 깊게 들여다볼 필요가 있다는 생각이 든다.

한국 법인세율, OECD 8위

경제발전에 따라 국가 경제 전체에서 법인 기업이 차지하는 비중이 날로 커지고 있다. 그에 따라 선제 재정 수입 중에서 법인세가 차지하는 비율도 상당하다. 이처럼 법인세는 국가 재정의 주요한 수입원이며, 오늘날 자본주의 국가의 조세 중 가장 중요한 세목稅目 중 하나가 되고 있다.

소득 있는 곳에 세금이 따르는 것은 지극히 당연하다. 그것은 기업에도 마찬가지다. 그들도 돈을 벌었으면 합당한 세금을 납부해야 한다. 문제는 세율이다. 그동안 정부가 손쉬운 세수 확보를 위하여 만만한 기업들을 닦달한 측면은 없었는지 냉철하게 돌아볼 필요가 있다. 그로 인해 기업 활동이 위축되었다면 지금이라도 이를 바로잡아야 할 것이다.

우리나라 법인세율은 2014년 22%에서 2018년에 25%로 3% 포인트 높아졌다. 같은 기간 미국이 35%에서 21%로 14% 포인트나 대폭 인하한 것과는 비교가 된다. 물론 프랑스(33.3%)나 호주(30%)처럼 높은 법인세율을 유지하는 국가가 아주 없는 것은 아니다. 하지만 현재 세율보다 추세가 더 중요하다. OECD 주요 국가들의 평균 법인세율이 해당 기간 중에 22.6%에서 21.5%으로 내렸다는 사실을 감안할 때, 한국의 법인세율 인상은 분명 이례적이다.

경총에 따르면 현재 우리나라 법인세 최고세율 25%는 OECD 38개국 중 여덟째로 높은 수준이다. 이 때문에 경제단체와 기업들은 기회가 있을 때마다 법인세 인하를 요구하고 있다. 나아가 반도체나 배터리 같은 미래 산업이나 R&D 등에 대한 특별 세액공제, 감세 조치 등에 관해서도 새 정부의 결단을 고대하고 있다.

기업을 키우는 세제 개혁

최고 수준의 자국 기업을 얼마나 보유하느냐는 국가 경쟁력을 좌우하는 중요한 요소다. 대만을 보라. 중국의 전방위적 위협에 상시 노출되어 있는 작은 섬나라지만, 그들이 이만큼이라도 버티는 데에는 TSMC의 존재를 무시할 수 없다. 그 기업이 반도체 생산시장에서 차지하는 비중이 워낙 막강하기 때문이다. 최근에 세계 유수의 반도체 기업 총수들이 너나 할 것 없이 네덜란드에 뻔질나게 드나들며 공을 들이는 이유도 ASML 때문이 아니겠는가?

국내 사정은 어떤가? 다행스럽게, 우리에게도 세계적으로 인정받는 몇몇 기업들이 존재한다. 그들은 예상을 뛰어넘는 경이로운 성장을 보여줬다. 덕분에 우리나라는 특정 분야에서 세계 최고의 기술과 생산력을 보유한 국가가 되었다. 한데도 그 기업들이 그동안 합당한 대우나 지원을 받았는지는 회의적이다. 새 정부가 해야 할 일은 그들이 더욱 강력한 기업으로 성장할 수 있도록 지원하는 일이다.

정부가 기업을 도와주는 방법 중 가장 눈에 띄는 조치가 세제 지원이다. 가혹한 세율을 낮추어 현실화하는 것이다. 적어도 경쟁 대상인 선진국들에 근접하는 수준으로 세율이 조정될 필요가 있다. 어느 특정 기업이나 업종을 골라 명백한 특혜를 주어서는 안 되겠지만, 그들이 치열한 경쟁에서 살아남기 위해 전력투구할 때 세금 문제로 발목을 잡아서는 안 된다는 얘기다.

새 정부는 기업 활동을 억제하는 각종 규제를 타파하겠다고 약속했다. 그중에서도, 눈앞의 경제 위기를 극복하고 기업의 투자 활력을 회복하기 위한 세제 개혁 입법이 시급하다. 물론 시행 전에 전문가들의 의견을 경청하고 충분히 검토해야 할 것이다. 하지만 지나치게 쇄고우면하다가는 결정적 시기를 놓칠 수 있다.

새 정부의 결단으로 기업들이 세금폭탄에서 벗어나 경영활동에 한층 매진한다면, 그들이 입은 혜택보다 훨씬 크게 국가 경제 발전에 이바지할 것이다.

<2022년 7월, 나병문>

선진국 미래지표, 바이오선도국가

우리나라는 코로나19 확산 초기에 백신을 구하지 못해 쩔쩔맸던 아픈 기억이 있다. 그때까지 내심 의료 선진국 축에 낀다고 자부하던 터라 그로 인한 충격이 더욱 컸다. 예기치 못한 상황을 겪으면서 우리가 입은 피해는 상상을 초월했다. 그동안 쌓아왔던 것들이 속절없이 무너지는 과정을 지켜보면서 적지 않은 상처를 입었다. 자국의 능력으로 백신과 치료제를 만들지 못하는 국가가 어떤 설움을 당하는지도 똑똑히 목격했다.

코로나19 사태를 겪으면서, 세계는 백신의 중요성을 새삼 뼈저리게 느꼈다. 그 바람에, 누가 먼저 효과적인 백신을 개발하는지에 대한 국제적 관심이 커졌고 경쟁 또한 치열해졌다. 당연히 바이오산업의 위상도 높아졌다. 코로나바이러스는 창궐한 지 3년 만에 조금씩 기세가 누그러들고 있지만, 앞으로 언제 어떤 형태의 질병이 우리를 습격할지 모른다. 향후 바이오 분야가 지구촌의 핵심 산업이 될 것이라는 근거이다.

바이오산업으로 '선택과 집중'

갈수록 치열해지는 국제경쟁 속에서 승자가 되는 길은 우리가 잘할 수 있는 분야를 발굴하여 최고로 키우는 것이다. 이른바 '선택과 집중'이다. 바이오산업은 조선, 반도체, 원전, 그리고 최근 급부상한 방산防産과 더불어 우리가 비교우위比較優位를 가지는 몇 안 되는 산업이다. 그런 분야에 국가적 역량을 집중함으로써 확실하게 선도국으로 발돋움하는 것이 우리가 추구해야 할 전략이다.

다행스럽게도, 국내 제약·바이오 업계의 현황은 나름 괜찮은 편이다. 수년 전부터 신약 개발을 위한 연구개발(R&D) 투자를 늘려왔고, 대형 제약사와 벤처가 손을 잡고 신약을 개발하는 사례도 늘어나는 중이다. 그러나 아직 만족할 만한 수준은 아니다.

보고서에 따르면, 2018년 기준으로 우리나라의 바이오 관련 연구투자 규모는 경제개발협력기구(OECD) 회원국 가운데 5위이며, 연구개발 인력은 6위를 기록했다. 문제는 투자 규모에 비해 연구 성과가 미미하다는 것이다. 그렇다면 무엇이 문제일까? 높은 성과를 내는 선진국들은 우리와 어떤 점에서 다른지 곰곰이 생각해봐야 할 것 같다.

선발주자인 미국, 일본, 유럽연합(EU) 같은 곳에서는 오래전부터 고도의 시설을 갖춘 연구 단지를 설립하여 운용 중이다. 그와 관련된 산업경제 기반 또한 탄탄하게 구축되어 있다. 반면에 후발주자인 우리는 그런 종합 연구 시스템이 상대적으로 미흡하다. 또한, 그동안 장기적이고 전략적인 접근이 미진했다. 정권이 바뀔 때마다 국가적 연구 주제가 바뀌는 것도 지속적인 성장을 방해하는 요소라고 할 수 있다.

전문가의 부족도 심각한 문제다. 알다시피, 전문가는 하루아침에 만들어지지 않는다. 또한, 수준 높은 연구 성과를 거두려면 자율성과 다양성이 보장되어야 함은 물론, 연구에만 몰두할 수 있도록 선진적인 첨단 시설과 환경이 조성되어야 한다. 하지만 현실은 그렇지 못하다. 아직도 많은 연구자가 열악한 대우와 규제기관의 간섭에 시달리고 있다.

바이오 선도국가는 범정부 차원에서

정책 면에서도 선진국의 그것과 비교하면 갈 길이 멀다. 미국 같은 경우엔, 정부의 적극적인 지원과 활동이 우리와 비교할 수 없을 정도로 잘 이뤄지고 있다. 그나마 다행인 점은, 최근 들어 우리 정부에서도 바이오산업에 대한 중요성을 제대로 인식하고 있는 듯하다. 범국가적인 차원에서 바이오산업을 육성하겠다는 당국의 의지는 쌍수를 들어 환영할 만한 일이다.

앞서 언급한 것처럼, 바이오 선도국가가 되기 위해 꼭 필요한 것이 정부의 이해와 관심이다. 관련 당국의 과감하고 적극적인 지원 아래 제대로 된 연구체계를 구축하는 것이 시급하다. 그 시스템을 기반으로 백신과 치료제 개발에 국가적 역량을 집중해야 한다. 그러지 못하면 선진국들과의 경쟁에서 이겨내기 힘들다.

무엇보다 중요한 것이 바이오 분야 전문 인력의 육성이다. 다행스럽게도, 최근의 움직임은 고무적이다. 우리나라는 지난해 11월 WHO가 추진하는 인력양성 허브를 선발하는 공고에 호응하여 12월에 참여의향서를 제출했다. 그 결과 금년 2월엔, 여러 후보 국가를 물리치고 WHO의 인력양성 허브로 선정되었다. 국내 기업의 백신·바이오 생산 능력을 인정받았다는 증거다.

WHO 인력양성 허브로 지정됨으로써 우리나라의 바이오산업 선도국 진입이 한결 가까워졌다. 상대적으로 인프라가 열악한 중·저소득국 인력뿐 아니라 국내 청년들을 교육 과정에 참여시킴으로써 세계 수준의 바이오 교육을 접하도록 유도하고, 글로벌 인적 네트워크를 형성할 기회를 높일 수 있기 때문이다. 우리가 바이오산업 인력양성의 중심지가 되면, 세계 굴지의 관련 기업 생산설비와 연구개발 시설을 국내에 유치할 수 있게 된다.

우리가 앞으로 해야 할 일은 정부와 업계가 손을 잡고 전력투구하는 것이다. 먼저 인력양성 프로그램을 활성화하여, 세계 바이오산업을 한 단계 끌어올리는 데 매진해야 한다. WHO와의 연대를 강화하고 구체적이고 실질적인 진척을 이뤄야 한다. 그와 관련된 재원 조달과 교육 운영 및 국제 협력 체계를 공고히 하는 데에도 힘써야 할 것이다. 지금이야말로 우리가 바이오 선도국가로 등극할 절호의 기회다. 정부의 각별한 관심과 지원을 강력히 촉구한다.

<2022년 10월, 나병문>

반도체는 여야협치 발판

　2022년 1월 11일 국회에서 반도체 특별법이 의원 절대다수의 찬성으로 의결된 뒤, 같은 달 25일 국무회의 의결을 거쳐 공포됐다. 정식 명칭이 「국가첨단전략산업 경쟁력 강화 및 육성에 관한 특별조치법」인 이 법은 전에 없이 획기적인 내용을 담고 있다. 먼저, 국가첨단전략산업위원회를 새로 설치해 국가첨단전략기술 및 산업에 대한 주요 지원정책을 심의·의결하도록 했다.

　이에 따라 산업통상자원부 장관은 국가첨단전략산업 특화단지를 지정할 수 있고, 인·허가 특례나 특화단지 운영 및 지원사항 등을 규정할 수 있게 되었다. 또한 천재지변, 국제통상 여건의 급변 등에 따라 국가첨단전략기술 관련 품목의 수급에 지장이 생길 경우 6개월 이내에 수급 조정을 할 수 있다.

　뿐만 아니라, 첨단산업 투자 확대를 위해 인·허가 신속처리 특례, 기반 시설 구축 비용 지원, 민원 사항 조속 처리, 펀드 조성, 세액공제 등을 패키지로 지원하는 내용도 포함됐다. 국가첨단전략기술 연구개발(R&D)의 경우 정부 예산 편성이 우선 반영하도록 했으며, 대규모 사업 추진 시 예비타당성조사를 신속하게 처리하거나 필요시 면제할 수 있는 특례를 마련했다.

　이 밖에도 전문 인력 확보를 위한 계약학과, 특성화 대학 설치 및 운영 지원과 실무역량 향상을 위한 전략산업종합교육센터 구축 등이 포함됐다.

반도체는 선진국 지표

세계질서 패러다임이 급격히 재편 중이다. 러시아의 우크라이나 침공은 냉엄한 국세 현실을 적나라하게 보여주는 단적인 사례다. 전쟁 발발 후 시간이 흐를수록 우크라이나 국민의 삶은 피폐해지고 있다. 하지만 그들이 침략자에게 맞설 수단은 매우 제한적이다. 서방세계의 지원도 충분치 않다. 서로의 복잡한 이해관계가 얽혀있기 때문이리라. 이번 사태를 통하여 확인한 게 있다면, 국민의 생명과 자유를 지켜낼 수 있는 것은 오직 강한 국력뿐이라는 사실이다.

한 나라의 국력을 측정하는 지표엔 여러 가지가 있겠지만, 첨단기술 산업의 발전 정도는 매우 중요한 요소다. 그중에서도 반도체 분야가 가장 핵심이다. 그런 의미에서, 반도체 산업을 우선적으로 발전시키는 것이 국력 신장과 국가 위상을 높이는 지름길이다. 당연히 우리도 그쪽 방향으로 나아가야 한다. 반도체 분야에서 최강자가 되면 글로벌 공급망(global supply chain)의 재편 과정에서 확실하게 우위를 차지할 수 있다.

그런 이유로, 미래의 반도체 시장은 각국의 사활을 건 격전장이 될 것이 분명하다. 반도체 분야에서 우리나라의 위상이 만만치 않은 것은 사실이다. 하지만 결코 안심할 상황은 아니다. 반도체 원천기술의 종주국인 미국은 여전히 팹리스(fabless) 분야의 강자로 군림하고 있고, 파운드리(Foundry) 시장은 TSMC를 보유한 대만의 독무대나 다름

없다. 일본과 중국의 추격세追擊勢 또한 무서울 정도로 맹렬하다.

물러설 수 없는 대회전大會戰은 이미 시작되었다. 이번 기술 전쟁에서의 승패에 따른 영향은 상상을 초월할 것이다. 조금 과장한다면, 우리나라가 선진국 지위를 확고히 굳힐지 말지를 결정하는 싸움이다. 다행스럽게도 우리를 둘러싼 정황이 아주 비관적인 것만은 아니다. 노력 여하에 따라 얼마든지 해볼 만한 구도란 얘기다. 다만 끝까지 방심하지 말아야 한다. 안이한 태도로 어중간하게 대처하다간 선진국 안착은커녕 재기의 기회조차 잃을 수 있다.

반도체로 여야협치를

새 정부는 반도체 특별법의 취지가 제대로 꽃피울 수 있도록 발 빠르게 대처해야 한다. 사사건건 부딪치던 여야가 모처럼 합의하여 통과시킨 법안이다. 잘만 운용한다면 더할 나위 없이 훌륭한 결과를 기대할 수 있다. 문제는 제대로 시행하는 것이다. 먼저 구체적인 시행령을 신속히 제정하고, 유관부처 간의 총력 협조 시스템을 구축해야 한다. 나아가 기술 혁신과 투자, 인력 확보를 위한 특단의 대책을 서둘러야 한다, 각종 규제의 과감한 혁파 또한 필수적이다.

그와 관련한 반가운 소식이 있다. 반도제 전문가인 무소속(얼마 전까지 민주당 소속이었다) 양향자 의원이 최근에 반도체산업경쟁력강화특위 위원장을 맡아달라는 여당의 요청을 수락했다. 이는 정치판에서 보기 드문 현상이다. 하기야 국가 경제의 미래를 좌우할 첨단 핵심 산업 발전을 위하는 일에 정파가 따로 있을 수 없다. 그렇지만, 그런 당위론이 현실화된 것만으로도 매우 신선하다. 우리나라 반도체 산업의 밝은 미래를 보여주는 반가운 소식이 아닐 수 없다.

양 위원장은 인터뷰를 통해서, 여야가 이념을 초월해 토론하고 실질적인 성과를 내야 한다고 강조했다. 또한 특정 산업 분야에 국한하지 않고 관련 정부부처와 연계된 문제를 통합해 해법을 마련하겠다고 밝혔다. 중요한 것은 그의 구상이 얼마나 효과적으로 실현될 것인가이나. 입법 후에 유명무실해진 케이스가 한둘이 아니기에 드는 걱정이다. 하지만 이번엔 달라야 한다. 반도체 특별법은 그 중요성과 절박성에서 여타 법안들을 압도한다.

우리가 관심을 가져야 할 다른 뉴스도 있다. 미국판 반도체 특별법인 '칩 포 아메리카'(CHIPS for America Act. 반도체 제조 인센티브 법안)가 아직 하원을 통과하지 못하고 있다. 바이든이 회의석상에서 웨이퍼를 들고 흔들던 장면과 묘하게 대비되는 상황이다. 물실호기勿失好機란 지금 같은 때 쓰는 말이다. 그들이 주춤하는 사이 우리가 치고 나가야 한다. 국가 역량을 총결집하여 속도감 있게 추진할 때 우리에게 밝은 미래가 보장될 것이다.

<2022년 7월, 나병문>

붕어빵 장수와 '식량안보'

　겨울이다. 예나 지금이나 겨울철 간식으로는 붕어빵이 떠오른다. 그런데 작년에 이어 올해도 길거리에 붕어빵 장수는 보이지 않는다.

　운 좋게도 붕어빵을 파는 곳을 가보면 작년까지만 해도 3개에 1,000원 하던 붕어빵이 2개에 1,000원으로 가격이 올랐다. 경기도 안양과 용인, 서울 신촌과 삼각지역 등의 지역들이 붕어빵 2개에 1,000원으로 가격이 인상되었다. 3인 가구라면 붕어빵 한 봉지로는 부족하다. 추운 겨울, 귀갓길에 붕어빵 한 봉지를 사서 식기 전에 가족들과 나누어 먹던 모습은 이제 또 하나의 옛 추억이 되었다.

붕어빵 장사 발목 잡는, 붕어빵 법률

　러시아·우크라이나 전쟁으로 인한 곡물 수급이 어려워지고 글로벌 공급망 붕괴로 인해 대부분의 생필품 가격이 올랐다. 붕어빵을 만들기 위해서는 밀가루와 우유, 팥 등이 들어가는데 붕어빵에 들어가는 재료 또한 모두 가격이 인상되었다.

　한국소비자단체협의회 물가감시센터의 조사에 따르면 밀가루는 지난해 대비 42.7% 올랐고, 식용유는 32.8%, 설탕도 20.9%나 올랐다. 더욱이 붕어빵의 몸통으로 만들어지는 밀가루는 상승한 가격의 33개

품목 중 상위 5번째를 차지한다. 붕어빵 가격이 작년에 비해 상승할 수 밖에 없는 이유로 인플레이션으로 인한 물가 인상이 서민 간식으로까지 영향을 준 것이다. 일각에서는 인플레이션이 '붕플레이션'을 야기했다고도 하고 있다.

붕어빵 재료의 가격 인상이 붕어빵 장사를 지속하기 어렵게 한 것도 있지만 길거리에서 쉽게 볼 수 있었던 붕어빵 장수를 찾기 어렵게 된 것은 법의 영향이 더 크다. 우리가 과거에 생각했던 길거리에서 파는 붕어빵 장사는 현재 「도로법 제 61조(도로의 점용)」 '공작물, 물건, 그 밖의 시설을 신설·개축·변경 또는 제거하거나 그 밖의 사유로 도로를 점용하려는 자는 도로관리청의 허가를 받아야 한다.'에 의해 불법으로 되어 있다.

또한 노점상은 어디에도 소속되거나 등록되어 있지 않아 일반 상점과는 달리 세금을 내지 않는다. 이는 납세의 의무에 관한 세법에 위반되며, 수도시설의 부재 등으로 인해 판매되는 음식의 위생과 관련된 식품위생법과도 충돌하게 된다.

이 밖에도 역세권을 중심으로 주요 자리를 차지하기 위한 갈등과 세력 등으로 인해 노점상은 오래전부터 철거 대상이 되었다. 그 결과 장애인, 국가유공자와 같은 사회적 약자만이 등록번호를 부여받고 지정된 자리에서 노점상을 운영하고 있다. 이에 붕어빵 장사를 하기 위한 길거리 노점상은 현재 우리의 가시거리에서 사라질 수밖에 없게 되었다.

붕어빵 향한 그리움, 붕세권

그래도 여전히 날씨가 추워지면 사람들은 붕어빵을 찾는다. 붕어빵을 판매하는 곳이 희귀해지자 붕어빵을 구매하고 싶은 사람들을 위해 '붕세권'이라는 신조어와 함께 붕어빵을 파는 위치를 알려주는 애플리케이션이 나타나게 되었다.

붕세권은 붕어빵을 파는 가게 주변에 위치한 주거지역 또는 권역을 의미한다. 사람들은 하나의 놀이처럼 SNS에 붕어빵을 샀다고 인증하며 붕세권이 생활권역에 있음을 보여준다.

사람들은 새로운 기술에 대해서는 새롭게 적응하지만 어릴 적부터 먹었던 음식들은 아무리 맛있는 음식이 있어도 다시 찾는 습성이 있다. 이것이 시간이 지나도 사람들이 붕어빵을 찾는 이유일 것이다.

최근 국가 간 경쟁이 가속화되면서 점점 식량이 무기화되고 있다. 중국은 이전부터 식량의 해외 의존도를 줄이고 수요-공급 균형을 유지하기 위해 다양한 정책을 추진 중이다. 전 세계적으로 식량 위기감이 커진 가운데 러시아가 흑해 곡물 수출을 위한 협정에 참여하지 않겠다며 일방적인 통보를 한 것처럼 앞으로는 식량이 무기가 되어 경제를 위협하게 될 것이다.

농업 산업에서 디지털 산업으로 핵심 산업이 바뀐 우리나라는 이러한 국제정세에 취약할 수밖에 없다. 따라서 정부는 식량자급률을 높이기 위해 농가 지원 확대, 청년 농부 육성, 디지털 농법 기술개발 등 다양한 방법을 모색해야 한다. 이를 통해 국민들의 먹거리가 흔들리지 않도록 식량안보를 확보해야 한다.

물가 상승과 제도에 의해 정감 있는 간식 문화가 사라지고 있다. 새

해에는 물가가 안정되어 붕어빵 가격이 오르지 않기를 기대해 본다.

<2022년 11월, 백승희>

지역을 먹여 살릴 '생활 기술 직업학교'

"할 게 없으면 농사나 지어야지…."

농사가, 농업이 어떤 일인지 모르는 바보나 하는 얘기다. 적어도 독일에서는 이 말이 통하지 않는다. 독일에서는, 유럽에서는 농사는 아무나 할 수 있는 일이 아니다. 농부가 되려면 일단 11살부터, 그러니까 농업중학교부터 다녀야 한다.

독일 농업의 기본은, 뿌리는, 그 바탕 위에서 발휘된다. 이 기본이 발산되는 농촌과 지역사회의 저력과 잠재력은 '좋은 농부를 키우는 학교'인 이른바 '농업직업학교'에서 시작되는 것이다.

오늘날 독일의 농업과 농촌은 농정이 아닌 교육정책의 효과라고 할 수 있다. 독일의 교육은 3~6세의 유아를 보살피는 유치원(kindergarten)에서 시작된다. 그러나 유치원에서 공부는 하지 않는다. 그저 숲에서, 자연과 더불어 다른 아이들과 사이좋게 어울려 놀기만 할 뿐. 모국어조차 가르치지 않는다.

만 18세까지 12년간의 의무교육은 4년제 초등과정에서 시작된다. 이 기초학교(Grundschule)에서는 오전 수업만 한다. 1학년 때는 읽기, 쓰기도 안 가르치고 다만 자신의 의사를 자유롭게 표현하는 발표식 수업을 병행한다. 2학년까지는 성적표도 없다. 사회성, 창의성, 발달상황의 일반적 평가만 할 뿐이다. 등수나 서열, 경쟁이 있을 수 없다.

중등학교 진로는 내신으로 결정된다. 초등과정 4년 내내 한 담임교사가 맡아, 아이들의 수학능력을 평가하고 진로 추천권을 행사한다. 초등학교를 졸업하면 3갈래 장래가 아이들을 기다린다. '직업학교'인 하우프트슐레(Hauptschule), '실업학교'인 레알슐레(Realschule), '인문학교'인 김나지움(Gymnasium) 등.

직업학교에서 '먹고 사는 생활 기술'을

김나지움은 9년제의 고등학교로서 독일의 대표적, 일반적 중등교육기관이다. 졸업시험 아비투어(abitur) 성적에 따라 대학진학 자격이 결정된다. 직업교육을 담당하는 학교는 1단계에서는 직업학교, 실업학교, 전문학교 등 3종류로 나뉜다. 실업학교인 레알슐레(Realschule)는 3~6년의 과정으로 공업, 농업, 상업 등 실무에 적합한 실용적인 교육을 배운다.

실업학교와 직업학교의 차이는 대학 진학 가능 여부로 구별된다. 실업학교는 학과과정에서 대학에 진학할 기회가 있으나 직업학교는 대학이 목표가 아니다. 오직 마이스터가 되는 것이 목표다. 전기, 기계, 등 높은 교육 수준을 요구하는 직업들은 거의 실업학교(Realschule)에서 교육한다. 반면 육체노동에 의한 단순 직업은 직업학교(Hauptschule)에서 주로 가르친다.

직업교육기관에서는 매주 4일은 기업에서 마이스터와 기능공의 지도로 실습을 받고, 하루는 학교에서는 학업을 병행하는 듀얼시스템(도제 방식) 교육을 받는다. 졸업생들은 다년간 직장 경험을 쌓은 후

전문학교(Fachschule)에 진학, 기술전문가 인증인 마이스터(Meister) 시험을 치르거나 전문대학, 종합대학에 진학할 수 있다.

농업 분야에서는 도제교육을 병행한 3년 과정의 농업직업학교를 수료하면 기능사(Fachkraft) 자격이 주어지고 정식으로 취업할 수 있다. 직업학교 농업과와 농업경영체에서 3년간 이론과 실습교육을 마치면 농업회의소에서 주관하는 시험을 본다. 시험을 통과하면 '농업인(Landwirte)'으로 불린다. 여기서 상급학교에서 더 공부해서 국가 인정 전문농업경영인이 되거나 마이스터(농업장인)가 된다.

가령, 농업직업학교를 수료하고 기능사 자격을 취득한 후 농업 관련 현장 경력 3년 이상이면 마이스터 과정에 등록할 수 있다. 교육 과정은 2년 동안 전공과목, 경영, 교수 3과목을 이수해야 한다. 농업직업학교의 견습생에게 마이스터 농장의 실습은 특히 중요하다. 농장주인 마이스터의 농장실습 평가에 따라 수요 여부가 좌우되기 때문이다.

'생활 기술 직업학교'는 지역재생과 국가균형발전의 활로

우리도 독일처럼 해보자. 농촌공동체 붕괴, 지역사회 소멸이라는 위기에 처한 우리 지역의 활로는 학교에서, 교육에서 찾아보자. 가령, '농촌지역 마을공동체·사회적 경제형 청장년 일터·일자리 창출을 위한 지역사회 생활 기술 직업전문학교'를 설립하고 운영하자. 일단 적어도 광역지자체마다 1곳씩, 그리고 기초지자체에도 점차 파급하고.

귀농 등 농촌지역으로 하방하는 이들이 가장 걱정하는 난제는 '먹고사는 문제'가 아닌가, 이들에게 '지역사회에서 능히 먹고사는 법 또는 기술'을 가르치는 〈국공립 지역사회 생활 기술 직업전문학교〉를 통해 '물고기 잡는 법'을 재교육, 재훈련시키는 게 상책일 것이다. 그러면, 귀농 생활에 대한 근본적인 불안감과 어려움을 실질적으로 제거할 수 있다.

나아가, 마을 및 지역사회공동체사업의 성공적인 관리와 경영을 위해서 그 사업과 업무를 책임질 능력과 전망을 갖춘 전담 및 전문인력도 필수적이다. 마을 공동체(Commune) 및 지역시회 공동체(Community), 그리고 마을공동체·지역사회 기반 사회적경제조직(사회적기업, 협동조합, 마을기업, 자활기업, 농어촌공동체회사 등)을 기획, 관리, 운영할 전담·전문인력을 양성하자는 제안이다. 그래야 상부나 외부의 전문가가 주도하는 파행적인 사업판이 아니라 주민이 책임질 수 있는 자율적이고 창조적인 지역사업, 공동체사업의 플랫폼이 구축, 가동될 수 있다.

이 직업전문학교에서는 생활 기술 전문가와 사업 기술 전문가를 양성한다. 생활 기술 전문가로는 친환경 농부, 생태건축 목수, 봉제사, 로컬푸드 요리사, 적정기술 엔지니어 등이 지역에 필요한 일꾼들이다. 또 사업 기술 전문가로는 마을사업가(마을계획가, 마을관리자, 마을마케터 등), 공정여행가, 사회적기업가 등을 꼽을 수 있다.

이때, 친환경 농부, 생태건축 목수, 봉제사, 로컬푸드 요리사, 적정기술 엔지니어, 마을사업가(마을계획가, 마을관리자, 마을마케터 등), 사회적기업가, 공정여행가 등 각 과정과 과목마다 '마을·지역사회 공동체(사업) 관리 및 경영 전문·전담인력'을 발굴·육성하는 전문·특성화 커리큘럼 및 프로그램(전문강사 포함), 컨텐츠(교재 등) 연구 및 개발이 선행되어야 한다.

특히, 〈국공립 지역사회 생활 기술 직업전문학교〉 설립 및 운영 모델을 실행하기 위해, 모델과 프로그램을 연구하고 개발하는 연구기관, 소요 예산과 H/W 인프라를 지원하는 행정기관(광역 및 기초 지자체), 청년인력, 강사 등 Humanware와 교육컨텐츠 등 S/W 프로그램을 제공하는 교육기관(대학)의 상호호혜적 Win-Win, 시너지효과가 수반되어야 함은 물론이다.

이 직업학교의 기대효과는 명확하다. 일단 도시은퇴자(귀농인), 지역대학 졸업자 등 지역사회 유입 및 정착 청장년층의 창업 촉진, 일자리 창출, 기본소득 보장 등을 통한 지역경제 활성화 및 지역 공동체 재생 플랫폼 구축이라는 정책효과를 거둘 수 있다.

나아가, 지역재생과 국토의 균형적인 발전을 지향한다는 관점에서 보아도, 지역의 교육부터 학교에서만 이루어지는 수험용 교육, 비실용적 교육에서 벗어나 지역주민을 위한, 또는 지역주민이 주체가 된 실사구시적 교육과 학습의 장으로 사회 혁신적이고 미래지향적인 교육환경이 조성될 것이다.

따라서, '지역에서 나도 먹고살고, 남과 이웃도 먹여 살릴 수 있는 직업적 생활 기술'에 예산 등 국가적인 지원을 아끼지 말아야 한다. 마을 학교에서 학교협동조합도 만들고, 사회적 경제 교과서도 서로 가르치고, '먹고사는 생활 기술'도 몸으로 익히며, 어릴 때부터 건전하고 건강한 민주시민이자 생활인으로서 살아가는 데 요긴한 지식과 기술과 품성을 키워야 한다. 그러면, 마을과 지역과 국가에서 함께 먹고살 수 있는 협동과 연대와 상생과 공영의 새로운 활로가 보일 것이다.

<2022년 12월, 정기석>

IV. 한국정치, 지금

금감원장의 '검檢치금융'

　윤석열 정부에는 '검찰 공화국'이라는 달갑잖은 꼬리표가 붙었다. 김찰총장 출신 대통령이 대통령실은 물론 내각과 정부 핵심 자리에 연이어 검찰 출신 인사들을 발탁했기 때문이다. 검찰 업무와 거리가 먼 금융감독원장 자리도 예외는 아니었다. 이복현 전 서울북부지검 부장검사를 임명했다. 고도의 전문성이 요구되는 금감원장에 금감원 설립 이래 처음으로 검찰 출신을 임명한 걸 두고 설왕설래했다.

　이력을 보면 금융 문외한으로 보기도 어렵다. 그는 서울대 경제학과 출신으로 공인회계사 시험과 사법 시험에 동시 합격한 검찰 내 대표적인 경제·금융 수사 전문가였다. 서울중앙지검 경제범죄 형사부장을 역임했다. 삼성바이오로직스 분식회계 사건 수사를 맡아 삼성그룹 불법 합병 및 회계 부정 의혹 사건과 관련해 이재용 삼성전자 부회장을 불구속기소했다. 이 과정에서 금감원과 호흡을 맞추기도 했다.

　검찰 출신이어서인지 몰라도 금감원장 취임 후 행보는 광폭이다. 취임 후 얼마 지나지 않아 시중은행 행장들과 간담회를 마련했다. 그 자리에서 첫 일성一聲이 예대금리차 축소였다. 대출금리와 예금금리 간 차이가 확대되면서 은행의 지나친 이익 추구에 대한 비판이 커지고 있음을 지적했다. 그러면서 금리 조정 폭과 속도를 완화하는 방안을 마련해달라고 주문했다.

　취약차주에 대한 은행의 적극적인 지원도 당부했다. 금리와 물가 상승세가 지속될 경우 채무상환 부담이 많이 늘어나며, 가계와 기업 모두 취약차주를 중심으로 부실이 급증할 수 있음을 걱정했다. 서민과 자영업자를 대상으로 한 정부 차원의 지원도 있지만, 그것만으로는 한계가 있는 만큼 은행도 자체적으로 방안을 마련해 달라고 말했다.

검찰 출신 첫 금감원장의 일성―聲

금융권은 바짝 긴장하는 모습이다. 은행장들은 취약계층의 피해를 걱정하는 금감원장의 뜻은 이해한다면서도 뭔가 불안해하는 분위기다. '경제가 어려운데 은행만 많은 이익을 낸다'라는 언급에 신경이 쓰이는 눈치다. 그동안 돈도 많이 벌었고 최근 금리 상승으로 이익이 커지고 있는 만큼 대출금리를 더 내려야 한다는 말에 압박을 느끼는 낌새다. 시장에서 결정되는 금리를 정부가 인위적으로 내리라는 것이 '관치금융'의 소지가 큰데도 말이다.

금감원도 원장의 '과도한 예대금리차'의 발언 부분이 신경이 쓰였던지, 부연 설명에 나섰다. 은행 대출금리에 대한 국민적 우려를 나타낸 것일 뿐, 시장 개입은 아니라며 선을 그으려 했다. 글쎄다. 어디까지가 우려이고 어디부터가 개입인지 경계가 모호하다. 금감원장은 단지 우려만 표했다는데 은행들은 잔뜩 겁을 먹고 있으니. 알다가도 모를 일이다.

예대금리차가 해외 은행에 비해 과도한 수준은 아니라는 은행 측 주장도 아전인수 격이다. 유리한 근거를 끌어낸 인상이 짙다. JP모건, 뱅크오브아메리카, 웰스파고 씨티 등 미국 4대 상업은행의 올 1분기

순이자수익(NIM)은 1.67~2.16%로, 국민 신한 하나 우리 등 국내 4대 은행의 1.49~1.66%를 웃돈다는 설명이 쉽게 수긍이 안 간다. 사실이 그렇다고 해도 미국은 미국이고 한국은 한국이다. 금융환경이 다른 나라 은행의 수치를 단순 비교하는 건 의미가 약하다.

더 큰 문제는 은행의 건전성 확보를 강조한 이 원장의 발언이다. 그는 최근 경제 상황에 대해 글로벌 금리 인상과 지정학적 요인에 따른 복합·동시 위기 국면으로 진단했다. 경제성장률 전망치기 낮아지면서 스태그플레이션 가능성도 커졌다고 해석했다. 그러면서 경제 충격으로 인한 신용손실 확대에 대비해 은행의 손실 흡수 능력을 계속 확충해야 한다고 강조했다.

소비자 협상력은 '금리 역경매' 시스템으로

맞는 말이다. 하지만 대출금리 인하와는 상반되는 내용이다. 은행의 손실 흡수 능력을 키우려면 이익잉여금을 늘려야 하고, 그러려면 이자 이익을 확대해야 맞다. 예대금리차를 줄일 게 아니라 도리어 늘려야 한다. 올 1분기 이자 이익이 전체 이익에서 차지하는 비중이 90.6%에 달하는 상황에서 대출이자는 낮추고 건전성은 높이라는 건 이율배반이다. 서로 양립할 수 없는 모순되는 행동을 강요하는 꼴이다. 은행으로선 어느 장단에 춤을 춰야 할지 난감할 노릇이다.

정부가 매달 예대금리차를 '은행별·신용점수 구간별'로 공시하는 방안도 실효성이 떨어진다. 은행의 과도한 이익 추구를 견제하는 제도적 장치로는 한계가 있다. 이를 통해 예금금리를 올리고 대출금리는 낮추는 경쟁을 유도하려는 발상 자체가 순진무구하다. 이론적인 수준보다 대출금리가 높게 형성되는 가장 큰 이유는 은행의 우월적 지위와 유리한 협상력 때문이다. 소비자의 금리부담 완화를 위한 금리 인하 요구권의 활성화가 어려운 것도 이런 연유에서다.

금융소비자의 지위와 협상력을 높이려면 방법을 달리할 필요가 있다. 소비자가 여러 은행의 금리 조건을 비교해 대출을 선택할 수 있게 하는 '금리 역경매 시스템' 도입이 바람직할 수 있다. 효과는 이미 입증됐다. 과거 신용보증기금에서 '온라인 대출장터'라는 이름의 제도를 운용, 가시적인 금리 인하 효과를 거둔 바 있다. 소비자들은 예대금리차보다 실제로 자신에게 적용되는 대출금리에 더 민감하다.

금융당국의 고충을 모르는 바 아니다. 미국 연방준비제도(Fed)의 급격한 기준금리 인상, 우크라이나 사태의 장기화, 글로벌 공급망 차질 등 복합적인 위기 상황이다. 소비자의 금리부담도 덜어주고 은행의 건전성을 확보하려는 시도는 옳다. 하지만 아무리 취지가 좋아도 방법이 합당해야 한다. 그래야 이행이 쉽고 결과가 좋다. 상반된 두 가지 요구를 동시에 하게 되면 어느 하나도 하기 어렵다. 두 마리 토끼는커녕 한 마리도 못 잡는다. 엇박자는 어긋남의 서막이다.

<2022년 6월, 권의종>

이런 판결과 저런 정책

"무슨 판결이 이런다냐?"

대학교수 한 분이 전해온 남도 말투의 구수한 문자 메시시다. "'주식·가상화폐 투자, 빚 없는 걸로 쳐 주겠다' 결정 논란"의 제호를 단 방송사 뉴스 파일도 함께 보내왔다. 이 내용을 "꼬~옥" 칼럼으로 다뤄달라며 신신당부했다. 내용이 가관이다. 살다 살다 이런 판결은 처음 봤다. 보도된 내용은 이러했다.

> "서울회생법원이 개인 회생을 판단할 때 새 기준을 적용하기로 했다. 주식, 가상화폐 투자로 손해를 본 돈은 빚 계산에서 빼주겠다는 것이다. 법원이 파산 수준까지 간 사람의 경우에는 만약 빌린 돈을 투자하는 데 쓴 것이면 그 빚을 갚지 않아도 된다고 결정했다. 돈을 빌려 가상화폐에 투자했다가 모두 손실을 본 경우 이 돈은 다 사라진 것으로 판단해, 월급 중에 최저 생계비를 빼고 남은 돈을 3년 동안 꾸준히 갚으면 모든 빚을 갚은 것으로 해주기로 했다."

투자 실패자를 사회에 복귀시킬 특별한 조치가 필요하다는 법원 판단은 이해가 간다. 불운한 채무자를 구제하려는 취지에 토를 달기 어렵다. 그래도 할 게 있고 안 할 게 있다. 빚은 갚아야 한다. 갚지 않아도 되면 빚이 아니다. 정 기업회생을 시키려면 채무 일부 탕감에 그쳐야 한다. 빌린 돈을 주식이나 가상화폐에 투자했다고 갚지 않아도 된다는 논리는 더더욱 괴이하다. 상식이 사라지고 공정이 고사枯死되고 정의를 저버린 처사다.

상환의무를 면제할 때 생기는 부작용과 악영향이 예상외로 크다. 채무자의 도덕적 해이가 가장 걱정된다. '돈을 빌려 투자해보고 잃어도 그만'이라는 못된 습성이 생겨날 수 있다. 정부 지원이나 금융회사 대출은 '눈먼 돈'으로 여기는 그릇된 풍조가 고개를 들 수 있다. 힘들어도 빚을 꼬박꼬박 갚아가는 사람만 바보가 된다. 악화가 양화를 구축하는 꼴이다.

빌린 돈 가상화폐 투자금, 안 갚아도

그러잖아도 회생제도는 금융회사 등 채권자에 상당한 피해를 안긴다. 돈을 빌려준 개인이나 국가, 금융기관과 거래처는 채권 일부가 탕감되는 것만으로도 큰 손해다. 그런 점에서 법과 양심에 따른 사법부 판결 또한 최소의 공정성은 담보돼야 맞다. 채무자의 곤궁한 처지만 생각할 것이 아니다. 채권자의 곤란한 입장도 함께 헤아려야 마땅하다.

대출금이 쓰인 곳에 따라 갚아도 되고 안 갚아도 된다는 결정은 가당치 않다. 사리에 안 맞는다. 주식이나 가상화폐 투자에 썼으면 안 갚아도 되고, 사업자금 등의 용도로 사용하면 갚아야 하는 건 엄청난 모순이 아닐 수 없다. 돈을 쓴 사람은 채무자이지 빌려준 채권자가 아니지 않은가. 적반하장도 유분수지, 채무자의 투자 실패를 채권자 부담으로 돌리는 건 어불성설이다.

이런 결정은 금융질서를 무너뜨릴 수 있다. 돈을 어디에 썼느냐에 따라 상환의무 유무가 결정되는 불안정하고 불합리한 구조에서 어떤 개인이나 금융회사가 선뜻 돈을 대출해주려 하겠는가. 영리한 금융회사는 오히려 이런 일을 대비해 자구책을 세우려 할 것이다. 대출 심사를 한층 까다롭게 하거나 대출이자를 더욱더 올릴 수 있다. 그 경우 불이익은 성실한 채무자에게 돌아가고 말 것이다.

상식에 반하는 일이 어디 판결에만 있으랴. 공정하고 공평해야 할 금융회사에선 원칙에 반하는 일이 다반사로 벌어진다. 태반이 관치금융의 결과이긴 하나 금융회사에도 책임이 없는 건 아니다. 금융당국으로부터 부적절한 지시가 내려져도 군말 한 번 못하고 그저 따르기만 하는 행태가 실망스럽다. 금융의 자율성은 확보할 의지도 능력도 없어 보인다. 그런 사례를 두 가지만 들어 보자.

개인기업은 갚지만, 법인기업은 안 갚아도

하나는 법인기업의 대표자나 무한책임사원, 최대 주주 등에 대한 정책 금융기관의 연대보증 폐지다. 신용보증기금, 기술보증기금, 지역신용보증재단, 중소벤처기업진흥공단, 소상공인시장진흥공단 등에서 법인기업 대표자를 연대보증인으로 못 세우게 했다. 재도전 생태계 구축과 정착을 위해 필요하다는 명분이었으나 이로 인해 금융질서 문란과 도덕적 해이가 도를 넘고 있다.

대표자가 기업 채무에 대한 연대보증을 서지 않다 보니 책임경영은 기대조차 힘들어졌다. 예전처럼 사업에 전력투구하는 기업가 정신을 발휘하는 경우를 찾아보기 어렵다. 사업이 조금만 힘들어져도 회생절차를 신청하거나, 폐업 후 재창업을 시도하는 예가 흔하게 목격된다. 그 결과 돈을 빌려준 금융회사는 대표자 등 사업주로부터 채권 회수를 못 하게 된다. 돈을 떼이고 만다.

개인기업과 법인기업 간 형평성도 문제다. 개인기업은 대표가 곧 기업이다 보니 대표가 기업 채무를 끝까지 책임져야 한다. 법인기업은 그렇지 않다. 법인과 대표자 개인의 인격이 달라 대표자가 법인 채무에 상환의무를 안 져도 된다. 그래서 알만한 사람들은 법인기업 형태의 창업을 선호한다. 이런 사실을 모르거나 자본금을 마련할 여력이 없는 영세사업자나 개인기업 형태로 사업을 시작한다.

더 큰 무리수는 따로 있다. 소상공인 대출 만기 연장 및 원리금 상환유예다. 물론 이는 코로나19 피해 기업에 도움이 되는 시의적절한 조치였다. 다만, 은행이 이자를 2년이나 못 받게 한 것은 정도가 지나쳤다. 은행이 이자를 못 받는 건 상인이 물건값을 못 받는 거나 진배없다. 그러고도 은행이 사상 최대의 돈 잔치를 벌이는 현실은 채무자에게 과도한 이자를 받고 있다는 방증일 수 있다. 아무리 바빠도 실을 바늘허리에 매어 쓸 수는 없다. 바른길이 빠른 길이다.

<2022년 7월, 권의종>

경중輕重도 못 가리는 물가 대책

강원도 양양. 유서 깊은 지명이다. 한자로 '오를 양襄', '햇볕 양陽'. '일출의 해맞이 고장'의 뜻을 품고 있다. 동해안 해맞이 명소로는 하조대가 으뜸이다. 양양군 현북면 하광정리 산3번지 일대를 말한다. 아름다운 해변에 거친 파도가 넘실대고 우뚝 솟아있는 기암절벽에 노송이 한데 어울어져 경승景勝을 이룬다.

해안가 앞쪽 암초 위에 한 그루의 소나무가 외롭게 서 있다. 애국가배경 영상의 일출 장면에 나와 애국송松이라 불리는 바로 그 나무다. 거친 파도와 비바람에 크게 자라지 못했으나 수령 200년 넘는 고목古木이다. 빼어난 자태는 타의 추종을 불허한다. 미국인이 들으면 섭섭할지 모르나, 그들이 자랑하는 캘리포니아 페블비치 절벽의 250년 넘은 론 사이프러스(The Lone Cypress)도 견줄 바 못 된다.

절벽 위에는 하조대河趙臺라는 현판이 걸린 육각정이 세워져 있다. 현판 명칭의 유래는 여러 갈래다. 정자 옆 표지판에 따르면, 조선의 개국공신인 하륜河崙과 조준趙浚 두 사람이 이곳에서 만년을 보내며 청유清遊했던 데서 그런 이름이 붙여졌다고 한다. 이곳에 은둔하며 혁명을 도모해 태종 이방원을 왕위에 올려놓은 걸 기리기 위해 정자를 세웠고, 그 두 사람의 성을 따 이름을 붙였다는 문화해설사의 설명이 그럴싸하다.

여기서 떠오르는 한 가지 의문점. 두 사람의 성性에서 따왔다는 정자의 명칭이 왜 하필 하조대로 정해졌을까. 통상 사람들의 이름을 서양에서는 알파벳 순으로 나열하고, 동양 문화에서는 장유유서에 따라 연장자순으로 표시하곤 한다. 그렇다면 1346년에 출생한 조준의 성을 그보다 한 해 늦게 태어난 하륜의 성보다 앞에 둬 조하대趙河臺라 칭하는 게 맞을 성싶다. 도로명 주소는 양양군 현북면 조준길 99로 돼 있다.

정책 우선순위는 중요도 기준으로

어쨌거나 결과적으로 하조대라는 명칭이 쓰이게 된 것은 인물의 중요도 면에서 하륜이 조준을 능가했다는 평가 때문일 것이다. 나이나 알파벳 순보다 우선시되는 '중요도 기준'. 이게 어디 인물들을 열거할 때만 쓰일 수 있겠는가. 정부 정책의 우선순위를 정하는 표준으로도 유용할 것이다. 그런데도 실제로는 이게 그리 잘 지켜지지 않는다. 작금의 인플레이션 대책만 봐도 그렇다.

물가 움직임이 심상찮다. 에너지 가격 상승, 공급망 차질, 경제활동 재개 등으로 물가가 뜀박질한다. 국제에너지 가격은 경기회복에 따른 수요 증가, 석유수출국기구(OPEC)의 생산능력 회복 지연에다 우크라이나 사태 등 산유국의 지정학적 리스크가 더해지며 2014년 10월 이후 최고 수준을 기록했다. 반도체 생산 차질과 해상물류 지체 등에 따른 가격 오름세가 원자재에서 중간재와 내구재로 빠르게 번지고 있다.

여기에 코로나19 백신 접종이 늘면서 선진국을 중심으로 그동안 억

눌렸던 수요까지 분출하며 물가 상승세가 한층 가팔라지고 있다. 더욱이 이 같은 글로벌 물가 불안 요인이 고스란히 국내에 영향을 미치고 있다. 정부가 물가 안정을 위해 유류세 인하 조치 연장, 농수산물 할인 행사 등을 밝혔다. 이런 정책 수단이 얼마나 효과를 낼 수 있을지는 미지수다.

정책의 경중輕重조차 못 가린다. 물가 안정을 최우선 현안으로 내세우는 정부가 대응하는 수준을 보면 초보적이다. '외식가격 공표제'시행이 단적인 예다. 생활물가를 잡는답시고 주요 프랜차이즈 음식점들의 대표메뉴 가격을 매주 공시토록 강제했다. 죽, 김밥, 치킨, 햄버거, 피자, 떡볶이, 커피, 자장면, 삼겹살, 돼지갈비, 갈비탕, 설렁탕 등 12가지 음식이 그 대상이다. '공시'라는 이름을 붙였으나 실상은 '감시' 내지는 '통제'나 진배없다.

공급망 다변화, 물류망 체계화

외식 물가가 조금 올랐다고 치킨 한 마리, 김밥 한 줄, 피자 한 판의 값까지 정부가 직접 개입하는 방식으로 물가를 잡겠다는 발상이 어이없다. 더구나 기획재정부가 9개 대형 식품회사들을 불러 모아 '물가 안정 협조'를 당부하며, 이례적으로 공정거래위원회 관계자까지 배석시킨 건 너무한 일이다. 세계 10위권 경제국에서 민간기업을 이토록 대놓고 압박하는 게 낯부끄럽다.

물가 문제가 비단 우리나라만의 현상은 아니다. 전 세계가 인플레이션과 전쟁 중이다. 한국은행이 올해 소비자물가 상승전망치를 2.0%에서 3.1%로 대폭 높였다. 3%대 전망치는 2012년 4월 이후 10년 만이다. 미국도 지난 1월의 물가(CPI) 상승률이 40년 만에 최고치를 기록했다. 물가 통제를 위한 뾰족한 수가 없다는 게 문제다. 서로 얽혀 돌아가는 글로벌 경제환경에서 나라 밖 변수에 큰 원인이 있는 고물가를 개별국가 차원에서 제어하는 데는 한계가 있다.

국제유가 상승세가 워낙 거센 데다 미국의 긴축기조가 강화돼 환율이 오르게 되면 유류세 인하 효과가 상당 부분 상쇄된다. 옥수수와 대두가 남미의 가뭄으로, 알루미늄과 니켈의 경우 각각 중국의 탄소배출량 감소와 미얀마의 생산 중단 여파로 가격이 뛰는 점도 정책 효과를 제약하는 요인이다. 미국이 자국의 인플레이션을 억제하기 위해 예상보다 빨리 기준금리 인상에 나서게 되면 환율 상승으로 수입 물가가 점프하는 위험도 커질 수 있다.

아무리 바빠도 실을 바늘허리에 매어 쓰지 못한다. 조급한 대중요법보다 진득한 원인요법이 낫다. 이제라도 글로벌 공급망 변화에 대한 체계적 관리와 수급 안정을 위한 실질적 대응책을 서둘러야 한다. 원자재 구입처 다변화로 공급망 차질을 줄이고, 정보기술(IT)을 활용한 플랫폼 확대로 물류 시스템 효율을 높여야 한다. 쉬운 일은 아니나 못 할 것도 없다. 장구한 세월 동안 절벽에서 모진 풍파를 견뎌온 하조대 소나무의 기상이면 인플레이션 극복쯤은 너끈하다.

<2022년 2월, 권의종>

과유불급過猶不及 정부 지원제도

언제부턴가 휴대전화 배터리 소모가 빨라졌다. 통화 중에 갑자기 전화가 끊겼다. 배터리기 디 방전돼 있었다. 다시 충전했는데도 배터리 줄어드는 속도가 빨라진 게 확연했다. 서비스센터를 찾았다. 배터리 수명이 다한 게 아니었다. 휴대전화의 여러 가지 앱이나 기능을 동시에 실행하거나, 앱 자동 동기화를 켜두는 등으로 인해 배터리 소모가 빨라졌다는 진단이 내려졌다.

배터리를 교체할 것까지는 없고 몇 가지 간단한 조치만 하면 된다는 것이었다. 내용인즉 이러했다. 배터리 사용량이 많은 앱을 절전모드로 설정할 것. 알림창의 빠른 설정 목록에서 블루투스, Wi-Fi, GPS 등 사용하지 않는 기능을 해제(OFF)할 것. 배터리를 많이 소모하거나 의심되는 앱을 삭제한 후 사용할 것. 위치기록을 사용하지 않는데 켜져 있다면 설정을 꺼둘 것 등이었다.

젊은이들이야 쉽게 처리할 수 있는 일. 하지만 중장년층 가운데 이를 알아듣고 따라 할 사람이 과연 몇이나 될까. 쩔쩔매다 유튜브를 검색했다. 그런데 웬걸. 이 조그만 전화기에 무슨 기능이 그리도 많은지 놀라웠다. 그런 부류의 조회 수가 많은 걸로 보아 다른 사람들도 비슷한 어려움을 겪는 게 분명했다. 스마트폰의 기본적인 기능을 익히기 위해 따로 공부까지 해야 한다니. '스마트폰'은 스마트한 사람만 써야 할 것 같다는 생각이 들었다.

어찌 됐든 빠른 배터리 소모는 휴대전화에 새로운 기능을 추가하면서 기존의 것들을 지우지 않고 그대로 놔뒀던 게 패착이었다. 깔아놓은 앱들이 너무 많았던 게 문제였다. 실제로 사용하지 않거나 사용한 지 오래된 앱이 대부분이었다. 원고를 준비할 때 "더하기는 쉬워도 빼기는 어렵다. 채워넣는 것보다 덜어내는 게 힘들다"라는 어느 작가의 오래전 언급이 이제야 공감이 갔다.

정책이 너무 많아서 문제가

풍요의 시대. 집집마다 물건이 차고 넘친다. 아까워 버리지 못하고 사기만 하는 바람에 처치 곤란이다. 냉장고에 먹을 게 그득하고 옷장에 입을 게 가득하다. 신발장에도 신발이 빼곡히 들어차 있다. 집안 곳곳에 쓰지 않는 세간이 자리만 차지하고 있다. 그래도 부족해서인지 사재기는 계속된다. 장바구니가 넘쳐나고 택배가 문전성시를 이룬다. 없고 모자라서가 아니라 도리어 많아서 문제인 '풍요 속의 빈곤'. 요지경 속 같다.

정작 '빼기의 미덕'이 발휘돼야 할 곳은 국가 기관이다. 국회 기능부터 그렇다. 입법부로 불려서인지 법을 만들기만 할 뿐, 폐기하는 일은 없다시피 하다. 법이 홍수를 이룬다. 국민이 법에 갇혀 지내는 형국이다. 국회의원 평가를 법안 발의 건수로 하다 보니 너도나도 법 만들기 경쟁이다. 새 정부 들어 자유라는 단어를 유독 많이 구사하나, 필요 없는 법을 없애는 '폐법부'를 만들지 않고는 법이라는 감옥에서의 공허한 외침에 그치고 말 것이다.

법이 많아도 너무 많다. 법령집이 빅 데이터를 방불케 한다. 어떤 법이 어디에 있고 어느 법에 무슨 내용이 규정돼 있는지 알 길이 없다. 세법이 대표적인 사례다. 관련 법이 많기도 하지만 내용이 하도 자주 바뀌다 보니 전문가도 알아차리기 힘들다. 종합소득세 계산을 포기한 '종포사', 양도소득세 산출을 포기한 '양포사'가 늘고 있다는 소식에 헛웃음만 나온다.

정부나 공공기관도 다를 바 없다. 새 정부가 들어서고 조직의 수장이 바뀌게 되면 으레 한다는 게 정책과 제도를 새로 만드는 일이다. 자신만의 성과를 내려는 의욕은 이해가 간다. 그러면서 과거의 정책이나 제도를 없애지 않고 내팽개쳐 두는 게 문제다. 공무원 책임도 크다. 새 윗선의 구미에 맞춰 새로운 정책과 제도를 만들어대기 바쁘다. 그러니 갈수록 수數만 늘어날 수밖에.

한정된 재원을 효과가 큰 사업에

가짓수 많기로는 중소기업 지원제도를 따를 게 없다. 우리나라는 세계에서 유례를 찾기 힘들 정도로 다종다양한 중소기업 육성시책을 펴고 있다. 양적인 면에서 타의 추종을 불허한다. 제도가 너무 많다 보니 어떤 제도가 있는지 파악조차 어렵다. 산업현장에서 바쁘게 일하는 중소기업이나 자영업자가 그 많은 제도를 스스로 알아서 활용하기를 바라는 자체가 난센스다. 탁상행정의 전형이다.

지원기관에서는 실적 부진을 걱정하고, 기업에서는 있는 제도도 몰라 못 쓰는 어이없는 일이 흔하게 벌어지는 이유다. 오죽했으면 대한

민국 중소기업 지원제도를 다 아는 건 신神밖에 없다는 자조적 표현까지 회자될까. 양이 많으면 질이 떨어지게 마련. 한정된 재원을 여러 분야에 나눠 쓰다 보면 실속이 없어진다. 소문난 잔치에 먹을 게 없다는 꼴이 되고 만다.

법과 정책, 제도가 많다고 좋을까. 없앨 것은 없애고 줄일 것은 줄여야 한다. 그래야 효율이 높아지고 시간과 비용도 줄어든다. 정부 지원도 효과가 큰 사업 중심으로 집중하는 게 맞다. 한정된 재원으로 이것저것 다 할라치면 아무것도 못하게 된다. 일 처리에 대한 인식도 바뀌어야 한다. 필요한 일을 하는 것만 성과가 아니다. 필요치 않은 일을 안 하는 것도 치적으로 인정해야 마땅하다.

실효를 다한 낡고 해묵은 정책과 제도는 없애야 한다. 쇠뿔도 단김에 빼랬다고, 새 정부가 출범한 초기가 '빼기의 미학'을 실천할 적기다. '빼기'는 단순한 '없애기'가 아니다. 중요한 일에 역량을 집중하는 혁신이다. '뺄셈 선수'가 많아져야 삶이 향상된다. 경제와 사회, 나라가 건강해진다. 지나침이 미치지 못한 것과 같다는 과유불급過猶不及. 일찍이 공자께서 21세기 대한민국을 향해 던진 화두話頭라고 말한다면 너무 억지스러운 비약일까.

<2022년 6월, 권의종>

관치금융의 민낯, 정치금융

만만한 게 금융이다. 은행은 덩치만 컸지, 정부 앞에만 서면 한없이 작아진다. 심한 표현으로 고양이 앞에 쥐 신세다. 오라면 오고 가라면 가야 한다. 금융당국으로부터 오찬 간담회 호출을 받는 순간 은행장들은 가슴이 철렁 내려앉는다. 또 무슨 주문이 나올지 조마조마하다. 회의 형식은 자율 결의나 실제는 강제 지시다. 목구멍으로 밥이 안 넘어간다. 더부룩한 속에 숙제만 떠안고 귀행한다. '관치금융'의 여전한 민낯이다.

이러는 정부는 그래도 양반이다. 정치권은 이런 형식적인 절차도 무시하기 일쑤다. 일방적으로 발표부터 하고 본다. 금융당국이나 은행들은 언론 보도를 보고서야 알 때가 많다. 그때마다 호떡집에 불난 듯 내용 파악에 부산을 떨어야 한다. 이해관계자나 관계 기관 등과의 협의가 충분치 못하다 보니 현실과 동떨어진 대책이 나오곤 한다. 하기야 협의를 해봐야 반대할 게 뻔하고 생색도 안 나는지라 그럴 것이다. '정치금융'의 엄연한 실체다.

금융 개입의 관행은 실로 뿌리가 깊다. '한국 금융사는 관치의 검은 역사'라 해도 과언이 아니다. 새 정부가 출범할 때마다 금융을 정책의 도구로 삼았다. 공공성이라는 핑계로 은행의 경영과 가격기구에 무시로 개입했다. 현란한 접두어가 붙여진 이명박 정부의 녹색금융, 박근혜 정부의 창조금융, 문재인 정부의 사회적 금융이 하나같이 그랬다.

그때마다 은행들은 사회적 책임의 범주를 넘어 금융의 수단화, 복지의 도구화 강요 앞에 순순히 굴종했다.

'청년희망적금'도 그 한 예다. 정부가 예산으로 지원하고 은행이 고금리 혜택을 준다. 이자소득세도 면제다. 월 불입 한도 50만 원씩 24개월간 넣으면 최대 36만 원의 저축장려금이 지급된다. 금리는 연 5%, 은행에 따라 연 6%까지 쳐준다. 기껏 높아봤자 3%대인 은행권 2년 만기 정기적금 금리의 두 배 수준이다. 예상의 7배가 넘는 290만 명이 가입했다. 팔면 팔수록 손해라서 은행 부담이 막심하다.

한국 금융사는 관치의 흑黑역사

윤석열 당선인이 공약한 '청년도약계좌'는 한술 더 뜬다. 금융당국에서조차 "이건 보건복지부에서 만드는 게 바람직하다"라는 말이 나올 정도다. 그만큼 복지의 성격이 강하다는 얘기다. 은행들도 "지금까지 이런 적금은 없었다"라며 당황해한다는 보도가 전해진다. 청년 1인당 매달 70만 원씩 모아 1억 원을 만들어준다. 최하위 소득 구간 가입자에겐 정부가 월 40만 원까지 지원한다.

목돈 마련을 도우려는 취지는 이해된다. 금융의 원리와 상식에는 어긋난다. 일반 금융상품과 달라도 너무 다르다. 만기가 10년 초超장기다. 2년 내외 적금 만기의 5배다. 복리 3.5% 이자율도 과도하다. 현행 2년 만기 적금 금리는 높아봤자 3%대고 그나마 단리 적용이다. 은행이 주는 이자만도 1,300만 원이 넘는다. 이쯤 되면 '인치人治 금융'이라 칭할 만하다.

금융권은 당해도 말이 없다. 하도 오래 정부에 치이고 정치권에 당해서 체념한 것인지. 아니면 정부 보호막 안에서 '이자 장사'만 해도 역대급 실적을 거두는 판에 굳이 나설 필요가 없어서인지. 아마도 둘 다일 것이다. 은행에서 목소리를 내봤자 정부나 정치권의 심기나 건드리지 이를 들어줄 리 만무하기 때문이다. 차라리 관치를 용인하는 대신 실속을 차리는 게 정부와 정치권과 마찰을 피하면서 은행 수익에도 도움이 될 거라는 얄팍한 계산을 했을 수 있다.

하지만 그게 어디 그런가. 모두에게 유리한 비책은 세상에 없다. 한쪽에 좋으면 다른 쪽엔 손해다. 누군가는 대가를 치러야 한다. 청년희망적금처럼 은행이 높은 이자를 지급하면 그 돈이 어디서 나오겠는가. 필경 예금자에게 이자를 덜 주거나 대출자로부터 이자를 더 받아야 한다. 결국 금융소비자 부담이다. 생색은 정부와 정치권이 내고 피해는 국민이 당하는 꼴이 된다.

은행권의 숙원, '자율 경영'

금융에 대한 부정적 인식부터 바로잡아야 한다. 은행을 마치 불로소득이나 챙기는 부도덕한 집단처럼 몰아가는 건 옳지 않다. 시장에서 결정되는 예금금리를 무리하게 올리라 하고, 대출금리를 마구 내리라는 요구 또한 정의롭지 못하다. 아무리 금융업에 규제가 필요하고 사회적 책임이 크다고 해도 은행도 영리를 추구하는 기업이다. 안정된 수익을 바탕으로 지속 가능한 금융이 이뤄지려면 건전성과 자율성만큼은 최대한 보장됨이 마땅하다.

그런 점에서 은행연합회가 지난 1월 대선주자 캠프에 전달한 '금융산업 혁신과 국민 자산증식 기회 확대를 위한 은행권 제언'은 시사하는 바 크다. "은행 서비스는 공짜라는 인식, 금융산업은 다른 산업을 지원하기 위한 도구와 수단이라는 사회적 통념을 없애달라"는 주문이다. 구구절절 옳은 말이다. 정부가 사회문제 해결 비용을 민간 은행에 부담시키고, 민간 금융회사의 가격에 개입하는 행태를 새 정부에서는 하지 말아 달라는 하소연이 절박하게 와닿는다.

금융산업 발전 방안의 하나로 제시된 '혁신과 자율·책임에 기반한 경영환경 조성'에 여러 의미가 녹아 있다. 은행들이 금융당국과 정치권에 품어왔던 해묵은 고충이 두껍게 깔려 있다. 코로나19 상황에서 은행들이 각종 금융지원에 나서고 있음에도 온갖 정책사업에 '동원'되는 예가 잦다는 불만을 에둘러 표현한다. 은행은 서비스 수수료를 원가에 근거해 현실화할 수 없고, 배당도 간섭받아 주주환원 정책을 펼치기 어렵다는 고충이 행간에 흥건히 괴어 있다.

새 정부의 금융산업 발전에 대한 청사진은 아직 감감무소식이다. 도리어 은행 산업의 경쟁력을 해칠 수 있는 대중영합주의 제도 도입만 예고되는 상황이다. 지나고 보면 알겠지만, 어찌 됐든 관치의 족쇄가 채워지고 정치와 인치의 굴레까지 덧씌워진 현실에서는 금융이 힘을 쓸 수 없다. 과도한 개입으로 시장 왜곡이 일상화돼서는 금융 선진화를 이뤄내기 어렵다. 입으로만 외는 공염불로 끝나고 말 것이다.

<2022년 4월, 권의종>

대통령 말도 안 듣는 정부

대한민국 공무원은 자질이 우수하다. 영리하기까지 하다. 일부에 국한된 얘기지만, 빗나간 '상명하복上命下服'문화가 여전하다. 위에서 지시가 있어야 움직인다. 지시가 없으면 여간해선 잘 움직이지 않는다. 불호령이 떨어져야 '앗 뜨거라'하며 마지못해 움직이곤 한다. 나무랄 수만도 없다. 5년 단임의 대통령제하에서 평생 공직생활을 이어가야 하는 그들 나름의 생존 노하우다.

이런 일이 국무회의에서도 벌어지고 말았다. 윤석열 대통령이 교육부에 반도체 인력 양성을 주문했다. 대뜸 반대 의견이 나왔다. 공석인 장관을 대신해 참석한 교육부 차관이 "수도권 대학 정원규제 때문에 힘들다"라며 난색을 보였다. 이에 대통령이 국가의 미래가 달렸는데 웬 규제 타령이냐고 질타하자, 그제야 부랴부랴 반도체 학과 정원 확대를 검토하게 됐다고 한다.

'반도체 인력 10만 명 양성'을 공약에 포함하는 등 취임 전부터 전문 인재 개발의 필요성을 강조해온 대통령으로선 크게 분노할 일. 국무회의에서 과학기술정보통신부 장관을 시켜 '반도체에 대한 이해와 전략적 가치'를 주제로 강연까지 하게 했다. 그러면서 반도체 인재 양성을 위한 특단의 노력을 기울여달라고 신신당부도 했다. 그런데도 국무위원의 반대에 부딪혔으니 화가 날 만도 하다. 대통령의 불편한 심기는 이어진 발언에서 확연히 드러났다.

"반도체는 국가안보 자산이자 우리 산업의 핵심이다. 우수 인재를 키워내는 게 핵심"이라며 "국가의 운명이 걸려 있는 역점 사업을 우리가 치고 나가지 못한다면 이런 교육부는 필요 없다. 시대에 뒤처진 일을 내세운 교육이 무슨 의미가 있나. 이런 교육부는 폐지돼야 한다"라고 질타했다는 보도다. 반도체의 안보 전략적 가치와 인재 양성의 절박성을 강조한 대통령의 발언이 속 시원하다. 삼복더위에 마시는 아이스 커피처럼 상큼하다.

반도체의 전략적 가치와 인재 양성의 절박성

대통령의 '반도체 드라이브'에 온 나라가 갑자기 반도체 비상이 걸렸다. 호떡집이 불난 꼴이 됐다. 국무총리가 장관들을 불러 모았다. 국정현안점검조정회의를 주재하며 진두지휘에 나섰다. 교육부, 산업통상자원부, 경제부총리, 과학기술정보통신부, 국토교통부 등 5개 부처가 한 팀이 돼서 첨단산업 인재 양성에 관한 방안을 만들기로 했다는 설명을 내놨다.

수도권 대학의 정원규제로 안 된다는 얘기는 어느새 쏙 들어갔다. 총리는 수도권과 지방 대학에 비슷한 숫자의 증원을 생각하고 있고, 구체적인 숫자는 관계 부처 간 논의를 하겠다고 밝혔다. 인재 양성에 대한 확고하고 구체적이고 지속 가능한 제도를 만들 것임을 힘줘 말했다. 처음부터 지시에 따랐더라면 좋았을 것을. 질책을 받고서 하는 행동인지라 왠지 겸연쩍고 어색하다.

교육부의 반대도 일리가 없는 것은 아니다. 나름대로 사정이 있고,

또 교육부 독자적으로 처리할 수 있는 사안도 아니다. 수도권정비계획법에 따르면, 수도권 대학은 인구집중 유발시설로 지정돼 교육부로부터 정원 배정을 받아야 한다. 수도권 대학의 정원을 확충하려면 국토교통부 장관이 수도권정비위원회의 심의를 거쳐 허가해야 한다.

수도권 대학의 정원을 풀면 가뜩이나 학령인구 감소로 학생 모집이 힘든 지방대의 소멸이 빨라질 수 있다. 수도권 집중도 심해질 수 있다. 대학 내 정원 조정도 말처럼 쉽지 않다. 학과 통폐합 등 구조조정 추진에 교수와 학생들의 반발이 극심할 것이다. 학문연구의 전당인 대학이 4차 산업혁명 기술자를 양산하는 곳이냐는 항변도 틀린 말이 아니다. 그런 논리라면 인문계 등 非 자연계 학과들은 다 문을 닫아야 할 것이다.

대한민국 먹여 살리는 반도체 산업

불똥은 정치권으로도 튀었다. 여당은 국무회의에서 반도체 산업 육성방안이 거론된 지 이틀 만에 '반도체산업지원특별위원회' 설치를 발표했다. 의원총회에 과학기술정보통신부 장관을 초빙해 반도체 특강도 개최하는 등 갑자기 부산을 떨었다. 그러면 뭐 하나. 다수 의석을 가진 야당의 협조가 없으면 헛수고인 것을. 물론 이런 국가적 중대사에 그러지는 않으리라 믿지만.

반도체 인재 육성의 문제는 이번이 처음은 아니다. 문재인 전 대통령 때도 'K반도체 전략'이 제안되며 거론했다. 국회에서 관련 특위를 구성, 첨단학과 정원 제한을 관련 규정에서 예외로 하자는 방안이 제시됐다. 당시 여당과 정부의 반대로 무산됐다. 지방대 소멸을 가속화하고 국가균형발전을 저해하는 행위라는 지금과 똑같은 이유를 댔다. 시민단체들도 반도체 관련 인재 양성을 위한 수도권 대학 정원 확대 계획을 철회하라는 성명을 발표했다.

사실을 직시해야 한다. 반도체가 어떤 존재인가. 기술 혁명 시대의 총아다. 핵심 전략 품목으로서 위상과 중요성이 날로 커지는 상황이다. 세계 각국이 반도체 확보에 사활을 거는 이유다. 우리나라에서 반도체는 생명줄과 같다. 수출 효자 품목으로 대한민국을 선진국 반열에 올려놓았다. 국민과 나라를 먹여 살리는 이런 중요한 산업에 인력이 턱없이 부족한 실정이다. 한국반도체산업협회는 앞으로 10년간 3만여 명의 인력이 모자랄 것으로 전망한다.

정부 차원의 파격적인 대책이 나와도 시원찮을 판에 지방대 차별과 지역 균형을 들먹이며 전문 인력 양성을 반대하는 후진적인 공직 문화가 안타깝고 한심스럽다. 국가 경쟁력을 좀먹는 커다란 해악이다. 자해행위나 다름없다. 윤 대통령의 말마따나 반대부터 하고 보는 정부 부처나 관료는 쓸모가 없다. 몸 사리기보다 기氣 살리는 정부와 공무원만 필요하다. 나라의 녹祿을 먹으며 욕까지 먹는 공직자는 자진해서 어서 떠나시라. 나라를 위해 본인을 위해.

<2022년 6월, 권의종>

민심은 천심, 정책은 국민의 마음

　예전에는 지하철에 잡상인이 참 많았다. 올드팝송이 수록된 CD를 파는 행상도 이따금 눈에 띄었다. 수레에 부착된 스피커에서 울려 퍼지는 감미로운 멜로디는 나이 지긋한 중장년의 아련한 향수를 소환하기 충분했다. 으레 한두 명은 쌈짓돈을 꺼내 CD를 사들곤 했다. 불법 단속을 피하려 얼른 물건을 건네고 다음 역에서 서둘러 내리는 상인의 신출귀몰함이 마음 짠했다.

　그때마다 생기는 의문점 하나. CD를 파는 행상이 왜 십중팔구 특정한 노래만 들려주는지. 궁금했다. 해당 노래는 로보(Lobo)가 1972년 발표한 2번째 스튜디오 앨범 〈Of A Simple Man〉에 수록된 곡, 'I'd Love You To Want Me'. 한국인이 좋아하는 올드팝송 베스트에 빠질 수 없긴 하나, 하고많은 곡 중에서 하필 이 노래일까. 알고 싶었다.

　남녀가 사랑하는 사이지만, 사회적 지위나 조건이 달라 다른 사람들의 시선을 포기하고, 본인한테 오라고 말하는 특이한 노랫말 때문일까. 아닐 것이다. 가사 내용을 잘 모르는 사람도 이 곡의 도입부를 듣자마자 '아~ 이 노래'하며 '심쿵'한다. 갑자기 마음이 들떠온다. 음악 전문가는 역시 다르다. 이 노래가 주는 서정적 분위기와 감미로운 선율이 한국인의 정서와 부합되기 때문일 거라는 나름 그럴싸한 평을 내린다.

로키산맥에 사는 은빛 늑대라는 뜻의 로보. 본명은 로널드 켄트 레보아(Ronald Kent LaVoie). 1943년 미국 태생으로 올해로 79세를 맞고 있다. 1960년대에 The Rumours 라는 밴드의 기타리스트로 활동을 시작, 1971년 솔로 가수로 데뷔했다. 'How Can I Tell Her', 두 번째 곡도 히트곡 중 하나다. 'Don't Expect Me To Be Your Friend'는 로보 자신의 경험에 의한 가사였을까. 그의 많은 곡이 사랑에 관한 것이다.

한국에서 유행한 로보의 노래

한국 정서와 통해서인지. 로보의 노래는 1970년대 국내 가수에 의해 우리말로 개사 되어 불렸다. 'Stony'는 김세환이, 'We'll Be One By Two Today'는 이성애가 '나를 믿어주세요', 이용복이 '우리 함께'라는 제목으로 번안해 노래했다. 1996년 그가 내한했을 때 "내 노래가 한국에서 그렇게 인기를 끌었는지 전혀 몰랐다"라며 놀라워했다는 후문이다. 그의 노래는 자신의 본국 무대에서보다 한국에서 더 유명세를 누린 셈이다.

한국인의 대표적 정서 가운데 하나로 특징되는 서정성抒情性. 사전적 의미로는 '정서를 표현하는 행위', 또는 '정서를 담고 있는 것'을 뜻한다. 이를 정치적 관점에서 해석하면 국민 정서를 파고들어 마음을 사로잡는 행동으로 풀이될 수 있다. 국민이 원하는 바가 무엇이고 가려운 데가 어딘지를 살펴 그 니즈를 충족시키는 게 정치가 갖춰야 할 덕목이자 추구해야 할 소명임을 시사한다.

정치는 국민과 겉돌곤 한다. 청와대 개방과 대통령 집무실 이전이 논쟁이다. 윤석열 대통령 당선인은 집무실을 용산 국방부로 옮기고 취임식이 열리는 5월 10일 청와대를 완전히 개방할 것을 천명했다. 해방 이후 일본 총독 관저에 경무대란 이름으로 자리 잡은 지 74년 만에 국민에게 출입이 허용된다. 문재인 정부는 이를 달갑잖게 여겼다. 청와대 개방 자체에는 반대하지 않으나, 집무실의 졸속 이전은 찬성할 수 없다는 태도를 보였다.

이전 비용이 허술하게 추산됐고, 갑작스러운 이전으로 안보 공백과 위기 발생이 우려되며, 주민 재산권 침해, 교통 체증, 집회·시위로 인한 혼잡에 대한 무대책을 지적했다. 이에 당선인 측은 취임 후 통의동 집무실을 사용해도 청와대 개방만큼은 약속대로 추진을 강행할 것을 밝혔다. 강 대 강 대치는 문 대통령과 윤 당선인이 대선 후 19일 만의 회동에서 물꼬가 트였다. "이전 계획에 따른 예산을 면밀히 살펴 협조하겠다"라며 문 대통령이 한 발짝 물러섰다.

청와대 개방이 국민 정서라면

어찌 보면 애당초 문제가 될 게 없는 일이었다. 문재인 정부가 청와대 개방을 국민 정서를 헤아린 취지로 받아들였다면 이토록 일이 꼬이지 않았을 것이다. 제왕적 대통령의 모습을 벗고 국민에게 다가가려는 순수함을 믿어주면 그만이었다. 문재인 정부를 포함해 과거 정부들도 이를 약속했지만 지키지 못한 난제였기 때문이다. 이와 경중은 다를 수 있으나 노무현 전 대통령도 2003년 대통령 별장이었던 청남대를 국민에게 개방해 큰 호평을 받았다.

당선인 측이 다 잘했다는 건 아니다. 대통령 취임식이 열리는 5월 10일로 꼭 못 박아 청와대를 개방하려는 것은 무리한 측면이 있다. 시일이 촉박하고 국내외 제반 상황도 좋지 않다. 코로나 팬데믹이 창궐하고 북한이 미사일을 연거푸 쏴대는 비상시국이다. 또 임기 마지막 날까지 집무를 하고 이튿날 청와대를 떠나는 문 대통령을 지나치게 다그친 면이 없지 않다. 청와대 개방은 시간을 두고 차근차근 준비해도 늦지 않을 일이다. 꽃피는 봄날만 날인가.

　이 모든 게 국민 정서를 외면하는 자세에서 오는 결과다. 묘한 것이 권력은 오만을 부른다. '나만 옳다'는 독단이 독버섯처럼 고개를 든다. 일을 자기 방식으로 추진하도록 고집하게 한다. 국민과는 자연 멀어지면서 민심을 거스르는 정책이 나온다. 갈등을 키우고 적을 키운다. 비극의 씨앗이 된다. 집무실 용산 이전에 대한 반대 여론이 높은 결과를 두고도 "몇 대 몇이라는 것은 의미가 없다"라며 일축하는 일이 생긴다.

　관계에서 상대 의중을 파악하는 것만큼 중요한 게 없다. 상대방이 무슨 생각을 하고 어떻게 하기를 원하는지 늘, 그리고 잘 살펴야 한다. 정치 행위나 정책 방향도 마찬가지. 기본적으로 국민 정서에 초점을 맞춰야 한다. 평소 입버릇처럼 말해온 대로 나라의 주인, 국민만 바라보고 가야 한다. 국민 정서에 깊숙이 파고들어 민심을 온전히 담아내야 한다. 곡 발표 50년이 지난 지금까지도 심금을 울리는 로보의 노래처럼.

<2022년 3월, 권의종>

'정치의 경제 지배'는 반시장정책

정책은 힘들다. 기대만큼 효과를 거두기 어렵다. 약은커녕 독이 될 때도 있다. 대기업의 문어발식 시장 확장을 막겠다며 도입한 중소기업 적합업종 제도가 그 한 예다. 동반성장위원회가 지난 10년간 110여 건의 업종을 지정해 대기업 진입을 막았다. 그런데 웬걸. 수혜자가 돼야 할 중소기업이 되레 피해자가 됐다. '중소기업 보호' 취지는 못 살리고 해당 업종의 생산과 고용만 위축시킨 것으로 나타났다.

한국개발연구원(KDI)이 2008~2018년 중기 적합업종 제도의 시행 효과를 분석했다. 결과를 '중소기업 적합업종 제도의 경제적 효과와 정책 방향'이라는 제목의 보고서에 담았다. 놀랍게도 제도의 보호를 받은 중소기업의 생산성 향상 등 경제적 효과가 없는 것으로 확인됐다. KDI가 산업 전반에 긍정적인 영향을 미치지 못하는 "실효성 없는 정책"이라며 폐기를 제언했다.

적합업종 제도는 시행 초부터 논란이 무성했다. 두부, 김치, 막걸리, 조리 김, 세탁비누 등을 중소기업 적합업종으로 지정하는 바람에 원성이 자자했다. 예상은 빗나갔다. 규제 사각지대의 외국 기업이 대기업 빈자리를 차지했다. LED 조명의 경우 2012년 중기 적합업종에 지정돼 삼성전자와 LG이노텍 등이 사업을 접었다. 그러자 유럽산과 중국산 제품이 국내 시장을 득달같이 점령했다. 중국산 김치가 급식시장을 80% 이상 장악한 것도 같은 이유 때문이었다.

적합업종 지정이 결과적으로 국내 중소기업보다 외국 기업의 배를 불린 꼴이 됐다. 중소기업에 돌아갈 보호 효과는 제대로 따져도 안 보고 대기업이라는 이유만으로 기업 규모를 기준으로 특정 업종의 진입을 막은 게 패착이었다. 보이지 않는 더 큰 피해는 따로 있었다. 소비자의 상품 선택권을 박탈하고 자원의 효율적 배분을 저해하는 역기능을 불렀다.

중소기업 적합업종 제도의 역설

반시장적 정책이 어디 이뿐이랴. 조금만 유심히 살펴보면 주변에 널려있다. 주 52시간 근무제도 그렇다. 득보다 실이 많다는 평가다. 주 52시간 근무제가 50인 미만 중소기업에 확대 시행된 지 1년여가 지났다. 중소기업 근로자는 임금이 감소하고 여가가 줄어드는 등 삶의 질이 떨어졌다고 아우성친다. 중소기업중앙회가 중소 조선업체 근로자 300명을 대상으로 한 '주 52시간제 전면 시행 1년 근로자 영향조사' 결과가 이를 잘 말해준다.

근로자의 55.0%가 "주 52시간제 도입 후 삶의 질이 나빠졌다"고 응답했다. "좋아졌다"는 답은 13.0%에 불과했다. 워라밸이 나빠진 이유로 93.3%가 "근로시간 단축에 따른 임금 감소로 경제적 여유가 부족해져서"로 답변했다. 35.8%는 "연장수당 감소를 보전하기 위해 '투잡' 생활을 하느라 여가 시간이 부족해졌다"고 대답했다. '저녁이 있는 삶'을 지향한 주 52시간제가 근로자의 경제적 여유와 저녁 시간을 앗아간 꼴이 됐다.

대형마트 영업 제한도 효과가 없는 것으로 조사됐다. 2012년 골목 상권 보호의 취지로 유통산업발전법에 제도가 반영됐다. 대형마트는 매월 2회 의무휴업, 10~24시로 영업시간이 제한됐다. 밤 12시 이후에는 어떤 영업활동도 할 수 없어 온라인 주문을 받아 배송도 못 했다. 전통상업 보존구역에는 출점이 어렵고 출점 과정에서 상권 영향평가를 받는 등 제한이 따랐다.

대형마트 규제의 수혜는 전통시장의 몫이 아니었다. 규제에 따른 반사이익은 e커머스와 식자재마트, 편의점 등이 챙겼다. 온라인 쇼핑 거래액은 2017년 94조 1,000억 원에서 2021년 187조 원으로 2배 가까이 늘었다. 영업 규제를 받지 않는 식자재마트도 매출이 곱절 이상 늘었다. 대형마트가 문 닫는 일요일에 소비자가 전통시장이 아닌 식자재마트나 온라인 배송을 찾았다는 얘기다.

경제적 약자도, 소비자 후생도 보호해야

실패는 반면교사가 돼야 맞다. 정책은 처음부터 잘 만들어야 한다. 특히 효과를 사전에 면밀하게 헤아려야 한다. 아무리 명분과 취지가 좋아도 효과가 없거나, 역효과가 예상되면 쓸모가 없다. 그런 점에서 중기 지정업종처럼 특정 사업 영역에 대한 보호는 상책이 못 된다. 그보다는 부정경쟁 행위 방지와 불공정 행위에 대한 규율이 효과적일 수 있다. 우월적 지위를 앞세운 대기업의 부당한 횡포나 불공정한 행위를 막아주는 게 중소기업에 더 이로울 수 있다.

보호는 최소 기간에 그쳐야 한다. 그리고 그동안 외부 위협을 극복

해낼 수 있는 역량을 키우도록 지도와 지원을 충분히 뒷받침해야 한다. 아무런 대안도 없이 무한정 보호를 유지하면 오히려 기업에 해가 된다. 자식도 오냐오냐 키우면 홀로서기가 어려워진다. 이런 이치는 기업에도 그대로 통한다. 정부 보호막이 당장은 도움이 될 수 있어도 그게 오래되고 거기에 익숙해지면 경쟁력 저하 요인으로 작용한다.

정책의 중심에는 늘 소비자가 위치해야 한다. 앞서 예로 든 중소기업 적합업종 지정, 주 52시간 근무제, 대형마트 휴업제 등도 정책 결정 과정에서 소비자는 안중에도 없었다. 제도 시행에 따른 소비자 후생 감소는 고려조차 안 됐다. 그저 중소기업이나 근로자, 동네 상권을 돕는 데 급급한 나머지 소비자를 희생양으로 삼는 잘못을 번번이 저질러왔다.

정책은 의도가 순수해야 한다. 혹시라도 국면전환용이나 치적 쌓기용으로 악용돼선 안 된다. '정치의 경제 지배'는 망국의 지름길이다. 국민의 시선을 끌고 인기나 얻으려는 선심 공세는 나라를 도탄에 빠뜨리는 중대한 범행이다. 나중이야 어찌 되든 나랏돈이 얼마가 들든 일부터 일단 저지르고 보는 무모와 무책임은 경제를 수렁으로 내모는 지독한 악행이다. 정책 헛발질은 이제 그만해야 한다. 드러난 환부는 도려내야 한다. 고름은 살이 되지 않는다.

<2022년 8월, 권의종>

국민은 땀 흘리는 정부 편

대한민국 20대 대통령이 뽑혔다. 인수위가 구성되고 새 정부가 출범한다. 축하를 보낸다. 걱정도 된다. 작금의 경제 상황이 험난하다. 경기침체 지속과 코로나 팬데믹 확산, 공급망 차질과 물류대란에 우크라이나 사태까지 겹치면서 대내외 불확실성이 커지고 있다. 한 치 앞도 안 보이는 시계 제로다. 새 정부로서도 어디서부터 어떻게 손을 써야 할지 난감할 것이다

그래도 어쩌겠는가. 정면승부 하는 수밖에. 위기가 기회라지 않은가. 어려운 게 어디 지금뿐인가. 뒤돌아보면 한국 경제사는 고난과 극복의 역사였다. 지금 겪는 어려움쯤은 마음만 단단히 먹으면 능히 이겨낼 수 있다. 전쟁의 잿더미 속에서 한강의 기적을 이뤄냈고, 최단기에 세계 10위권 경제 강국 반열에 오른 나라다. 이를 세계가 부러워한다.

역대 정부들도 잘해보려고 다들 애썼다. 성과와 업적이 눈부시다. 동시에 옥의 티도 있다. 아쉬운 점도, 반성할 점도, 잘못된 점도 분명 존재한다. 이 모든 것이 과거사가 된 만큼 지금 와서 그에 대해 이러쿵저러쿵 말하는 건 유익이 없다. 향후 더 좋은 결과를 얻기 위해서는 이를 타산지석, 반면교사로 삼는 게 지혜롭다. 새 대통령과 새 정부에 거는 기대가 크고 많은 이유다.

경제를 정책 실험장 삼지 말기를 바란다. 소득주도성장처럼 설익은

정책으로 시험에 빠뜨리는 잘못을 다시는 범하면 안 된다. 탈원전 프레임과 녹색 환상에 빠져 에너지 정책을 망가뜨리는 것 같은 시행착오도 더는 없어야 한다. 정책 결정에는 신중함이 필수다. 돌다리도 두들겨 건너는 조심성이 필요하다. 정책은 정부나 정치권의 전유물이 아니다. 국민과 전문가의 소리에 늘 귀 기울여야 한다.

경제는 정책 실험장이 아니다

분야별로 전문가를 대거 기용해야 한다. 대선 후보 시절에는 다들 이를 철석같이 약속한다. 하지만 웬걸, 당선되고 나면 태도가 돌변하고 만다. 언제 그랬냐는 듯 제 식구 챙기기에 바쁘다. 고도의 전문성이 요구되는 경제 분야에서만큼은 역량 있는 전문가 등용이 긴요하고 절실하다. 정당이나 선거캠프 출신 인사 등 비전문가 투입으로는 복잡다단한 경제 문제를 해결하기 어렵다. 정 그들을 쓰고 싶으면 정치권에서나 소화하시라.

아마추어도 배워가며 일하면 될 거라는 발상만큼 무모한 게 없다. 부임 후 업무를 파악하고 조직을 장악하고 사람을 알만하면 임기가 도래한다. 망건 쓰다 장 파하는 꼴 되기에 십상이다. 이런 비효율이 수장 바뀔 때마다 반복된다. 정부나 공기업이 전문성 없이 늘 그 모양 그 꼴로 유지되는 이유다. 특별한 경우가 아니면, 조직 내부에서 능력이 검증된 인재를 활용하는 게 낫다. 위험을 줄이면서 성과를 내고 일관성 있게 업무를 추진할 수 있는 그나마 방책이다.

만기친람萬機親覽을 거둬야 한다. 모든 정책을 청와대가 친히 보살피는 식이 돼서는 되는 일이 없다. 덩치만 컸지, 상부 눈치나 살피고 예스맨 노릇을 하는 부처는 있으나 마나다. 부처에 자율성을 부여, 책임행정을 구현하게 해야 한다. 창의성을 꽃피우고 전문성을 발휘토록 정부 조직 운영의 일대 혁신을 도모해야 한다. 다행히도 새 대통령 당선인은 대통령비서실 인원 감축 등 청와대 조직의 슬림화를 약속했다. 아직은 반신반의 상태이나 기대가 된다.

업무 재량권은 공기업에도 긴요하다. 책임만 있고 권한은 없는 지금의 공기업. 허수아비 신세다. 예산, 업무, 인력 운영 면에서 자율성을 찾아보기 어렵다. 기관 자체적으로, 기관장 스스로 할 수 있는 일이 없다시피 하다. 정부가 늘 감시하고 평가하며 수시로 온갖 지시를 내린다. 신입직원 채용 방법까지 시시콜콜 간섭할 정도다. 그러잖아도 낙하산 인사와 빚 덤터기로 공기업이 공_空기업 되고, 금융기관은 관치에 찌들어 있다.

인재를 널리 찾고, 만기친람 없애고

구구한 변명을 늘어놓는 정부는 보기도 싫다. 위기를 위기로, 잘못을 잘못으로 인정할 줄 아는 솔직함이 좋다. 정부도 신神이 아닌 이상 실수할 수 있다. 조심해도 실수는 나오게 마련이다. 문제는 실패 그 자체가 아니다. 실패를 인정치 않으려는 아집과 독선이 더 큰 해악이다. 뻔히 잘못된 줄 알면서도 억지로 변명하고, 국민을 가르치려 들고, 이를 합리화하기 위해 또 다른 무리수를 두는 게 고질적인 문제가 됐다.

부동산 정책이 그 같은 예다. 재화나 서비스 가격이 오르는 것은 기본적으로 공급 감소와 수요 증가, 두 가지 요인에 기인한다. 집값도 예외가 아니다. 정부는 이런 원리를 아예 외면하고 철저히 무시했다. 공급은 늘리지 않고 수요만 짓눌렀다. 그러고도 집값이 잡히지 않자 더 강한 억제책을 쏟아내는 악수를 뒀다. 그러기를 28차례. 이를 비웃기라도 하듯 집값은 천정부지로 치솟았다. 온 나라가 투기판이 되고 말았다.

포퓰리즘을 항상 경계해야 한다. 지도자를 선거로 뽑다 보니 유권자 눈치를 안 볼 수 없다. 민심을 살피는 건 정치의 당연한 책무이기도 하다. 민심은 국익과 충돌하기도 한다. 그럴 땐 여론의 역풍을 맞더라도 나라의 유익을 구하는 게 맞다. 2차 세계대전 당시 자유당과 보수당 모두로부터 큰 불신을 받으면서도 국민을 단합시키고 전장의 병사를 독려, 독일군의 영국 침공을 막아낸 윈스턴 처칠처럼 말이다. 그때 그가 의회에서 한 "나는 여러분께 피, 수고, 눈물, 그리고 땀밖에는 달리 드릴 것이 없습니다"라는 명연설은 역사에 남아 지금까지 전해온다.

표를 얻고자 나랏돈을 함부로 써선 안 된다. 그 돈이 어떤 돈인가. 국민이 힘들게 벌어 낸 세금이고, 다음 세대가 뼈 빠지게 일해 갚아야 할 빚이다. 후대에 자산은 물려주지 못할망정 채무나 물려주는 나쁜 정부가 돼서 쓰겠는가. 지난至難한 경제 상황에서 숙제만 잔뜩 물려받은 새 당선인이 안쓰럽다. 하지만 그런 거 해결하라고 뽑아준 것 아닌가. 피와 눈물까지는 아니어도 수고하고 땀 흘리는 정부에는 국민도 힘을 보탠다. 건승을 빈다.

<2022년 3월, 권의종>

윤석열 정부의 '개혁 버킷리스트'

윤석열 정부는 경제에 관심이 지대하다. 6·1 지방선거 결과 수용이 겸허하다. 경제를 살리고 민생을 더 잘 챙기라는 국민의 뜻으로 받아들였다. 첫째도 경제, 둘째도 경제, 셋째도 경제라는 자세로 민생 안정에 진력할 것을 밝혔다. 선거 승리로 확인된 민심을 발판 삼아 경제개혁에 속도를 낼 걸로 보인다. 어려운 경제를 살리려는 뜻이 실로 가상하다. 말만 들어도 든든하다.

당면한 경제 현실이 지난至難하다. 경제의 활력을 되살린다는 게 말처럼 쉽지 않다. 지금 상황이 역대 어느 정부 때 못지않다. 대내외 난제들이 즐비하다. 물가와 금리, 환율이 동시에 오르는 '3고高'의 복합위기를 맞았다. 재정과 무역에서 쌍둥이 적자가 출현했다. 빚은 태산과 같다. 지난해 말 가계부채가 1,962조 원, 2013년 대비 2배 수준이다. 국가채무는 967조 원으로 2008년보다 3배가 넘는다.

대외변수도 위협이다. 글로벌 공급망 대란으로 경기 둔화가 이어지는 와중에 물가가 뛰고 있다. 경제학에서 가장 두려운 존재인 스태그플레이션이 현실화하고 있다. 여기에 우크라이나 사태 장기화, 미국의 '빅스텝' 금리 인상, 중국의 방역 봉쇄 충격 등의 악재까지 가세한 형국이다. '퍼펙트 스톰' 위기라는 표현이 결코 과장이 아니다. 대통령도 경제가 '태풍 위기권'에 들어섰음을 작심 경고한 상황이다.

다들 걱정만 하고 있지, 뚜렷한 대안이나 대책이 보이지 않는다. 호떡집에 불이 났는데도 불을 끄려는 사람이 보이지 않는 꼴이다. 고민이야 당연히 필요하겠으나 고민만 하고 있을 때가 아니다. 위기가 대외적 요인에 기인한지라 뾰족한 수가 없다는 무책임한 발언이나 하고 있다. 속수무책으로 당하고 있을 수밖에 없다는 말이나 다름없다. 그럴수록 해법을 우리 경제 내부에서 찾아야 하는 게 책임 있는 정부의 지혜로운 접근일 것이다.

대외적 요인에 핑계는 무책임의 극치

상황이 상황인 만큼 비상 상황에는 비상 대응을 해야 한다. 그러면서 다른 한편으로는 경제 효율을 저해하는 비효율, 불공정, 무능력 등 구조적 요인을 찾아내 고쳐야 한다. 이를 그대로 둔 채 경제 활성화나 체질 개선을 위한 아무리 좋은 정책을 시행한들 효과를 거둘 수 없다. 밑 빠진 독에 물 붓기가 되고 만다. 사안의 경중완급輕重緩急을 따져 정권 초기에 시행할 '버킷리스트'를 만들어 추진하는 것도 하나의 방법이리라.

공공부문 개혁이 급선무다. 그동안 공공기관 비대화와 생산성 저하, 방만 경영에 대한 우려가 꾸준히 제기돼 왔다. 공기업이 공共기업 됐고, 금융은 관치에 찌든 지 벌써 오래다. 국민 부담을 덜어주고 양질의 공공 서비스를 제공하기 위해서는 공공기관의 체질 개선과 혁신 노력이 더없이 절실하다.

노동 개혁도 필수적이다. 산업 경쟁력을 높이고 더 많은 일자리 창출에 주안점을 둬야 한다. 경직적인 노동법 개정과 제도 개선으로 노사의 자율성과 선택권을 넓혀야 한다. 공정한 채용 기회와 임금 체계를 확립해 노동시장의 공정성을 높여야 한다. 주 52시간제 보완 등 노동시장을 유연화도 추진해야 한다. 중대재해처벌법 완화와 노조 파업 시 대체근로를 허용하는 등으로 경영 여건 개선도 필요하다.

연금 개혁도 미룰 수 없다. 국민연금을 포함한 공적연금을 개혁해야 한다. 사회적 합의로 지속 가능한 공적연금 시스템을 만들어야 한다. 공정연금개혁위원회를 설치, 보험료율과 연금 지급 연령, 가입 기간, 적정소득대체율, 기금운용 체계 등 변수를 원점에서 재검토해야 한다. 국민연금 고갈을 방치할 수 없고 매년 수조 원을 공무원·군인·사학연금에 투입할 수도 없다.

공공, 노동, 연금, 교육, 세제, 규제 등 6대 개혁과제

교육개혁도 다급하다. 초중고교 기초학력 강화 및 디지털 인재 양성에 정책 역량을 집중해야 한다. 학생들에게 기술 진보 수준에 맞는 교육을 공정하게 제공하는 데 초점을 둬야 한다. 문제 해결에 필요한 정보와 데이터를 발굴하고 활용하는 방법, 이를 통해 가치를 창출하는 창의적인 교육이 공교육을 통해 이뤄지게 해야 한다. 고교체제와 대입전형 개편, 교육재정교부금 등의 개선도 필요하다.

세제 개혁도 빼놓을 수 없다. 종합부동산세와 재산세 등 주택 보유세를 포함한 부동산 세제 전반에 걸쳐 개편과 정상화가 요구된다. 법인세율 인하, 상속·증여세 부담 완화, 금융투자 세제 개편 등도 현실에 맞게 조정돼야 한다. 이 밖에도 가계부채 대응 방안을 마련하고,

재정건전성 강화를 위한 재정 준칙 도입도 새 정부가 추진해야 할 핵심 과제다.

규제 개혁도 속도를 내야 한다. 대통령이 불필요한 규제를 철폐할 것을 공언했다. 국무총리가 기업의 규제 애로사항을 찾아내 덩어리 규제를 집중적으로 없애기 위한 민·관 합동의 규제혁신추진단을 구성을 밝혔다. 대통령에게 규제혁신전략회의를 주재해달라고 요청했고, 대통령이 긍정적으로 검토해보겠다고 답했다.

목록을 뽑아놓고 보니 공교롭게도 거의 대부분 지난 정부가 한 일이다. 적폐 청산한답시고 적폐를 양산한 꼴이다. 잘못은 애당초 안 해야지 이미 한 잘못을 고치는 건 몇 배 더 힘이 든다. 시간 낭비, 돈 낭비, 에너지 낭비가 막심하다. 막상 하려 해도 쉽게 되지도 않는다. 다수 의석을 가진 야당의 협치가 필요하다. 쇠뿔도 단김에 빼랬다고 정권 초기에 못 하면 임기 내에 못 할 수 있다. 위기 극복은커녕 위기에 정복당할 수 있다.

<2022년 6월, 권의종>

지키지도 않는 '장식품' 인사청문회법

경제가 어렵다. 어려워도 너무 어렵다. 모이기만 하면 다들 경제 얘기다. 경제가 앞으로 어떻게 돌아갈지에 온통 관심이 쏠려있다. 그도 그럴 게 경제지표 가운데 어느 하나 좋은 게 없다. 당장 피부물가가 살인적이다. 6월 소비자물가지수(CPI)가 지난해 같은 달보다 6.0% 뛰었다. 98년 11월 6.8% 이후 최고치를 기록했다. 상승 속도가 빠르고 확산 정도가 넓어 고물가 상황이 굳어질까 걱정이다.

환율이 고공행진이다. 원·달러 환율이 1,326원까지 오르며 연고점을 경신했다. 환율이 장중 1,320원을 넘어선 건 2009년 4월 30일 장중 고점인 1,325.00원 이후 처음이다. 앞으로가 더 문제다. 외환시장 전문가들은 세계 경제 환경이 달러화 강세에 힘을 실어주고 있어 환율 상승세가 당분간은 지속될 걸로 내다본다.

무역수지 적자가 이어진다. 역대급 수출에도 수입이 더 많이 늘고 있다. 4월(-24억 6,500만 달러), 5월(-17억 1,000만 달러), 6월(-24억 7,000 달러)로 석 달 연속 적자를 기록했다. 7월도 마이너스가 확실하다. 국제 원자재, 곡물 가격 상승, 고유가로 에너지 수입액이 급증한 탓이 크다. 우크라이나 사태 등 지정학적 갈등과 국제 공급망 불안 지속, 수출 제한과 같은 무역 보호주의 확산 등이 교역 활성화의 걸림돌로 꼽힌다.

금리 상승이 가파르다. 한국은행이 7월 기준금리를 연 2.25%로 한꺼번에 0.5%포인트 올렸다. 1999년 기준금리 도입 이후 첫 '빅스텝'을 밟았다. 소비자물가가 치솟고 미국 기준금리가 우리나라보다 높아지는 금리 역전을 염두에 둔 것으로 풀이된다. 이 또한 시작에 불과하다. 한국은행은 연말까지 몇 차례 추가 금리 인상 가능성을 시사하고 나섰다.

경제지표, 총체적 난국

경기침체 경고음이 요란하게 울려댄다. 경기 흐름을 대변하는 국내 경기동행지수와 경기선행지수 순환변동치가 공히 급강하 추세다. 취업자 증가 폭이 둔화하는 등 고용시장에도 먹구름이 끼어 있다. 하반기와 내년 고용시장의 전망은 더 어둡다. 고물가·고환율·고금리 등 3고高에다 경기침체 위기까지 겹쳐있어 정부의 올 경제성장률 전망치 2.6% 달성은 물 건너간 성싶다.

상황이 상황인 만큼 대처가 쉬울 리 없다. 허둥대선 안 된다. 급할수록 신중한 대응이 긴요하다. 상식적인 얘기이나 소나기가 쏟아질 땐 일단 피하고 봐야 한다. 폭우 속에 나가봤자 옷만 젖기에 십상이다. 퍼펙트 스톰으로 일컬어지는 작금의 복합위기 상황에서도 피해 최소화가 급선무다. 우선 급한 불부터 끄면서 차분하게 궁리해 체계적으로 대응하는 게 순서일 수 있다.

소비와 투자 위축, 고용 감소에 대한 입체적 대처가 요구된다. 실물경제 충격을 줄이는 건 재정의 몫. 하지만 지난 정부에서 나랏돈을 무리하게 써대 국고에 여유가 없다. 기존의 지출구조와 방식을 바꿀 수밖에 없다. 예산 총액을 늘리지 않는 선에서 재정지출효과가 약한 현금성 복지 지출과 경직성 재량 지출 사업은 줄이거나 미뤄야 한다. 여기서 생기는 어력으로 사회간접자본(SOC) 등 경기 방어와 일자리 창출 효과를 거둘 수 있는 사업 지출을 늘려야 한다.

금융안전망도 확충해야 한다. 기준금리 인상으로 시장금리가 급작스럽게 치솟지 않게 하면서 소기업 서민금융 지원을 지속해야 한다. 경기침체와 금리 인상으로 원리금 상환 부담이 커진 금융 취약계층의 피해 최소화에 온 힘을 다해야 한다. 대출 연장, 금리 지원, 프리워크아웃 확대, 신용회복제도 활성화 등 신용 위기를 막을 정책 대응을 세심한 배려가 필요한 시점이다.

낡은 개발도상국 경제의 틀, 전면 개보수 절실

그래봤자 임시변통에 불과하다. 먼 안목으로 낡은 경제의 틀을 전면 개보수해야 한다. 개발도상국 스타일을 강대국 모드로 표변豹變시켜야 한다. 원자재를 수입해 가공 후 수출하는 지금의 방식으론 한계가 분명하다. 원자재와 에너지, 물류비용이 급등하고, 제품, 기술, 서비스, 인적자원과 자본이 자유롭게 이동하는 새로운 글로벌 환경에서 점차 힘에 부쳐가는 모양새다.

글로벌 경영이 살길이다. 세계 여러 지역의 경영자원과 상품·서비스에 대한 고객 욕구를 결합, 범세계적 특성을 조화시키는 사업 활동을 펴나가야 한다. 글로벌화의 추세, 규모의 경제의 중요성, 기술 진보와 연구개발 비용의 증대, 소비자수요 동질화 현상 등 신新 국제질서의 파고를 헤쳐 나가야 한다. 그러려면 해외 진출과 투자를 크게 늘려야한다. 해외 건설, 프로젝트 수주, 자원개발 등으로 장기 안정적인 견고한 돈벌이 기반을 구축해야 한다.

경기부터 살려야 한다. 어려운 산업 모두를 한꺼번에 회생시킬 수없다. 지금은 그럴 형편이 못 되고 그만한 여유도 없다. 그렇다면 산업 연관 효과가 높은 어느 한 부분에 강한 임팩트를 가해 그게 다른부문에 영향을 줘 경제를 선순환시키는 방안이 유효할 수 있다. 고전적인 방식이긴 하나 건설경기 부양이 한 대안이 될 수 있다. 현재로서는 이것만큼 고용 효과가 크고 단기간에 성장률을 높일 수 있는 묘수가 없어 보인다.

어찌 보면 현 정부는 운도 없다. 경제 상황이 지난至難하기만 하다. 윤석열 악단이 연주할 곡이 너무도 어렵다. 악보를 읽어내기 버겁다. 지난 정부 땐 초등학교 음악교재였다면 이번엔 쇼팽의 곡이 올려진꼴이다. 이럴 때 필요한 게 전문가다. 동종교배는 열성인자를, 이종교배는 우성인자를 낳을 터다. 사람을 지근至近에서만 찾으려 말고 원근을 막론해야 한다. 인재는 검증보다 검색으로 얻어진다. 지켜지지도않는 '장식품' 인사청문회법. 시간과 인력, 돈 낭비다.

<2022년 7월, 권의종>

'부채 공화국' 대한민국

토요일 오후만 되면 줄이 길게 늘어서는 곳이 있다. 로또복권 '명당' 가게 앞이다. 대박을 노리는 행렬이다. 제1018회 추첨에서는 9년 만에 100억 원대 당첨금이 나왔다. 2명이 1등에 당첨돼 각각 123억 6,174만 원의 당첨금을 받게 됐다. 세금 뺀 실수령액만도 83억 원 정도다. 서민은 평생 가도 만져 볼 수도 없는 돈, 인생 역전이 가능한 거액이다. 구태여 이유를 대자면 먹고살기가 그만큼 팍팍하다는 얘기다.

실제로 국민 대다수의 의식주가 버겁다. 다락같이 오른 집값과 뛰는 전·월세금 부담에 허리가 휜다. 먹을 거 입을 거 할 것 없이 온갖 생활물가가 한없이 치솟고 있다. 금리마저 연거푸 뛰고 있다. 오르지 않는 것이라곤 급여생활자의 월급과 자영업자의 알량한 수입뿐이다. 1인당 국민소득(GNI) 3만 5,000 달러, 세계 10대 경제 대국, OECD 회원국의 국민이라는 사실이 도무지 실감이 안 난다. 느는 건 빚뿐이다.

대한민국은 '부채 공화국'이다. 가계 빚이 세계 주요국 가운데 가장 많은 것으로 확인됐다. 국제금융협회(IIF)의 '세계 부채(Global Debt) 보고서'에 그렇게 나와 있다. 올해 1분기 기준으로 세계 36개 나라의 국내총생산(GDP) 대비 가계 부채 비율을 조사한 결과, 한국이 104.3%로 가장 높았다. 지난해 2분기부터 얻은 '가계 빚 세계 1위' 오명에서 벗어나지 못하고 있다. 게다가 가계부채가 경제 규모(GDP)를 웃도는 나라는 한국이 유일했다.

기업부채도 높다. 한국의 기업부채 비율이 최근 1년 동안 5.5%포인트 늘었다. 증가 속도 면에서 조사 대상국 중 2위였다. 민간 부채가 위험수위까지 이른 것은 집값과 전셋값이 급등한 상황에서 대출 수요가 몰린 데다, 저금리에 따른 증시 활황으로 '영끌 투자'가 늘어난 탓이 크다. 올 1분기 가계부채 잔액은 1,859조 원, 2년 전보다 250조 원가량 증가했다. 정부 부문 부채의 GDP 대비 비율도 만만찮다. 44.6%로 25위를 기록했다.

금리 인상은 금융부실, 소비 위축, 경기침체 위험 신호

국내 예금은행의 가계대출도 줄지 않고 있다. 금리 상승과 부동산 거래 부진 등으로 지난해 12월부터 올 3월까지 4개월 연속 감소했다. 그러던 게 4월 들어 1조 2,000억 원 불어나면서 5개월 만에 다시 증가세로 돌아섰다. 가계대출 증가세가 멈추지 않은 상태에서 금리까지 오르면, 대출 부실 등 금융시스템이 위험해진다. 이자 부담이 늘어 소비도 위축된다. 급기야 국내 경제를 위협하는 뇌관이 될 수 있다.

1997년 IMF 외환위기도 부채위기였다. 금융시스템이 감당하기 힘든 수준의 부채를 그대로 방치하다 생겨난 참사였다. 지금 상황도 그때와 별반 다르지 않다. 부동산과 주식 등 위험자산에 부채가 과도하게 쏠려있다. 영업이익으로 이자도 제대로 못 내는 한계기업의 대출이 58조 원이나 된다. 저소득층과 영세 자영업자 등 취약계층의 부채상환 부담도 갈수록 커지고 있다.

걱정은 또 있다. 중소기업과 소상공인에 대한 대출 만기 연장·원리금 상환 유예 조치가 오는 9월 말로 끝나게 된다. 그때 가면 대출 부실의 잠재적 위험이 폭증하면서 빚을 갚지 못하는 중소기업과 자영업자가 속출할 수 있다. 이들에 대한 해당 대출 잔액이 지난 1월 말 기준 70만 4,000여 건, 133조 4,000억 원에 이른다.

부채 증가를 가벼이 봐선 안 된다. 그대로 뒀다간 빚 폭탄의 부메랑이 될 수 있다. 부실 위험이 큰 부채의 총량을 줄이는 구조조정을 정책의 최우선 순위에 둬야 한다. 급선무는 가계부채 급증의 주된 원인으로 작용해온 부동산 시장 안정을 통해 가계대출 감소를 유도하는 일이다. 지금으로서는 집값 안정 없이는 가계부채 증가세를 잠재우기 어렵다.

부채 연착륙, 양질 일자리, 기업의 매출·수익 구조 개선을

"가난 구제는 나라님도 못한다"고 했다. 하지만 이는 옛말에 불과하다. 지금은 정부가 나서야 한다. 원리금 상환 불능 위험이 큰 금융 취약자, 고위험 자영업자에 대한 사회·재정 측면의 맞춤형 지원 프로그램을 가동해야 한다. 특정 시점에 상환 부담과 부실 위험이 집중되지 않도록 저금리 대환 대출, 원리금 장기 상환 등 리스크 이연을 위한 연착륙을 시도해야 한다.

기준금리 인상은 신중해야 한다. 인상하더라도 지나치게 속도를 내서는 안 된다. 경제주체들이 금리 인상에 적응할 시간이 필요하다. 가계와 기업의 소비와 투자 위축, 금융 건전성 저하, 이에 따른 경기 둔화 등의 제반 부작용을 고려해 금리 인상의 폭과 속도를 적절히 조절

할 필요가 있다.

그래봤자 임시변통이다. 근본 대책이 긴요하다. 빚은 안정된 소득이 없으면 늘어나게 마련이다. 소득보다 소비가 많으면 부채 발생을 피할 수 없다. 이를 바꿔 말하면 부채 감소는 소비를 줄이거나 소득을 늘릴 때 가능하다. 지금처럼 물가 상승기에는 소비를 줄이기 어렵다. 소득을 늘려 빚을 갚는 수밖에 없다. 그러려면 양질의 일자리가 많이 만들어져야 하고, 기업도 경쟁력 강화로 매출과 수익을 더욱 늘려야 한다.

빚만큼 무서운 게 없다. 깊은 함정과도 같아 한 번 빠지면 헤어나기 힘들다. 1930년대 영국의 경제학자 케인즈는 "빚은 갚을수록 늘어난다"라며 이런 현상을 아프게 꼬집었다. 국제통화기금(IMF) 경제 위기 때 전 재산을 내놓고 경영일선에서 물러났던 전 동아그룹 최원석 회장은 부채경영의 괴로운 심경을 이렇게 토로했다. "구멍가게를 하더라도 빚 없는 경영을 하고 싶다"고. 빚 앞에 장사 없다. 재벌도 경제도 국가도 꼼짝 못 한다.

<2022년 6월, 권의종>

디지털 플랫폼 정부의 사회적 가치

올해 여름은 115년 만의 폭우라는 타이틀에 적합할 정도로 전국에 걸쳐 비 피해가 속출했다. 굵은 빗줄기가 내리자 불과 몇 분 만에 도로가 하천처럼 변해 멀쩡히 운전 중이던 차가 떠다니고 맨홀 뚜껑이 역류로 튀어 오르는 등 재난영화 속에서 연출되었던 장면을 현실에서 볼 수 있었다. 자연재해가 가장 무섭다는 말을 실감하는 사건이었다.

이번 폭우는 자연재해지만 반복적으로 발생하는 문제에도 대비를 하지 못했다. 이로 인해 인재로 인한 피해라는 의견 또한 지배적이었다. 이에 정부는 '디지털 기반 국민 안전 강화 방안'을 수립하고 디지털 트윈, 사물인터넷(IoT), 인공지능(AI)과 같은 디지털 혁신 기술을 활용하여 사회적 안전관리 역량을 개선하기 위한 계획을 발표하였다.

데이터로 안전과 혁신, 두 마리 토끼를

우리나라는 과학기술 강국으로 도약하기 위해 지속적으로 노력하고 있다. 원자력과 반도체 등 일부 과학기술은 세계적인 수준에 속하며 이를 발판으로 선진국의 반열에 들어섰다.

윤석열 정부 또한 4차 산업혁명이라는 흐름 속에서 디지털 플랫폼 정부를 제시하였다. 하나의 디지털 플랫폼 위에 모든 데이터가 연결되고 국민, 기업, 정부가 함께 아이디어를 제시하고 사회문제를 해결하며 새로운 가치를 창출하는 것을 목표로 제시하였다. 4차 산업혁명의 핵심 기술인 인공지능과 사물인터넷 등이 데이터의 질과 양으로 판가름 나기 때문에 정부는 2013년부터 공공데이터를 확보하여 누구나 이용할 수 있도록 개방하고 있다. 이러한 노력은 자료의 공개 수와 활용 수를 살펴볼 때 어느 정도 성과가 있어 보인다.

공공데이터포털에 공개된 자료에 의하면 누구나 이용할 수 있는 공공 데이터의 수가 24,588건(2017년 기준)에서 67,441건(2021년 기준)으로 대폭 증가하였으며, 데이터 활용도 역시 3,871,984건(2017년 기준)에서 33,340,436건(2021년 기준)으로 많아졌다. 따라서 현 정권의 목표대로 자료를 디지털화하여 공개하는 것을 의무화하고 분산된 정보를 하나의 플랫폼에서 통합하여 제공한다면 산업 전반으로 정보를 활용하여 널리 사용될 수 있을 것이다.

역사를 알아야 미래를 예측할 수 있는 것처럼 재난에 대비하기 위해서는 과거의 기록들이 필요하다. 자연의 관점에서는 경계가 없는 지구의 현상들을 예측하기 위해서는 전 세계의 데이터를 투입할수록 정확성이 높아진다. 지구 온난화로 발생하는 이상 기후 변화 역시 지속적으로 모니터링하고 분석한다면 재난 상황을 사전에 감지하고 큰 피해로 이어지지 않도록 사전에 대비할 수 있을 것이다.

사회문제 해결을 위해 공공영역에서 축적된 데이터는 산업 분야에서도 활용 가치가 높다. 가장 좋은 사업 아이템은 사람들의 욕구를 충족시킬 수 있는 재화나 서비스를 제공하는 것이므로 사람들이 필요로 하는 것을 발견하는 것이 중요하다. 데이터는 사람들이 공통적으로 관심을 갖는 주제이자 사회적으로 필요한 정보를 시점별로 기록

하는 기록물이다. 따라서 데이터를 통해 신사업 아이디어를 발견하거나 창업을 하기 위한 시장환경을 간접적으로 파악한다면 시간과 비용을 절감할 수 있을 것이다.

예를 들어 지역별 인구 통행량을 확인하여 상권분석을 할 수 있으며, 시간대별, 날씨별 분석을 통해 업종 선정을 할 수도 있다. 또한 세부 정보를 분석하여 기존 상품의 기능을 개선할 수도 있다. 볼보(Volvo) 차는 보험 데이터를 보면서 자전거 사용자가 다른 도로 이용자보다 사망률이 높은 것을 보고 자동차 밖에 있는 물체를 보호하기 위한 기능을 신차에 적용하였다.

이에 레이더 기반 기술을 도입하여 자전거 감지, 동물의 윤곽 감지, 외부 에어백 등의 기능들을 넣어 소비자로부터 호응을 얻었다. 볼보 차는 1970년부터 기업 자체적으로 교통사고의 원인과 피해 등을 연구하고 기록하였는데 최근 디지털 라이브러리를 구축하여 연구 자료들을 모두에게 공개하고 있다.

정보보안은 공공기술이자 민간시장

이처럼 데이터테크(데이터의 수집, 저장, 시각화, 분석 및 전송하는 모든 기술을 의미)를 활용하여 사람들이 필요로 하는 것을 발견함으로써 새로운 시장을 창출할 수 있다. 사업이 사람들이 처한 문제를 해결해 주는 곳에서 탄생하는 것처럼 혁신은 공공의 영역에서도 발생한다. 따라서 정부는 시장이 원하는 데이터를 공급하고 공존할 수 있는 생태시스템을 만들고 이를 위해 데이터 선정 단계에서부터 공공과 민간의 영역 둘 다의 활용도를 염두에 두어야 한다.

　정부는 점차적으로 고도화되는 개인정보 유출 범죄에 대해서도 지속적으로 대응해야 한다. 개인정보 유출은 가상화폐 유출 문제로까지 이어지는 등 디지털화가 진전될수록 소비자 피해 유형이 다양하고 규모도 더욱 커지고 있다. 최근 미국에서 통신기업 가입자 1억 명 이상의 정보가 유출되자 합의금으로 약 6,550억 원을 지급하고 사이버 보안 강화 차원에서 약 1,965억 원을 지불하기로 합의했다는 소식은 우리나라도 눈여겨봐야 한다.

　고객 정보 유출 시 지급 보상액을 법으로 확실히 정하는 등 고객들의 개인정보를 돈 주고 파는 기업에 대해서는 처벌을 강화해야 한다. 또한 디지털 기술의 취약점을 발견하고 사전에 대비할 수 있도록 도와주는 화이트해커를 전문적으로 양성하고 전 국민을 대상으로 개인정보 유출을 방지하기 위한 방법 등을 지속적으로 홍보하는 등 데이터 공개에 따른 피해가 발생하지 않도록 보다 적극적인 활동이 필요하다.

<2022년 8월, 백승희>

엘리자베스 2세 여왕의 '플래티넘 주빌리'

영국의 별 엘리자베스 2세 여왕의 장례식이 시작되었다. 여왕은 96세의 나이로 서거하여 70년간 왕위를 지켰다. 여왕이 세상을 떠나 지는 벌써 열흘이 지났지만, 영국 국민의 조문 행렬은 아직도 이어지며 슬픔과 애도가 국가 전체에 흐르고 있다. 영국은 영국의 전통을 상징하는 큰 어른이 사라진 것 같은 상실감을 느끼고 있다.

엘리자베스 2세 여왕의 장례식은 19일 런던 웨스트민스터 사원에서 국장으로 진행된다. 런던 교통 당국이 여왕의 장례일에 약 100만 명이 모일 수 있다고 예측함에 따라 영국 정부에서는 사고와 테러 등을 방지하기 위해 1만 명의 경찰을 런던 시내에 배치하기로 하였다.

영국의 여왕과 한국의 대통령

일반적으로 한 시대의 명망 있는 리더가 떠나면 그 이후엔 자연스럽게 업적에 대한 평가가 이어진다. 오랜 시간 영국인들에게 영국에 대한 자부심을 느끼게 해주었던 엘리자베스 여왕 2세가 떠나자마자 전 세계적으로 그의 업적에 대한 스토리가 주요 이슈로 다루어지고 있다.

엘리자베스 2세는 영국 역사상 최장수 군주이자 전 세계에서 가장 오랫동안 재위한 리더이다. 우리나라와 비교한다면 여왕이 즉위하였던 1952년은 이승만 대통령이 재임했던 시기로 현재 윤석열 대통령까지 우리나라의 대통령 13명을 차례로 만나고 떠난 격이 된다. 우리나라뿐만 아니라 여왕이 재임하는 동안 영국 총리도 15번이나 바뀌었다. 70년이라는 긴 세월 동안 여왕의 행동이나 태도, 사생활 등에서 잡음이 들릴만도 한데 놀랍게도 여왕에 대한 스캔들은 들리지 않았다. 우리나라의 작년 모습과는 매우 대조적이다.

우리나라도 작년 두 전직 대통령이 나란히 세상을 떠났다. 격동의 시대인 1980년대에 대한민국의 최고 지도자 자리에 앉았던 전두환 전 대통령과 노태우 전 대통령이 약 한 달 차이로 별세하였다. 두 대통령의 별세 소식이 들리자 비자금 조성사건, 12·12군사 반란, 5·18민주화운동 등 대한민국 근현대사를 비극적이고 어둡게 만들었던 사건들이 다시 재조명되며 싸늘한 반응이 이어졌다. 특히 전두환 전 대통령은 '전 대통령'이라는 호칭을 붙이는 것마저도 검토해야 할 정도로 부정적인 평가가 이어졌다.

영국은 헌법에 의해 군주의 권력이 제한되어 정치 권한은 없는 입헌군주제를 따른다. 따라서 국왕이더라도 정치에 관여할 수는 없다. 국가수반은 국왕이지만 행정수반은 총리에게 위임하도록 되어 있다. 그러나 국왕은 의회가 입법한 법안을 재가하거나 거부할 수 있으며, 재임 중에는 살인을 포함한 어떠한 범죄를 저질러도 사법적 제재를 받지 않는다. 이외에도 군대 지휘권/해산권, 군수품 판매권, 의회 해산 권한, 템스강 백조 소유권 등 마음만 먹으면 무엇이든지 영향을 미칠 수 있는 절대군주(absolute monarchy)의 권력을 지니고 있다.

그러나 엘리자베스 2세 여왕은 특권의식을 공개적으로 드러내거나 이를 남용하는 일이 없었다. 영국 특성상 군주는 권위를 나타내고 여왕만이 가질 수 있는 자격이 분명히 있었지만, 여왕이 그 권한을 개인적인 일에 사용했다는 소식은 없었다.

영국 국민과 함께한 엘리자베스 여왕의 70년

엘리자베스 여왕은 1939년 2차 세계대전 당시 19세의 공주 신분에도 영국군 여군 부대인 ATS(Auxillary Territorial Service)에 입대해 특혜 없이 훈련을 받고 차량 정비 업무와 운전 등의 업무를 수행하였다. 1993년에는 왕실 운영비용이 막대하게 든다는 논란이 이어지자 자진해서 소득세를 납부하였다. 당시 왕실은 찰스 왕세자에 대한 추문과 윈저성 복구로 인해 한화 기준으로 500억 이상의 천문학적 비용이 드는 등 국민적으로 반감이 확산되던 시기였다.

본래 왕실은 영국 국왕의 이름으로 모든 세금을 걷는다는 규정으로 인해 납세의 의무가 없었다. 그러나 엘리자베스 2세는 국민적 반감을 감지하고 면세특권을 포기함과 동시에 왕실의 일부를 개방하여 국민에게 보다 친숙하게 다가가기 위해 노력하였다. 더 나아가 왕실 개방을 통해 전 세계 관광객을 유치하고 미디어 산업, 각종 로열티로 영국 경제에 활기를 불어넣는 등 왕실이 국민에게 기여할 수 있다는 인식을 주기 위해 노력하였다. 2011년에는 과거 식민지로 지배하며 많은 고난을 주었던 아일랜드를 방문해 희생당한 이들에게 사과의 메시지를 전하기도 하였다. 이러한 노력으로 엘리자베스 2세 여왕은 전 세계에 영국의 이미지를 높이는 데에 기여하였고, 이것이 영국인들이 엘리자베스 2세를 정신적 지주로 여기는 이유이다.

엘리자베스 2세 여왕이 재위하면서 마주했던 일부 현실은 우리나라가 직면하고 있는 모습이기도 하다. 따라서 특혜, 경제 성장, 국정 지지율의 측면에서 엘리자베스 2세 여왕의 대처법은 귀감이 된다. 우리나라 리더들이 모범적인 세금 납부, 국가 발전에도 도움이 될 수 있는 공정한 투자, 특혜 없는 공정한 자녀교육 등을 보여준다면 지지율은 당연히 올라갈 수밖에 없을 것이다.

우리나라의 대통령 임기는 여왕이 즉위했던 70년에 비해서는 한없이 짧은 5년 단임제이지만 그 임기 동안 해야 할 일은 많다. 효과적인 교육제도 수립, 기술 안보를 통한 산업 성장, 부동산 안정 정책 등 정권이 바뀌어도 해결되지 않는 문제가 쌓여 있다.

5년의 임기 동안 대통령으로서 '나'를 버리고 '국민', '조직'그리고 '대한민국'을 먼저 생각한다면 서거뿐만이 아니라 임기가 끝나 정권이 바뀔 때도 전 국민이 아쉬움과 슬픔을 느낄 것이다.

엘리자베스 여왕의 즉위 70주년이 되었을 때 영국은 플래티넘 주빌리(Platinum jubilee, 한 나라의 군주가 재위 70주년을 맞이했을 때를 일컫는 말)로 축제 분위기였지만 여왕이 떠난 현재는 모두가 비통에 빠져 있다.

<2022년 9월, 백승희>

농협중앙회장은 농민조합원 직선으로

2023년 3월 8일, 제3회 전국 농협 동시조합장선거가 치러진다. 그런데, 농협 최대의 거사를 두어 달 앞두고 농협과 농민들 사이에 반목과 갈등이 일고 있다.

사태의 발단은 농협중앙회장 연임 허용 법안. 의혹과 우려의 불씨는 정치권으로까지 확전되는 상황이다. 일단 4건의 농협중앙회장 연임 허용 법안이 중복 발의됐다는 점부터 자연스럽지는 않다. 그것도 모두 연임제의 최고 이해당사자인 현직 회장에게 연임제를 소급 적용하고 있으니 더욱.

심지어 일각에서는 국회와 농협 사이의 '주고받기'식 법안 거래 의혹마저 제기되고 있다. 중앙회장 연임 법안을 발의한 모 국회의원이 '농협중앙회 지방 이전'법안도 발의한 것이다. 농협중앙회 지방 이전과 중앙회장 연임을 서로 주고 받으려는 것은 아닌지 의심받을만한 정황이다.

결국, 지난 12월 8일 국회 농해수위 법안소위에서 농협중앙회장 연임을 허용하는 농협법 개정안은 통과되었다. 본회의를 통과하면 2009년 정부 주도로 농협중앙회장 단임제가 시행된 후 다시 약 13년 만에 연임제로 환원되는 것이다.

지역농협 조합장들은 연임 찬성

일단 대다수 지역농협 조합장들은 연임제를 공개적으로 찬성하고 있다. 농협중앙회 구성원인 농·축협 조합장 88.7%가 중앙회장 연임을 찬성한다는 조사결과도 있다. 대부분의 농업인단체도 찬성하는 분위기다. 얼마든지 예견된 반응이다.

농협중앙회장은 중앙회 및 지주회사를 통해 지역조합장들에 대한 실질적 인사권을 행사하고 있다. 더욱이 지역농협의 자금줄인 조합상호지원자금마저 틀어쥐고 있다. '을'인 지역조합장들이 '절대갑'인 중앙회장의 뜻을 거스를 도리는 없을 것이다.

연임제를 찬성하는 진영의 입장과 논리는 이렇다. 우선, 단임제를 규정하고 있는 농협법은 다른 협동조합법과 형평에 맞지 않는다는 것이다. 또 자조조직인 협동조합의 임원 임기를 단임으로 강제하는 것은 헌법이 보장하는 기본권을 제약, 위헌 논란이 우려된다는 것.

거기에 개방성과 공정성에 바탕을 둔 민주적 선거 원리에도 위배되고, 헌법에 규정된 협동조합의 자율성도 제약한다는 주장이다.

농민들은 연임 허용 반대

하지만, 농협 조합원들과 농민들은 엄연히 다른 목소리를 내고 있다. 전국협동조합노동조합(위원장 민경신)은 연임제 반대는 물론이고, 더 나아가 농협중앙회장 중임제의 전제조건은 농민 조합원 직선제라고 못 박았다. 중앙회장 선출방식을 의사가 자유롭지 못한 조합장들만의 직선제가 아니라 농민들과 일반조합원도 참여하는 조합원 직선제가 옳다는 것이다. 그래야 공정하고 정상적인 선거가 가능하다는 주장이다.

200만여 농민들의 입장과 목소리를 대변하는 전국농민회총연맹(의장 하원오)도 같은 목소리를 내고 있다. "농협중앙회장은 당연히 농민이 뽑아야 한다"는 것이다. 불완전하고 불공정한 조합장 직선제는 중앙회장과 조합장들 사이의 카르텔과 지역이기주의를 더 심화시키고, 중앙회장 연임은 부작용이 더 가중될지 모른다는 걱정이 크다.

근본적으로는 중앙회장 선거만 문제가 아닐 것이다. 농협개혁을 지지하는 조합장들의 모임인 정명회(회장 국영석)는 제3회 전국 농협 동시조합장선거야말로 농협을 개혁하는 데 중요한 전기로 삼고 구체적인 대응 전략을 준비하고 있다.

이 모임을 이끄는 충남대 박진도 명예교수는 "조합장 후보들은 자기 조합과 농협중앙회의 현 상황을 파악하고 조합장의 역할부터 자각해야 한다"고 강조한다. 아울러 조합 내적으로 투명하고 민주적인 운영, 조합원 역량 강화와 여성 역할 증대, '농산물 중심'경제사업 확대 등을 거듭 주문했다.

전문가들은 중앙회의 개혁과 관련해서 연합회 체제 구축을 최우선 과제로 얘기하고 있다. 현재의 지주회사 체제는 구조적으로 중앙회의 이익 극대화에 매달릴 수밖에 없기 때문이다. 특히 경제사업은 경제사업연합회로 별도 재편하는 등 중앙회 기능이 협동조합 본연의 소임으로 바로 서야 한다고 지속적으로 요구한다.

농협은 농민 조합원이 주인

　그렇지 않아도 "농협을 주인인 농민 조합원에게 돌려주자"는 건 농민들의 해묵은 숙원이다. 협동조합이면서도 수익성을 우선하는 경영평가, 조합원 배당보다 임직원 성과급을 우선 챙기는 경영방식, 임직원 비리가 만연된 비민주적인 사업 현장 등이 '협동조합 아닌 협동조합, 한국형 농협'의 현주소라는 비판이 적지 않다.

　그렇다고 농협의 문제는 단지 농협중앙회의 사업구조를 위로부터 재편한다고 단번에, 명쾌하게 해결되지는 않을 듯싶다. 근본적으로 농민 조합원의 이익을 우선하는 구체적이고 실질적인 '아래로부터의 농협 개혁안'이 먼저 마련될 필요가 있다.

　사실 농협에서 일하는 임직원들은 지역과 중앙을 불문하고, 하는 일에 비해 너무 많이 받고 있다는 시샘과 비아냥의 대상이 된 지 오래다. 그 돈은 마땅히 농민 조합원들의 노동과 생산물의 대가로 나눠야 마땅했을 돈이다. '협동조합'의 주인은 중앙회장이나 조합장, 임직원이 아니라, 농민 조합원이니까 그게 당연한 이치다. 또 유통, 판매 수입은 생산자 조합원의 수익성을 적절하게 보장하는 수준에서, 더 많이 분배하면 된다.

　특히 농촌 현장에 밀착한 지역농협의 역할이 중요하다. 지역농협의 주인인 조합원이 그 중심에 서야 한다. 협동조합의 주인은 조합장이 아니라 조합원이기 때문이다. 먼저 조합원의 역량이 먼저 강화되어야 조합장, 임원, 대의원 등 품목과 지역을 대표하는 리더십이 그 바탕 위에서 제대로 구현될 수 있다. 조합원들의 협동과 연대로 작목반, 영농조합법인, 신규협동조합 등 소규모 협동조직을 활성화한다면 농협의 조직적 토대를 튼튼히 다질 수 있을 것이다.

<2022년 12월, 정기석>

지역 자치는 읍·면·동 풀뿌리부터

제주도는 단일 광역 행정 체제를 갖추고 있다. 특별자치도답게 도내 유이한 기초지자체인 제주시장과 서귀포시장을 제주도민이 선출하지 않는다. 제주도지사의 직권으로 임명한다. 제왕적 도지사로서 지방자치 시대에 역행하는 과도한 권한을 행사한다는 지역사회의 비판이 끊이지 않는다.

그동안 제주도민의 행정시장 직선제 전환 등 기초단체 부활 열망은 적지 않았다. 하지만 실현되지 않았다. 번번이 중앙 정치권의 '특별자치도라는 명분과 논리'에 발목이 잡혀있었다. 국가가 제주에 특별자치도라는 특별한 사무·권한을 이양하는 선도적 실험과 시도를 했으니, 테스트베드 성격인 단일 행정 체제를 유지하는 게 바람직하다는 논리를 내세웠다.

그러나 최근 기류와 분위기는 확연히 달라졌다. 강원특별자치도, 전북특별자치도 설치를 위한 법률안이 제정된 것이다. 이에 따라 내년 6월 강원특별자치도, 12월 전북특별자치도가 출범한다. 또 경기도, 충북도 특별자치도 출범을 준비하고 있다. 이제 제주도만 유일한 특별자치도라는 '특별한' 입장에서 벗어나는 것이다.

무엇보다 강원, 전북 등 새로 출범하는 특별자치도는 제주도처럼 '단일 행정 체제'를 고려하지 않는다. 강원도는 춘천, 강릉 등 7개 시, 고성 등 11개 군, 전라북도는 전주, 남원 등 6개시, 무주, 진안 등 8개

군의 기존 기초자지단체를 그래도 유지한다는 방침이다. 이는 제주도 같은 단일 행정 체제가 장점보다는 단점이 더 많다는 사실을 방증한다. 심지어 폐단과 부작용이 적지 않은 현실도 더는 외면할 수 없다.

제주형 기초자치단체 모델

그래서 제주도는 '제주형 기초자치단체'를 도입할 준비를 하고 있다. 지난해 7월 취임한 오영훈 제주지사는 2006년 제주특별자치도 출범과 함께 폐지된 기초자치단체의 부활을 핵심 공약으로 제시한 바 있다.

제주도는 기초자치단체의 모델을 기존의 '기관대립형' 모델을 비롯, 국내 최초로 '기관통합형' 모델까지 고려하고 있다. 현 2개 행정시(제주시·서귀포시)를 기초자치단체로 하자는 안과 과거 4개 시·군(제주시·서귀포시·북제주군·남제주군)을 복원하자는 안 등이 제기된 상태다.

또 의원내각제 형태의 기관 통합형으로 기초자치단체를 신설, 주민이 선출한 기초의원이 기초자치단체장을 맡을 수 있도록 하자는 의견도 있다. '기관통합형' 정치 모델은 유럽 등 여러 선진국에서 정착한 '의원내각제' 모델과 같은 것이다.

나아가 제주도 지역사회 일각에서는 차제에 시·군 단위를 넘어 '풀뿌리민주주의'의 바탕으로 읍·면 단위에 자치권을 부여하자는 주장마저 제기되고 있다. 일본, 독일 등 이른바 선진사회는 모두 읍면 단위의 행정 체제를 유지하고 있고, 5·16 쿠데타 이전 우리도 기본 단위는 읍면이었다는 것이다. 따라서 제주형 기초자치가 기존의 단체장과 지방의회 중심의 기초자치로 가는 것보다는 주민 중심의 기초자치로 가는 것이 바람직하다는 주장이다.

한편, 제주지역 공무원과 전문가 절반가량이 제주형 기초자치단체 도입에 긍정적이라는 조사 결과도 주목된다. 제주도의회의 조사에 따르면 공무원의 45.4%, 전문가의 57.0%가 긍정적 의견을 나타냈다. 반면 부정적 의견은 공무원이 20.8%, 전문가가 19.0%에 불과했다.

지역 자치는 읍·면·동에서부터

무엇보다 제주도 지역사회에서는 '제주형 기초자치단체 도입'이 읍·면·동의 자치를 바탕으로 해야 한다는 지역주민들의 의견이 적지 않다. 제주도주민자치위원회협의회, 제주민회 등이 앞장서서 여론을 주도하고 있다. 이들은 제주형 기초자치단체의 모델도 중요하지만, 무엇보다 읍·면·동의 자치 강화방안이 병행되어야 한다는 주장이다.

제주민회는 아울러 "읍면동 주민자치와 함께 마을 기금 설치·운용도 검토돼야 한다"며 "읍·면·동마다 마을 기금을 기반으로 마을기업이 생겨 자립적인 마을경제 생태계가 구축될 것"이라고 제안했다. 무엇보다 마을의 규모와 범위가 큰 제주도 농어촌지역에서는 마을회의 힘이 막강하다. 행정구역(통·리)과 마을 사이의 공간적 불일치, 천연자원의 차이에 따른 마을 간 고리와 격차 등의 문제를 피하거나 풀기 위해서는 읍·면·동 자치 강화가 지방자치의 필요충분조건이라는 논리다.

우리의 지방자치는 한마디로 주민자치가 아닌 대의제형 단체자치라고 할 수 있다. 선출직 단체장과 지방의회가 지방자치의 주인 행세를 하고 지역의 주인인 주민은 소외되고 있다. 그래서 이런 문제와 한계를 보완하려고 2013년부터 제주를 제외한 전국 1,000여 개 읍면동에서는 주민자치위원 추첨 선발, 주민총회 개최 등 주민 중심의 주민자치회 시범사업을 벌이고 있기도 하다.

하지만 제대로 주민자치가 실현되려면 해당 읍면동 주민 전부를 구성원으로 하는 법인격과 자치권을 지닌 읍면동 주민자치를 목적으로 하는 '주민자치기본법'이 법제화되어야 한다. 이러한 읍면동 주민자치야말로 진정한 풀뿌리민주주의에 기반한 기초자치의 원형이자 본질이라고 할 수 있을 것이다.

따라서 제주민회(공동의장 신용인, 임성우)는 제주형 기초자치 모델의 핵심 쟁점이 시군자치와 읍면동 자치의 이층제냐, 읍면동 주민자치의 단층제냐로 집약되어야 한다고 강조한다. 결국, 제주형 기초자치가 기존의 단체장과 지방의회 중심의 기초자치보다는 지역주민 중심의 기초자치로 가는 것이 옳다는 것이다. 기초자치의 주인공은 단체장과 지방의회가 아니라 주민이라는 당연한 말이다.

과연 제주형 기초자치의 미래가 주민 중심의 읍·면·동 주민자치라는 이정표와 신기원을 이룩할 수 있을지 지켜볼 필요가 있다.

<2023년 1월, 정기석>

V. 한국사회, 지금

'빈사 상태' 공적연금, 수술로 회생을

그 높던 공무원 경쟁률이 시들해졌다. 2021년 93.3대 1에 달했던 9급 국가직 공무원 경쟁률이 2022년 29.2대 1로 급감했다. 서울 노량진역 인근 학원가가 썰렁하다. 수강생이 줄면서 서점과 식당도 한산하다. '철밥통'으로 불리며 한때 최고의 직장으로 군림했던 과거에 비하면 실로 격세지감이다. 하위직 공무원 월급이 최저임금 수준에 불과하고 근무환경마저 열악한 데다 공무원연금 개혁이 임박한 것과 무관치 않다고 분석한다.

그도 그럴 것이 연금 재정이 빈사瀕死 상태에 빠졌다. 기획재정부 자료에 따르면 4대 공적연금 중 공무원연금이 2022년 3조 730억 원 적자를 냈다. 2023년에도 4조 6,926억 원 적자가 난다. 군인연금 적자는 이 기간 2조 9,076억 원에서 3조 789억 원으로 불어난다. 사학연금은 정부 지원이 없으면 2025년부터, 국민연금은 이르면 2041년부터 적자 전환을 피할 수 없다.

가장 큰 고민거리는 공무원연금과 군인연금이다. 공무원연금은 1993년부터 적자가 생기기 시작해 2002년 기금이 고갈됐다. 그동안 몇 차례 개혁에도 적자 폭은 도리어 커지고 있다. 군인연금은 공무원연금보다 빠른 1973년 바닥을 보였다. 군인은 나이·계급 정년제로 45~56세에 전역하는 사례가 많다. 이때부터 퇴역연금을 지급하는 바람에 적립금 소진이 빠르다. 2023년 군인연금에 대한 정부 지원은 3

조 1,017억 원으로 적자 3조 789억 원과 맞먹는 수준이다.

국민연금을 뺀 공적연금 적자가 갈수록 커지고 있다. 2022년 5조 6,013억 원에서 2023년 7조 5,507억 원으로 2조 원 가까이 늘어난다. 2026년에는 12조 4,820억 원까지 불어난다. 공적연금에 투입하는 국가재정도 2022년 9조 8,513억 원에서 2026년 12조 314억 원으로 급증한다. 공적연금에 대한 재정 투입을 두고 '밑 빠진 독에 물 붓기', '세금 잡아먹는 하마', '재정 블랙홀' 등 비난이 쏟아지는 이유다.

적자 보전 국가재정 투입 지난해 10조

사학연금과 국민연금의 사정도 도긴개긴이다. 현재까지는 흑자이나 전망이 밝지 않다. 사학연금은 2022년 경우는 3조 7,796억 원의 기여금 수입으로 3조 4,077억 원의 급여를 지급한다. 2023년부턴 상황이 달라진다. 연금 기여금보다 급여 지출이 많아진다. 4조 1,083억 원을 지출해야 하나 기여금은 3조 9,690억 원만 걷힐 거로 예상된다. 2025년부터는 적자로 돌아설 전망이다.

국민연금도 아직은 흑자를 기록 중이다. 2021년 말 기준 948조 원 규모의 적립금이 쌓여 있다. 그래봤자 잠시 잠깐이다. 앞으로는 흑자 규모가 시나브로 축소될 거라는 추정이다. 2023년 44조 1,350억 원에서 2024년 43조 6,040억 원, 2025년 42조 3,464억 원 등으로 줄어들 거라는 전망이다. 보건복지부는 2019년 전망에서 2042년부터 적자가 생길 것으로 예측했다. 기재부 또한 2041년쯤 적자가 발생할 것으로 내다봤다.

공적연금 적자 보전용 재정투입이 큰 폭으로 늘고 있다. 연금 재정이 막대한 혈세를 삼키고 있다. 기획재정부 2022~2026년 국가재정운용계획에 따르면, 2023년 4대 공적연금에 들어가는 정부 재정이 9조 8,513억 원으로 전년보다 11.6% 늘어난다. 공무원연금이 5조 6,491억 원으로 15.2%, 군인연금이 3조 1,017억 원으로 5.8% 증가한다. 사학연금은 1조 899억 원, 국민연금은 105억 원 불어난다.

원인이야 다 아는 사실. 공적연금 지출이 급증한 것은 연금 수급 자격이 생긴 사람이 늘어난 데다 평균수명 연장으로 지급 기간이 길어지기 때문이다. 반면 늘어나는 지출을 충당할 만큼 연금 수입은 들어오지 않고 있다. 저출산 고착화로 연금을 내야 하는 인구가 증가하지 않아서다. 적게 내고 많이 받는 잘못된 연금 구조 설계, 전문성 부족에 따른 투자 수익률 저하 등도 연금 고갈의 또 다른 원인으로 지목된다.

연금 개혁은 '성공한 정부' 평가 업적

연금 개혁은 진즉 해야 했다. 늦어도 너무 늦었다. 적어도 베이비붐 세대가 은퇴하기 전에는 매듭을 지었어야 옳았다. 다 지난 얘기이긴 하나, 이 문제를 우물쭈물하며 미적거린 지난 정부들이 원망스럽고 괘씸하다. 갖은 구실과 온갖 변명을 늘어놓으며 천금 같은 시간을 허비하고 말았다. 인제 와서는 입이 열 개라도 할 말이 없게 되고 말았다.

연금 개혁은 필연이다. 시대적 소명이다. 그러니 제대로 해야 맞다.

'모수 개혁'과 '구조 개혁'을 병행 추진해야 한다. 모수 개혁이란 현행 구조 아래서 연금 재정 안정이나 노후 빈곤 완화를 위해 부담-급여 관련 모수(parameter)를 변경하는 일이다. 국민연금 재정계산을 통해 보험료율 인상, 소득대체율 인하, 연금 수령 시점 연장 등을 추진하는 내용 등이다.

구조 개혁은 연금제도의 구조를 개편하는 일이다. 기초연금, 국민연금, 퇴직연금 등의 부담-급여 구조를 변경하고 국민연금과 직역연금의 통합까지를 포함하는 내용이다. 기초연금의 최저보장소득 전환, 국민연금의 부담-급여 구조의 개편, 퇴직연금의 가입률과 연금화 제고를 위한 제도 개편, 국민연금과 공무원연금·군인연금·사학연금·별정우체국연금 등 4대 직역연금 통합 등을 말한다.

시간이 없다. 좌고우면했다간 연금제도가 이내 붕괴하고 말 것이다. 사회의 지속 가능성이 위협받을 게 분명하다. 연금 개혁이 지금 당장 왜 필요한지를 심층적 연구 결과, 구체적 데이터, 상세한 설문 조사 결과 등으로 국민에게 홍보하고 이해관계자를 설득해야 한다. 그래서 국민적 공감대를 이뤄내고 해법을 찾아내야 한다. 당장은 욕을 먹고 비난을 받더라도 주저해선 안 된다. 연금 개혁, 이거 하나만 잘해도 훗날 '성공한 정부'라는 말을 들을 수 있다.

<2022년 9월, 권의종>

황혼이혼 부추기는 세금

이혼이 줄어든다. 국내 이혼 건수가 낮아진다. 통계청이 발표한 '년 혼인·이혼통계'에 나타난 바다. 지난해 이혼은 10만 2,000건으로 전년보다 4.5%, 5,000건 감소했다. 코로나19가 발생한 2020년의 이혼 건수가 3년 만에 감소한 데 이어, 2년 연속 이혼 횟수가 줄었다. 경기 침체 지속과 코로나19 팬데믹 와중에서 안 좋은 소식만 들리던 차에 그나마 반가운 희소식이다.

연간 이혼 건수로는 국제통화기금(IMF) 외환위기가 발생한 1997년 이후 24년 만에 최저치다. 내림세가 뚜렷하다. 외환위기 충격이 본격화한 1998년 11만 6,000건을 시작으로 2014년까지 11만 건 이상을 기록했다. 2015년부터는 11만 건 밑으로 떨어진 뒤 지난해에 감소 폭이 커졌다. 인구 1,000명당 이혼 건수를 나타내는 조粗이혼율(CDR)도 2.0건으로 전년 대비 0.1건 줄었다.

이혼 감소 추세에도 노령층 이혼, 황혼이혼만은 늘고 있다. 2019년 1만 5,000 건에서 2020년 1만 6,600건, 지난해 1만 7천900건으로 2년 만에 20% 증가했다. 결혼한 지 10년, 20년, 30년까지의 이혼은 줄어든 데 반해 유독 30년 이상 함께 산 부부의 이혼만 7.5% 늘었다. 이런 흐름은 이혼자의 결혼생활 지속 기간으로도 확인된다. 이혼 부부의 평균 혼인 지속 기간은 17.3년으로 전년보다 0.6년, 10년 전보다 4.1년 늘었다.

통계청의 설명은 의례적이다. 황혼이혼의 증가가 평균수명의 연장과 가치관 변화 등에서 비롯됐다는 형식적 설명에 머문다. "과거보다 평균수명이 늘고 60세 이상의 고령인구가 많아지면서 10~20년 전에는 드물게 보이던 황혼이혼이 최근 자주 관찰된다"라며 "사회적으로 전반적인 가치관도 달라지고 있어 황혼이혼은 앞으로도 증가할 가능성이 크다"라며 얼버무린다. 사돈 남 말 하듯 한다.

노부부의 황혼이혼, 위장이혼

황혼이혼 중에도 위장이혼도 상당할 거라는 추론이 나온다. 실제로 부부 금실이 좋은데도 늘그막에 이혼을 마음먹는 부부가 심심찮게 감지된다. 무거운 세금 때문이다. 평생 아껴 모아 집을 여러 채 마련해, 집세로 생활하는 노령층이 그런 경우다. 재산세, 종합부동산세 감당이 어려워 이혼을 결심하는 안타까운 사연이다. 일시적 1가구 2주택자가 겪는 억울함은 더하다. 양도세는 일시적 2주택자의 세금 중과를 피할 수 있으나 종부세는 그런 혜택도 없다.

그렇다고 가진 집을 처분하자니 다주택자를 위협하는 높은 양도세가 걸림돌이다. 이러지도 저러지도 못하는 진퇴양난이다. 답답한 마음에 세무사를 찾아 절세 방안을 의논하나, 돌아오는 답변이 실망스럽다. '이혼이 사실상 유일한 해법'이라는 것이다. 실제로 이혼을 통해 각각 1가구 1주택자가 되면 조세 부담은 확 줄어든다. 정부가 노년층의 위장이혼을 부추긴다는 비난을 피하기 어렵다.

정부가 신혼부부의 혼인신고도 방해한다. 결혼해도 혼인신고는 일단 안 하거나 늦추는 게 유리하다. 신혼부부 혜택이 혼인신고일 기준 7년까지로 제한되기 때문이다. 혼인신고를 하고 나면 소득이 부부합산으로 잡혀 대출이나 주택청약에서 불리해진다. 특별공급에서 부부 중 한 명만 신청할 수 있다. 생애 최초, 중소기업 특별공급도 부부 가운데 한 명만 가능하다. 반대로 혼인신고를 안 하면 부부가 각각 청약할 수 있다.

청약 때도 혼인신고를 늦게 할수록 혼인 기간이 짧아져 점수가 높아지는 이점이 있다. 혼인 기간이 3년 이하면 3점 만점, 3~5년은 2점, 5~7년은 1점을 얻는다. 또 혼인신고를 안 하면 조정지역에서 각자 한 채씩 취득세 중과重課를 피할 수 있다. 반대로 혼인신고를 하게 되면 2번째 주택에서 8% 취득세를 내야 한다.

최선의 고령화 대응책은 세제, 금융 개선

종부세도 혼인신고 여부에 따라 차이가 난다. 혼인신고를 하면 공제가 각각 6억 원까지 가능하다. 혼인신고를 하지 않으면 각각 공제가 11억 원까지로 늘어난다. 양도세 역시 혼인신고를 했을 때 추가 주택에 대해 조정지역 20% 중과에 해당하나, 혼인신고를 안 했을 때는 추가 주택 역시 비과세된다.

다주택자는 이래저래 불리하다. 소유한 주택의 가격을 다 합친 금액이 비싼 집 한 채 값만 못해도 더 많은 세금을 물어야 한다. 이는 '똘똘한 한 채'에 대한 선호도를 높여 서울 강남권 등에서 부동산 불패 신화를 이어가게 한다. 집값이 오르는 곳에서만 오르고, 다른 곳에서는 도리어 내려가는 양극화 현상을 부채질한다. 이 모든 게 '1가구 1주택' 기준을 전가의 보도처럼 예외 없이 적용하는 데서 파생되는 역기능이다.

잘못됐으면 고치는 게 맞다. 아직 그럴 기색이 안 보인다. 지난해 종부세 고지서를 받아 든 납세자의 아연실색, 소득 없는 퇴직 노년층의 망연자실. 지금도 기억에 생생하다. 부동산정책 실패로 집값은 정부가 올려놓고, 아무 잘못 없는 소유자는 가격이 올랐다는 이유만으로 세금 덤터기를 써야 했다. 더 황당한 것은 그 당시 정부가 보인 태도였다. 기획재정부 관계자는 "국민 98%는 종부세와 무관하다"라는 이치에도 맞지 않는 구변□辯을 늘어놨다.

시대의 화두, 고령화 대응이 뭔가. 정부가 연금, 장기요양보험 등 복지 정책과 제도를 강화하고, 평생 교육, 재취업 기회 제공 등 노년층 경제 활동을 장려하며, 의료·복지 시설을 확대하는 정도로 소임을 다하는 것으로 착각해선 안 된다. 더 중요한 것은, 사회 구성원 스스로 젊을 때부터 노후에 대비하는 노력을 기울이도록 정부가 후원하는 일이다. 그런 점에서 파경破鏡이나 부추기는 지금의 세제, 금융, 청약은 분명 문제가 있다. 결혼은 축복이지 죄악이 아니다.

<2022년 3월, 권의종>

곡물자급률 20%, 식량안보 위기

식량 가격이 고공행진이다. 유엔식량농업기구(FAO)가 발표한 3월 세계식량가격지수가 폭등했다. 전월 대비 12.6% 오른 159.3포인트다. 2월에 이어 역대 최고치를 다시 갈아치웠다. 곡물가격지수는 170.1포인트로 더 높다. 이상기후와 산업화에 따른 농경지 감소, 코로나19 팬데믹과 지정학적 위기로 인한 교역망 차질 등으로 세계 식량 위기가 고조된다. 최빈 개도국과 저소득 국가는 벌써 식량 부족에 내몰려 있다.

우리나라도 안심할 상황이 아니다. 1980년대 70%대에 달했던 식량자급률, 즉 전체식량 소비량에서 자국산 식량이 차지하는 비중이 2020년 45.8%로 뚝 떨어졌다. 곡물자급률 역시 같은 기간 50%대에서 20.2%로 확 줄었다. 농업인구 감소와 고령화, 일부 작물에 편중된 기형적 공급과잉 등 고질적이고 구조적인 한계가 식량안보를 위협한다.

농림축산식품부는 태연자약. "제분과 사료 등 국내 관련 업계에서 6~9월 중 사용물량까지 재고를 보유하고 있고, 계약물량을 포함하면 내년 1월까지 확보한 상태"며 "추가 소요 물량도 입찰을 통해 확보하고 있다"라고 설명한다. 업계부담 완화를 위해 사료와 식품 원료구매자금 금리를 2.5~3.0%에서 2.0~2.5%로 0.5%포인트 인하하고, 사료곡물 대체 원료에 대해 무관세 할당 물량을 증량하는 등 주요 곡물의 안정적 공급 조치에 나서고 있음을 힘주어 말한다.

곡물자급률 제고를 위한 정책 노력이 없지 않았다. 2018년 농업농촌 및 식품산업 발전계획에 따라 올해까지 식량자급률을 55.4%, 곡물자급률을 27.3%까지 올리겠다는 목표를 설정한 바 있다. 밀 9.9%, 콩 45.2% 자급률 계획도 세웠다. 지켜지지 않았다. 지난해 국가식량계획에서 밀 5%, 콩 33%로 되레 목표치를 낮췄다. 올해 말 수립될 2027년도 계획에서도 하향 조정이 점쳐진다. 체계적 관리는커녕 곡물 생산 추이에 맞춰 그저 목표치만 낮추는 꼴이다.

식량·곡물자급률 최저 수준 한국

당장 국내 농·축·수산물 가격이 치솟고 있다. 밥상 물가에 비상이 걸렸다. 엥겔 계수가 지난해 12.86%로 21년 만에 최고치를 보였다. 외식 가격도 많이 올랐다. 국가통계포털(KOSIS)에 따르면 39개 외식 품목의 3월 물가는 지난해 같은 달에 비해 6.6% 뛰었다. 1998년 국제통화기금(IMF) 외환위기 이후 최대 상승률이다. 식자재 가격과 인건비 상승과 함께 외식 수요가 많이 늘어난 게 원인으로 꼽힌다.

근본 요인은 따로 있다. 국제 공급망 교란과 러시아의 우크라이나 침공에 따른 범세계적 인플레이션 가속화가 국내 물가에 큰 영향을 미쳤다. 외식업의 재료비·연료비·운영비 상승 요인으로 작용했다. 주요 외식 재료인 밀가루가 대표적이다. 원료인 밀의 국제 가격이 최근 1년새 60% 넘게 급등했다. 연간 국산 밀 생산량이 1만 7,000t으로 자급률이 0.8%에 불과한 우리나라는 국제 가격 변화에 무방비로 노출돼 있다.

현실부터 돌아봐야 한다. 우리나라는 비교우위 무역이론에 충실한 나머지 농업을 경시한 측면이 있다. 상대적으로 더 잘할 수 있는 공업 부문에 집중하고, 대신 농업 생산물은 수입을 통해 해결하는 게 더 이익이라는 사고가 정책의 기조를 이뤘다. 국토가 좁고 인구가 많은 상황에서 식량과 곡물 자급에 애쓰느니 공산품 수출을 늘려 식량과 곡물 수입 재원을 확보하는 게 낫다고 여겼다.

식량은 일반 재화와 다른 특성이 있다. 유사시 민생을 위협하는 무기가 될 수 있다. 작금의 상황만 놓고 봐도 그렇다. 기후변화와 공급망 교란에 신냉전이 겹치면서 식량의 중요성이 커지고 있다. 각국이 대응책 마련에 분주하다. 유감스럽게도 우리나라의 식량자급률은 OECD 최하위권이다. 캐나다 174%, 프랑스 168%, 미국 133%와는 비교도 할 수 없는 낮은 수준이다.

농업구조 개선으로 식량주권 확보 필수

위험은 늘 가까이 있다. 언제든 현실이 될 수 있다. 블라디미르 푸틴 러시아 대통령은 한국을 포함한 비非 우호국들에 대한 식량 수출을 신중히 처리할 것을 주문하며 식량 수출 제한 가능성을 시사했다. 이에 앞서 러시아 정부는 자국과 자국 기업, 러시아인 등에 비우호적 행동을 했다는 이유로 한국을 포함해 미국, 영국, 호주, 일본, 27개 유럽연합(EU) 회원국 등 48개국을 비 우호국으로 지정했다.

식량안보는 비켜 갈 수 없는 국가적 책무다. 난제이나 소홀히 할 수 없다. 그럴수록 전략적 접근이 요구되는 중대 과제다. 대외적으로 해외 곡물 메이저 의존에서 벗어나 수입 경로를 다변화해야 한다. 해외 농지개발과 계약재배 등 곡물 조달 방식도 다양화할 필요가 있다. 국내적으로는 식량 자급 기반을 안정적 수준까지 끌어올려야 한다. 쌀에 편중된 농업구조부터 바로잡아야 한다. 쌀 생산량을 줄이고 벼 이외의 식량작물 자급률을 높여야 한다.

정책 실패는 그만해야 한다. 농촌 인구의 생계 안정을 위해 재배가 쉬운 쌀에 보조금이 지급되면서 농민 대부분이 벼농사에 집중해왔다. 쌀 소비가 줄고 재고가 남아도는데도 벼를 해마다 재배했고, 정부가 이를 비싼 값에 사들였다. 그 바람에 다른 곡물은 대부분 수입에 의존하며 식량자급률이 낮아지는 결과를 자초했다. 곡물자급률이 식량자급률보다 낮은 것도 국내 곡물생산량 자체가 적어 사료용 곡물을 대부분 수입하기 때문이다.

'규모의 경제'는 필수다. 고령자, 부재지주 소유 농지를 실경작자에게 집중시켜 1인당 경지면적을 늘려야 한다. 양도소득세 면제, 농지은행 확대, 금융지원으로 이를 뒷받침해야 한다. 여기에 빅데이터, 인공지능(AI), 정부통신기술(ICT) 등 첨단기술을 접목, 선진 농업으로 발전시켜야 한다. 농업을 6차 산업이라 치켜세우기 전에 1차 산업 구실부터 제대로 하게 하는 게 순서다. 민생과 직결된 식량안보보다 급한 과제는 없다. 백년대계는 교육보다 농업에 더 필요하다.

<2022년 4월, 권의종>

공공배달앱 소멸과 소아청소년 붕괴

정부가 나서서 잘되는 게 별로 없다. 순기능보다 역기능이 더 잘 드러난다. 지방자치단체가 운영하는 공공배달앱이 그 한 예다. 중개수수료 부담을 덜어주기 위해 막대한 예산을 들여 만든 '착한 배달앱'이 제구실을 못 한다. 2020년 3월 전라북도 군산시가 중개수수료 없는 '배달의 명수'를 낸 걸 필두로 중개수수료 1~2% 안팎의 공공배달앱이 전국 지자체에 유행처럼 번졌다.

그런 공공배달앱이 소멸 중이다. 하나둘 자취를 감춘다. 지난해 말 21개였던 공공배달앱 중 15개 내외만 운영된다. 천안시 '배달이지', 대전시 '부르심', 춘천시 '불러봄내'가 사업을 멈췄다. 진주시와 통영시도 서비스를 중단했다. 2021년 경상남도 최초로 공공배달앱을 도입한 거제시도 사업을 끝낼 방침이다. 제주도 등이 새로 공공배달앱을 도입했으나, 올해 들어 7곳이 사업 종료나 서비스 중단을 결정했다.

운영 중인 공공배달앱도 악전고투다. 하루 이용자 1,000명을 넘는 앱은 서울시, 경기도, 부산시, 대구시 등이 운영하는 일부 앱에 그친다. 하루 활성 이용자 수 100만 명이 넘는 배달의민족과는 비교조차 안 된다. 낮은 중개수수료에도 공공배달앱이 외면받는 이유는 가맹점 열세가 크다. 막대한 마케팅 비용을 쏟아부으며 입점 업체를 늘리고 배달 라이더를 돌리는 배민, 쿠팡 등에 비해 경쟁에서 밀리기 때문이다.

지자체 의존도가 높은 게 강점보다 약점으로 작용한다. 가령 10만 원을 충전하면 10%인 1만을 돌려주는 방식의 지역 화폐와의 연계 말고는 이렇다 할 유인이 없다. 배달 주문 시 지역 화폐를 쓸 수 있다는 장점이 소비자를 견인했으나, 정부가 2023년부터 국비 지원중단을 밝히면서 상황이 암울해졌다. 정부의 섣부른 시장 개입이 부른 당연한 귀결이다.

지자체 공공배달앱 소멸 중

정부가 발 벗고 나서야 할 데는 따로 있다. 소아과 인프라 붕괴다. 2023년도 전반기 소아청소년과 전공의 지원율이 참담하다. 정원 207명에 33명이 지원, 15.9%에 그쳤다. 2020년 74%, 2021년 38%에 비해도 대폭락이다. '빅5'라 불리는 가톨릭중앙의료원, 삼성서울병원, 서울대병원, 서울아산병원, 세브란스병원 중 아산병원만 정원을 채웠다. 세브란스병원은 11명 모집에 단 한 명도 지원하지 않았다. 그러니 여타 병원들의 사정이야 오죽하랴.

보건복지부는 소아청소년과 인프라 붕괴를 막기 위해 공공정책수가 시범사업을 추진한다. 참여 기관의 인력 수준과 진료 성과 등을 평가, 진료 과정에서 불가피하게 발생한 손실을 최대한 보상한다는 계획이다. 의료계는 실효성을 의심한다. 문제 해결 대책이 못 된다는 평가다. 수가 자체가 적은 수준이 아니라, 살아남지 못할 정도라는 절박한 하소연이다.

소아과 특수성도 헤아리지 못한다. 아이는 의사 진찰에 협조적이지 않아 진료 시간이 길고 보조 인력이 필요하다. 약물 치료량이 적어 약제 매출이 낮다. 검사 장비 사용 빈도도 낮다. 비급여라 할 만한 항목이 거의 없어 수익을 내기 어렵다. 수련 과정은 고달프다. 소아 입원환자를 돌보는 의사는 24시간 내내 한시도 마음 놓을 수 없다. 업무 강도는 높고 근무 시간이 긴 데 보상은 낮다 보니 전공의 지원을 꺼릴 수밖에 없다.

부족은 유인으로 메워야 한다. 낮은 보상을 높여야 한다. 돈이 전부는 아니나 사명감에만 기댈 순 없다. 미국의 10분의 1 수준으로 책정된 낮은 수가체계에서 해법을 찾아야 한다. MRI 검사 비급여화 등 건강보험 혁신으로 재원을 마련하거나, 아니면 정부가 직접 국가 재정으로 부담해야 맞다. 영유아 문제는 현시대의 긴급 화두다. 저출산 해소와 직결되는 국가적 중대사다.

의료서비스 등 시장한계 공공재, 정부의 책임

정부가 출산율 제고와 영유아 양육, 청소년 교육과 급식을 위해 무진 애를 쓴다. 2023년 1월부터 만 0세와 1세 아동이 있는 가정에 '부모급여'를 지급한다. 만 0세 아동을 키우는 가정에 월 70만 원, 만 1세 아동 가정에는 월 35만 원을 준다. 2024년부터는 만 0세 월 100만 원, 1세 50만 원으로 올린다. 만 24개월을 넘으면 만 7세 초등학교 입학 전까지 매월 20만 원의 양육수당을 제공한다. 또 만 8세 미만까지 아이에게는 매월 10만 원씩 아동수당을 공여한다.

시간제 보육, 아동 돌봄서비스도 늘린다. 2027년까지 국공립 어린

이집도 연 500곳씩 확충한다. 무상교육과 무상급식은 벌써 실시 중이다. 중학교 무상교육은 1985년 도서·벽지 지역부터 시작, 2002년 전국적으로 시행됐다. 고등학교 무상교육은 2019년 2학기부터 3학년을 시작으로 2021년 전 학년으로 확대됐다. 무상급식도 고등학교 학생까지 제공된다. 그리 박하지 않은 유아·청소년에 대한 정부 지원이 유독 의료에만 인색한 이유를 도무지 알 수 없다.

시장실패 치유자로서 정부의 역할은 필수다. 모든 것을 시장에 맡기면 '보이지 않는 손'이 제구실을 하지 못해 시장실패가 생길 수 있다. 공정한 경쟁을 해치는 요소가 나타나면 이를 바로 잡는 건 정부가 의당 해야 할 일이다. 시장에서 공급이 어렵거나 충분하지 못한 공공재는 정부가 마땅히 책임져야 한다. 의료서비스도 엄연한 공공재다. 정부가 소아과 인프라 붕괴를 서둘러 막아야 하는 이유다.

일부 대형 병원에서 소아청소년과 환자 입원을 중단했다. 중중 환자는 물론 응급진료 축소가 이어질 기세다. 그냥 내버려 뒀다간 통제 불능의 상황에 이르고 말 것이다. 그렇다고 정부가 준비 없이 시장에 개입하면 필패다. 공공배달앱처럼 정부의 선의가 부작용을 낳고 만다. 모름지기 정부는 나설 데만 나서지만, 나설 때는 좋은 성과를 내야 한다. 꿩 잡는 게 매 아닌가.

<2022년 12월, 권의종>

눈 가리고 아웅, 공공기관 블라인드 채용

규제 개혁은 해묵은 과제다. 새 정부가 들어설 때마다 어김없이 내세워온 단골 국정 과제다. 강한 의지만큼이나 비유가 다양했고 표현도 구구했다. 김영삼 전 대통령은 관료의 복지부동을 질타하며 1993년 행정개혁쇄신위원회를 설치했다. 김대중 전 대통령은 "프랑스혁명 때 기요틴(guillotine), 죄인의 목을 베는 단두대처럼 규제를 없애겠다"고 선언했다. 노무현 전 대통령도 "덩어리 규제를 모두 손볼 것"을 장담했다.

이명박 전 대통령은 "'전봇대'로 상징되는 대못 규제를 뿌리 뽑겠다"고 공표했다. 전봇대는 2008년 전라남도 영암군 대불산단에서 뽑힌 것으로 이명박 전 대통령 인수위 회의에서 규제 개혁의 대표 사례로 거론됐다. 박근혜 전 대통령은 규제를 암 덩어리에 비유하며 "손톱 밑 가시를 빼겠다"고 약속했다.

문재인 대통령은 "붉은 깃발을 치우겠다"고 호언했다. 붉은 깃발은 영국이 19세기 당시 신산업인 자동차로부터 마차업자를 보호하기 위해 차 속도를 통제한 '붉은 깃발법'에서 유래한 용어다. 각기 표현은 달랐으나 역대 대통령 모두 규제 완화의 필요성을 이구동성으로 외쳤다. 말은 무성했으나 결과는 공염불에 그쳤다. '도돌이표'처럼 실패를 반복하게 됐다. 오히려 규제는 갈수록 늘어나고 있음을 부인하기 어렵다.

윤석열 대통령도 "기업활동의 발목을 잡는 '모래주머니' 규제를 없애야 한다"고 말했다. 두고 볼 일이다. 대못 정도는 아니라도 국민과 기업을 은근히 괴롭히는 가시 같은 규제가 주변에 널려 있다. 블라인드 채용이 그 한 예다. 문재인 정부가 지원자의 출신 지역, 학력, 성적 등을 채용 과정에서 노출하지 않도록 공공부문에 전면 도입한 제도다. 2017년 시행돼 6년째를 맞는다. 현재 350개 중앙공공기관과 지방공기업 410개에서 블라인드 채용을 운용한다.

해묵은 국정 과제, 결과는 '공염불'

찬반이 엇갈린다. 공정한 채용문화 확립을 장점으로 꼽는다. 국민권익위원회가 2020년 실시한 '채용 공정성 체감 인식도 조사'에서 취업 준비생과 공공부문 근로자 5,938명 중 45.0%는 '채용 공정성 확립'의 효과적인 정책으로 블라인드 채용을 지목했다. 한국노동연구원이 255개 공공기관 채용담당자 대상으로 한 설문 조사 결과도 엇비슷하다. 출신 지역·출신학교·나이·성별·외모 등 인적 속성에서 블라인드 채용 후, 신입 직원의 다양성이 높아진 것으로 나타났다.

단점도 드러난다. 다양한 조직 특성이 고려되지 않은 채 일률적 도입에 따른 부작용이 속출한다. 2019년 한국원자력연구원은 중국 국적자를 연구원으로 선발했다가 뒤늦게 불합격 처리하는 소동을 벌였다. 블라인드 채용으로 지원자 출신을 알 수 없어 최고 등급의 국가보안 시설에 외국인을 채용하는 웃지 못할 촌극이 벌어진 것이다. 최근에도 어느 공공기관에서 40대 후반이 신입 직원으로 뽑히는 어이없는 일이 발생했다.

공정성과 투명성은 제도만으로는 달성되기 어렵다. 채용기관의 의지에 더 좌우된다. 절차적 공정성에 치우치다 보면 도리어 직무에 적합한 인재를 고르기 어려울 수 있다. 2020년 한국조세재정연구원의 '공공기관 채용정책에 대한 연구'에 따르면 블라인드 채용을 도입한 공공기관과 공기업에서 1년 내 퇴사율이 유의미하게 높아진 것으로 확인됐다.

실제로 블라인드 채용에서 차별적 요소로 꼽히는 학력·학점 같은 이른바 '스펙'을 고려해야 하는 연구기관과 지식산업 등은 우수 인재 확보에 큰 애로를 겪고 있다. 그런데도 이들 채용기관은 꿀 먹은 벙어리 처지다. 서슬 퍼런 정부에 잔뜩 주눅이 들어 말 한마디 못 건네고 속만 끙끙 앓고 있다.

우수인재 선발, 출신학교, 전공, 성적은 봐야

만시지탄이나 윤석열 정부 들어 미세하나마 변화의 기미가 보인다. 우수 인재 유치가 필수적인 국책 연구기관 39곳이 2023년부터 블라인드 채용을 폐지하기로 했다. "최근 몇 년 동안 우수연구자 확보를 가로막았던 공공기관 블라인드 채용은 연구기관에 대해 우선적으로 전면 폐지하겠다"는 윤 대통령의 언급이 있고 나서다.

과학기술정보통신부가 부랴부랴 연구개발목적기관에 적용할 새로운 채용 기준을 확정했다. 기관별 여건을 반영해 채용 대상별 구체적인 수집·활용 정보에 관한 세부사항을 정하도록 했다. 기관마다 자율성을 부과해 상황에 맞는 채용을 진행하게 한 것이다. 하지만 고급 인재는 비단 연구기관에서만 필요한 게 아니다. 모든 공공기관이 우수한 인적자원을 필요로 한다.

공기업도 기업이다. 성과를 내야 한다. 하지만 좋은 성과는 우수 인재에서 나온다. 정부가 공공기관 신입 직원 채용까지 시시콜콜 간섭해대면 양호한 실적을 거두기 어렵다. 공공기관의 현재 모습이 어떤가. 초라하기 짝이 없다. 일자리 늘리기로 몸집은 커졌으나 생산성은 바닥이고 부채는 천정부지다. 관치에 찌들어 자율성은 찾아보기 어렵다. 정부가 시키는 대로 따라 하기 바쁘고 공공기관 경영평가에만 목을 맨다. 공공기관이 공공호호기관 돼 가고 있다.

인재를 고르려면 출신학교, 전공, 성적 정도는 살펴야 맞다. 지방 출신 우대는 지역인재 선발제를 활용하면 된다. 다만, 성별이나 출신 지역, 가족관계, 신체적 조건, 재산 등 지원자의 역량과 무관한 사항은 기존대로 블라인드를 적용해도 무방하다. 좋은 사람을 찾으려면 두 눈 부릅뜨고 봐도 시원찮을 판에 눈 가리고 아웅이라니. 어불성설이다. 시야를 흐리는 블라인드의 가면은 벗어던져야 한다. 인사가 만사이고 규제 개혁이 국가 개혁이다.

<2023년 1월, 권의종>

다양한 채무조정 제도, 활용 프로그램을

못 믿을 게 지표다. 금융지표 또한 그러하다. 대출 위험은 커지나 연체율은 낮아진다. 7월 말 기준 국내은행의 원화 대출 연체율이 0.22%에 그쳤다. 역대 최저치다. 착시 현상이라는 게 금융권 안팎의 시각이다. 정부와 금융회사가 부실차주의 대출 만기 연장과 상환 유예를 허용해온 탓이다. 중소기업·소상공인에 대한 대출 원리금 상환 유예 조치가 다섯 번 연장됐다. 지난 9월로 끝날 예정이었으나 1년 더 연장됐다. 상환이 최대 3년까지 미뤄졌다.

정부 처지를 이해 못할 바 아니다. 위기 대응 시간을 충분히 줘 차주와 금융권 모두 충격 없이 연착륙하게 하려는 의도다. 부작용도 살펴야 한다. 채무 상환 유예가 약이 아닌 독이 될 수 있다. 부실을 키우는 자충수로 작용할 수 있다. 상환 유예 조치가 연장될수록 원금은 물론 누적되는 이자를 갚지 못하는 부실차주와 좀비 기업이 양산될 수 있기 때문이다.

만기 연장도 걱정되는 건 마찬가지. 만기 연장을 계속해주다 보면 빚이 줄기는커녕 도리어 늘어날 수 있다. 그러다 어느 순간 폭발할 수 있다. 일시적인 위기라면 부실을 잠시 미뤄졌다가 경기가 살아난 뒤 상환을 유도하는 처방이 효과를 볼 수 있다. 지금이 과연 그럴 때일까. 경기침체, 물가상승, 금리 인상, 부동산 불안, 무역수지 적자, 환율 급등 등 다중 복합위기 국면이 이어지는 작금 상황에서는 일단 부실을 털고 가는 게 더 큰 충격을 피할 수 있을 것이다.

부실 정리를 위한 제도적 뒷받침은 나름 탄탄하다. 과도한 빚에 짓눌려 있는 차주를 지원하기 위한 프로그램이 다양하다. 빚을 탕감받을 수 있는 채무조정제도도 여럿 운영된다. 유심히 살펴보면 유용한 정책과 제도가 적지 않다. 신용회복위원회에서 운영하는 사적 채무조정제도, 즉 신속채무조정, 프리워크아웃, 개인워크아웃이 대표적이다. 또 법원을 통한 개인회생과 파산도 운영된다.

제도를 몰라 활용 못하는 차주가 허다하다

제도 내용도 체계적이다. 차주의 부실 정도에 따라 맞춤형으로 잘 설계돼 있다. 우선 일시적인 연체의 경우라면 신용회복위원회의 신속 채무조정(연체 전 채무조성)이 유용하다. 연체 기간이 30일 이내이거나 실업이나 질병 등으로 연체 우려가 있을 때 신청할 수 있다. 6개월 상환 유예를 받고 최장 10년 이내에서 상환 기간 연장과 원리금 분할 상환 지원을 받을 수 있다.

연체 기간이 한 달 이상이면 프리워크아웃(이자율 채무조정)을 고려할 수 있다. 연체가 31일 이상 89일 이하이면 차주의 상환 능력에 따라 이자율을 30~70% 낮춰 받을 수 있다. 신청 서류가 간편하고 신청 다음 날부터 추심이 중단된다. 등록됐던 단기 연체정보도 해제되며, 금융채무 불이행자로 등록되지 않아 신용회복에 유리하다. 최장 10년 이내 상환 기간 연장과 원리금 분할 상환이 가능하다.

금융권의 채무가 과다하면 워크아웃(채무조정)이 좋다. 소득 대비 금융기관 채무가 과다해 90일 이상 연체된 경우에 도움받을 수 있는 제도다. 채무조정이 확정되면 이자는 감면되고, 원금은 최대 70%, 사회취약계층의 경우 최대 90%까지 탕감받을 수 있다. 다만, 신복위의 채무 조정은 금융권 채무에 한하기 때문에 사채 등 비금융채무의 조정은 어렵다.

자영업자의 원리금 탕감은 새출발기금이 적합하다. 이 기금을 통해 채무를 감면받거나 대출금리를 낮춰 받을 수 있다. 연체 기간이 90일 이상 장기 연체에 빠진 부실차주의 보유재산 가액을 넘는 부채, 이른바 순 부채의 60~80%에 대해 원금조정이 가능하다. 기초생활수급자 등 취약계층에는 최대 90% 감면율이 적용된다. 연체 기간 90일 미만의 부실우려차주는 원금감면 혜택은 없으나, 최고 연 9% 이하로 이자를 내려받을 수 있다.

퇴직금융인 활용하는 실질적 활용책을

소득은 있으나 다중채무인 경우라면 개인회생이 유용하다. 재정적인 어려움으로 파탄에 직면한 채무자는 법원을 통한 채무조정, 이른바 개인회생을 신청할 수 있다. 은행 대출, 신용카드 대금, 대부업체와 개인 사채 등이 모두 조정 대상이다. 개인회생은 3년 동안, 최장 5년까지 최소생활비 인정금액을 제외한 금액을 매달 상환하면 이후 나머지 채무를 면제받을 수 있다.

아예 소득이 없어 빚을 갚을 수 없다면 개인파산을 고려할 수 있다. 가진 재산으로 빚을 일시에 청산하고, 남은 빚은 탕감받을 수 있는 제도다. 금융기관 이외의 채무가 많고, 개인회생으로도 갚기 어려운 경우에 신청할 수 있다. 다만, 면책 결정 시 최장 5년간 정보가 등록된다는 점을 고려해야 한다.

제도만 잘 마련되면 뭐하나. 구슬이 서 말이라도 꿰어야 보배라 했다. 정작 제도를 알지 못해 활용치 못하는 차주가 부지기수다. 혼자서 고민하고 끙끙 앓다가 상황을 악화시키는 경우가 비일비재하다. 빚의 종류나 재정 상황에 따라 상환 시나리오가 달라져야 하는데, 당장 눈앞의 빚만 끄려다 최악까지 치닫는 경우가 다반사다. 다양한 채무조정수단 활용이 가능한데도 빚을 진 사람은 심리적·경제적 위축으로 다양한 정보를 수집하고 적절한 선택을 하기 어렵다.

제도는 만드는 게 능사일 수 없다. 널리 알려 활용을 늘리는 게 중요하다. 더구나 부실차주의 채무조정과 회생은 화급을 다투는 사안이다. 차주가 스스로 알아서 지원창구를 찾을 거로 기대하는 거야말로 탁상행정의 전형이다. 홍보 인력이 모자라면 금융해설사, 금융교육 전문강사, 퇴직금융인을 활용해서라도 제도를 빠르게 알려야 한다. 이게 늦어지면 부실 위기가 산업과 금융권, 경제 전체로 확산하는 걸 막을 수 없다. 호미로 막을 걸 가래로도 못 막게 된다.

<2022년 10월, 권의종>

이민자 품는 세계시민 선진국

이민청이 신설된다. 저출산·고령화로 인한 인구감소 문제를 풀어야 한다는 위기감의 발로다. 법무부가 '출입국·이민 관리체계 개선추진단 설치 및 운영 규정'을 시행했다. 2023년 설치를 목표로 제도 정비와 예산안 마련 등 준비작업을 본격화한다. 논의와 공론화 과정을 거쳐 얼개가 마련되면 이민청의 규모와 역할, 조직구성 등의 윤곽이 드러날 전망이다.

저출산·고령화에 따른 인구감소가 심각하다. 지난해 우리나라 총인구는 5,174만 명. 1년 전보다 9만 1,000명 감소했다. 인구감소는 센서스 집계가 시작된 1949년 이래 72년 만에 처음이다. 2070년이면 총인구가 3,765만 명으로 지금보다 20%가량 줄어들 것으로 내다본다. 그동안 1·2차 저출산 고령화 정책에 300조 원 넘는 나랏돈을 투입했다. 효과가 없었다. 출산율은 도리어 내리막길이다.

지난해 합계출산율은 0.81명, 역대 최저치를 기록했다. 1970년대만 해도 한 해 100만 명가량 신생아가 태어났다. 2020년부터는 그 수가 20만 명 선으로 급감했다. 2021년 출생아 수는 26만 562명에 그쳤다. 고령화 속도 또한 빠르기 그지없다. 65세 이상 인구 비중이 17.5%를 기록했다. 2025년에는 이 비율이 20%를 넘어 초고령사회에 진입하고, 2049년에는 40%에 달할 거라는 예상이다.

졸지에 세계 최저 출산율에다 가장 빨리 늙어가는 나라로 전락하고 말았다. 지금의 인구감소 추세가 이어지면 급격한 경제 위축은 물론 국가 소멸 위기로까지 내몰릴 수 있다. 지금까지의 정부 정책은 출산율 제고에 중점을 뒀다. 결과가 신통치 않았다. 그러자 이번에는 정부가 기존의 저출산 대책에 더해 이민청 설립이라는 새 카드를 들고 나온 것이다.

저출산 대책과 이민자 수용책을 병행

국내 체류 외국인은 코로나19 전인 2019년 252만 명으로 정점을 찍었다. 그 뒤로 감소세를 보이다가 올 5월 201만 2,862명을 기록했다. 이미 외국인 200만 명 시대에 접어들었으나 이민에 대한 국민적 인식 수준은 미흡하기 짝이 없다. 이는 여성가족부의 '2021년 국민 다문화 수용성 조사'를 통해서도 확인되는 바다.

세대별 차이가 특징이다. 이민자 수용성 지수가 청소년의 경우 70%로 비교적 높다. 중·고교 학생은 다문화 수용에 대한 편견이 그래도 덜한 편이다. 성인이 문제다. 19~74세의 경우 이 지수가 절반 수준에 그친다. 외국 이민자에 대한 편견과 불신이 그만큼 높고 다문화 수용 수준이 아직도 낮다는 얘기다. 이주민의 국내 정착과 사회 갈등에 대한 우려가 큰 이유다.

이민청 설립 논의는 어제오늘 얘기가 아니다. 김대중 정부 시절부터 거론되었던 해묵은 화두다. 노무현 정부 때도 논의가 있었다. 2006년 당시만 해도 외국인 인구가 54만 명으로 지금의 4분의 1 수준에 불과했다. 정서상으로도 외국인 수용에 지금보다 수동적이었다. 늦은 감이 없지 않으나 이제라도 이민청 설치를 결정한 것은 잘한 일이다. 우리나라가 언제까지나 한민족 단일국가 체제로 유지되기 어려운 점을 참작해도 맞는 방향이다.

이왕 이민청 설립을 하기로 마음먹은 이상 정부가 인구 소멸에 능동적으로 대처할 필요가 있다. 당장 부족한 생산가능인구 확보를 위해 이민자 수용은 긴요하다. 장기적으로 우리나라가 강국의 위상을 이어가기 위해서도 이민자 포용은 필수다. 출신이나 피부색이 달라도 대한민국을 자기 나라로 생각하는 이민자들이 섞인 세계 시민국가가 될 때 진정한 선진국으로 거듭날 수 있다.

다문화이민자 공생 세계시민 선진국으로

종교계도 인구감소를 우려한다. 새 신자 유입이 늘지 않고 있어서다. 젊은 층과 유아 청소년 신자 수가 눈에 띄게 줄고 있다. 그런 점에서 한국밀알선교단 조봉희 이사장의 제안은 정곡을 찌른다. 21세기 다민족 다문화 시대를 맞아 선교 패러다임의 혁신을 주문한다. 외국인을 귀찮은 골칫덩이가 아닌 굴러온 복덩이라는 시각을 가져야 한다고 주장한다. 해외로 '가는' 선교, '보내는' 선교도 중요하나 우리나라를 찾아오는 이주민을 '품는' 선교를 권장한다. 탁견이다.

종교계가 이럴진대 국가경영이야 더 말해 무엇하랴. 우리나라가 다민족 다문화 국가 시대를 앞서 개척해야 맞다. 세계사를 돌이켜봐도 개방은 성공했고 쇄국은 실패했다. 1492년 레콘키스타(Reconquista)로 이슬람교도와 함께 유대인을 떠나보낸 에스파냐는 쇠약의 길로 들어섰다. 대신 이들은 받아들인 앤트워프, 브뤼허, 암스테르담은 16세기 무역도시로 꽃을 피웠다. 훗날 뉴암스테르담 즉 지금의 뉴욕 또한 글로벌 금융수도 월가의 신화를 창조했다.

한일 간 역사도 극명한 대비를 이룬다. 1868년 메이지 유신으로 주변국보다 빨리 서구에 문호를 개방한 일본은 근대국가로 일찌감치 발돋움할 수 있었다. 조선은 정반대 행보를 보였다. 주어진 현실을 제대로 인식하지 못한 채 쇄국을 고수했다. 늦게서야 불리한 조건으로 개항하는 바람에 패망의 길을 피해 갈 수 없었다. 36년 동안 식민지배의 고초를 겪어야 했다.

미국은 케냐계 아버지와 유럽계 어머니 사이에서 태어난 버락 오바마를 2008년과 2012년 대통령으로 뽑았다. 올해 영국도 그랬다. 최초의 인도계 출신 총리, 최초의 유색인종 총리, 최초의 힌두교 신자 총리로 리시 수낙을 선택했다. 인구는 곧 힘이다. 국가경쟁력의 이음동의어다. 국가 구성 3대 요소 중 으뜸은 국민이다. 국민 없는 영토와 주권은 무의미한 존재다. 대한민국의 성공과 번영을 위해서는 마지못해 '받는' 이민보다, 마다하지 않고 '품는' 이민이 좋다.

<2022년 11월, 권의종>

노는 사람이 더 받는 복지

솔직히 말해 일하고 싶은 사람은 없다. 편히 살고 싶은 게 인간의 본능이다. 아무리 좋은 직업도 일로 하면 재미가 없다. 국회의원은 선거만 없으면 할만하고, 목사는 설교만 없으면 힘들 게 없다. 학생은 시험만 안 보면 되고, 교수는 강의만 안 하면 지낼 만하다. 스포츠도 마찬가지. 취미로 하면 즐겁지만 선수로 나서면 인내와 고통의 연속이다.

젊은이도 일하기는 싫다. 청년층을 중심으로 조기 은퇴를 꿈꾸는 '파이어족(Financial Independence, Retire Early)'에 관한 관심이 높다. 파이어족은 30대 후반 혹은 늦어도 40대 초반에는 은퇴하겠다는 목표로 소비를 극단적으로 줄이거나 공격적인 투자로 목돈을 만드는 등 경제적 독립을 꾀하는 이들을 가리킨다. 신한은행이 발간한 '보통사람 금융생활 보고서 2022'를 보면 20·30세대 중 '30·40세대에 은퇴하겠다'는 비율이 6.4%에 이른다.

노인도 편히 살고 싶다. 현실은 그렇지 못하다. 1인당 국민소득 3만 5,000 달러, 세계 10대 경제 강국이라는 정부 발표는 딴 나라 얘기 같다. 젊었을 때 노후 준비를 못 하다 보니 노구老軀를 이끌고 노동을 해야 하는 노년층이 적지 않다. 이는 수치로도 확인된다. 2018년 기준 한국의 노인빈곤율은 43.4%, OECD 국가 중 압도적 1위다. OECD 평균의 3배 수준이다. 젊어서 과다한 자녀 교육비 지출, 높은 주거 비용 등으로 돈 모으기가 어려웠다.

노년의 무전無錢을 개인 탓으로만 돌릴 수 있을까. 복지국가를 자처하는 정부가 나서야 한다. 양질의 노인 일자리를 많이 만들어 이들의 소득 창출을 도와야 한다. 이런 국가적 책무가 그동안 충분치 못했다. 일자리 수가 부족했을 뿐만 아니라 질도 매우 낮았다. 놀라운 사실은 따로 있다. 근로의욕을 떨어뜨리는 정책과 제도가 적지 않은 현실이다.

노년 빈곤 해소는 국가적 책무

기초연금이 국민연금보다 낫다. 만 65세 이상 저소득 고령자에게 주는 기초연금 월액은 30만 7,500원. 이에 비해 국민연금 수령액은 상대적으로 빈약하다. 가령 소득월액이 200만 원, 가입 기간이 10년인 국민연금 가입자의 경우 월 수령액은 24만 230원에 그친다. 매월 보험료를 꼬박꼬박 내고 받는 국민연금이 거저 받는 기초연금만도 못하다. 더구나 정부는 기초연금을 40만 원으로 올려줄 것을 '새 정부 경제정책 방향'에서 밝혔다.

기초연금도 아무나 받는 게 아니다. 전체 노령인구 소득 평균 70% 이하에 들지 못하면 그마저 받을 수 없다. 소득 하위 70% 소득인정액(소득+재산) 기준은 단독가구 180만 원, 부부가구 288만 원. 이를 넘지 않아야 한다. 세금에서 주는 돈을 세금을 많이 낸 사람은 못 받고, 적게 낸 사람만 받게 되는 셈이다. 열심히 일한 사람일수록 기초연금을 받지 못하는 현실이 왠지 불공정해 보인다.

기초연금을 받는 소득 하위 70% 노인도 불만족스럽긴 마찬가지다. 국민연금을 많이 받으면 기초연금이 깎이는 '국민연금 연계감액 제도' 탓이다. 은퇴생활자 처지에서는 단돈 몇 푼이 아쉬운 판에 국민연금을 받는다고 기초연금이 감액되는 건 온당치 못하다는 주장. 결코 틀린 말이 아니다. 국민연금을 내고 싶어 낸 것도 아니고 강제로 가입한 터라 더욱 억울할 노릇이다.

연금저축도 불합리하다. 연금 기능에다 소득 공제 혜택이 있어 대표적인 노후 대비 상품으로 꼽힌다. 은행과 증권사, 보험사 등에서 판매되며 최소 5년 이상 납입하고 만 55세부터 연금을 받는다. 연간 납입금액 400만 원을 한도로 세액공제를 받을 수 있다. 퇴직연금 계좌를 합산하면 700만 원까지 공제된다. 정부는 연금저축 600만 원, 퇴직연금 포함 900만 원으로 한도를 높일 계획이다.

불합리하고 불공정한 노후 소득 보장 제도

노후 소득 보장 수단으로 좋아 보이나 실은 그렇지 않다. 연금을 받을 때 높은 소득세가 부과된다. 만 55세 이상 5.5%, 만 70세 이상 4.4%, 만 80세 이상은 3.3% 세율이 적용된다. 여기에 함정이 숨어 있다. 세율이 연금 수령 총액, 즉 원금과 운용수익을 합한 전체 금액에 적용되는 점이다. 이자소득세처럼 이자에만 붙는 게 아니라 가입자가 낸 돈에도 다시 세금이 붙는다. 연금소득세율 5.5%를 이자소득세율 15.4%와 단순 비교할 수 없는 이유다.

요즘처럼 저금리 시대에는 운용수익이 높지 않아 정부에 내는 세금,

방카슈랑스 판매 은행이나 보험설계사가 가져가는 수수료, 보험사 몫인 사업비를 빼고 나면 실제 연금수령액이 납입액보다 적을 수 있다. 연금소득이 1,200만 원을 넘으면 세율이 6~38%인 종합소득세까지 추가로 내야 한다. 이쯤 되면 세금을 아끼는 '절세節稅'가 아니라, 세금으로 도둑맞는 '절세竊稅'가 된다. 가입자가 낸 돈을 정부와 은행, 보험사가 공동으로 편취하는 사악한 구조다.

실업급여도 일할 맛 떨어지게 한다. 고용보험 보장성이 강화되면서 구직급여 수급액이 최저임금을 웃도는 기이한 상황이 연출된다. 2022년 기준 최저임금은 월 191만 4,440원(주휴시간 포함 월 209시간 근로)인데 비해, 1일 구직급여 상한액은 6만 6,000원, 월 30일 기준 198만 원이다. 놀며 받는 돈이 일해서 버는 급여보다 많다. 이런 상황에서 어느 누가 힘들게 일하고 싶겠는가. 정부가 나서서 '일하지 말라'고 부추기는 거나 진배없다.

불합리한 정책과 제도는 어서 빨리 고쳐야 한다. 개혁과 혁신은 구악舊惡의 정상화에서부터 시작돼야 한다. 빈곤 해소와 실업 구제 등 복지 제도가 아무리 필요하다 해도 노는 사람이 일하는 사람보다 유리할 순 없다. 일하지 않는 개인과 사회, 국가가 성장하고 발전한 예가 없다. "일하기 싫은 자, 먹지도 말라"는 1세기 그리스도교 전도자 바울이 데살로니가 교회에 가한 심한 질책. 지금 우리에게는 엄한 핀잔으로 와닿는다.

<2022년 6월, 권의종>

'65세 정년 연장' 카드라는 무대책

새 정부가 근로자 정년 연장을 추진한다. 대통령직인수위원회가 저출산 고령화 사회로의 변화 대응을 위한 인구 정책 방향을 제시했다. 현행 60세 정년을 5년 더 늘려 '65세 정년'을 공론화할 전망이다. 범정부적 인구전략을 기획할 수 있도록 '인구정책기본법' 마련에도 착수한다. 청년 인력 감소를 고려해 근로자 정년을 적절히 조절하겠다는 뜻으로 풀이된다.

정년이란 공무원이나 회사의 직원이 일정한 나이에 이르면 퇴직하도록 정해진 나이를 의미한다. 법령과 사규에 정년을 명시한 것은 고용주가 정년까지 종업원의 일자리를 보장하라는 게 본래 취지다. 하지만 지금 와서는 의미가 달라졌다. 정해진 나이가 됐으니 이젠 그만두고 나가 달라는 강요가 되었다. 일자리 구하기가 그만큼 어려워졌다는 방증이리라.

우리나라는 2013년 '고용상 연령차별 금지 및 고령자 고용 촉진에 관한 법률'개정안이 국회를 통과하며 정년 60세 시대를 맞았다. 상시 근로자 300인 이상 사업장은 2016년, 300인 미만은 2017년 각각 시행됐다. 그리고 얼마 안 돼 2019년에 추가 연장이 다시 거론됐다. 재연장 시기가 너무 빠르다는 지적과 함께 청년고용에 미치는 영향, 기업 부담 등의 비판이 일면서 흐지부지됐다.

정년 연장이 우리나라만의 문제는 아니다. 일본은 2021년 국가공무원 정년을 60세에서 65세로 연장하는 법안이 통과됐다. 독일은 65세인 정년을 2029년까지 67세로 늘리는 계획을 추진 중이다. 프랑스도 마크롱 대통령이 재선에 도전하며 62세 정년을 65세로 늘릴 것을 공약했다. 미국과 영국은 정년이 따로 없다. 미국은 1986년, 영국은 2011년 정년제도를 폐지했다. 근로자 정년을 법으로 정하는 것 자체가 '나이를 이유로 한 또 하나의 차별'이란 여론 때문이었다.

정년 연장은 청년고용 악영향, 기업 부담 등 고려

정년 연장의 필요성은 인정된다. 노동 공급을 늘리는 효과가 있다. 베이비붐 세대의 고령 인구이동이 이미 시작됐다. 2025년이면 우리나라가 초고령사회에 들어선다. 국내 노동시장에서 생산가능인구가 빠르게 줄고 있다. 통계청이 발표한 '2020년~2070년 장래인구추계'에 따르면 15~64세의 생산연령인구는 2020년 3,738만 명에서 계속 줄어든다. 2070년에는 1,737만 명을 기록할 거라는 전망이다.

연금 고갈 시기를 늦춘다. 인수위 측은 "국민연금은 2055년에 고갈되고, 2088년이 되면 누적 적자가 1경 7,000조 원에 달할 것"이라고 설명했다. 또 "이는 출산율 1.3명 정도를 가정한 것으로, 출산율을 현수준인 0.8명으로 계산하면 더 빨리 고갈될 수 있다"라고 말했다. 정년이 65세로 늘면 '노년 부양비'증가 속도가 9년 늦춰진다는 통계청 분석도 나와 있다. 대법원도 2019년 육체노동자로 일할 수 있는 최고 나이를 기존의 만 60세에서 65세로 올려 판결했다.

다만, 역기능이 우려된다. 정년을 65세로 연장하면 청년고용에 악영향이 미친다. 가뜩이나 심각한 청년실업에 직격탄을 날린다. 2016년 60세 정년이 시행되고 나서도 청년 취업난 심화로 세대 갈등이 표출됐다. 한국개발연구원의 보고서, '정년 연장이 고령층과 청년층 고용에 미치는 효과'에 따르면, 종업원 1,000명 이상 대기업의 경우 실제 고령층 고용이 1명 늘어나면 청년층 고용이 1명 줄어드는 것으로 나타났다. 고령층과 청년층 간 고용 충돌 가능성이 크다.

기업 부담이 커진다. 대한상공회의소 조사에 따르면, 기업 10곳 중 7곳은 65세 정년 연장이 일자리에 악영향을 줄 걸로 내다봤다. 기업들은 경직된 정년 제도가 노조 기득권 유지의 도구로 악용될까도 걱정한다. 실제로 노조들이 단체협상 테이블에 정년 65세 연장 카드를 단골 메뉴로 올리고 있다. 4차 산업혁명 시대를 맞아 일자리 감소 추세가 뚜렷한 상황에서 생산성과 무관하게 65세까지 고용 보장을 요구하는 것 자체가 규제라고 주장한다.

조기 퇴직 증가, 퇴직 연령 하향 등 '역설' 우려

정년 연장이 현장에서 제대로 가동하지 않는다. 현행 60세 정년도 지키지 않는 기업들이 수두룩하다. 그런가 하면 정년이 지나도 고용을 연장하는 기업들도 44%에 이른다. 정년 연장이 청년고용의 감소로 이어질 수 있다는 연구 결과도 잇따른다. 2016년 정년 60세 시행 이후 도리어 조기 퇴직이 급증하고 평균 퇴직 나이가 낮아져 고령자들이 직장에서 더 빨리 쫓겨나는 '역설'까지 발생한다.

한국노동연구원의 보고서 '인구구조 변화와 고령자 고용정책 과제'

내용이 충격이다. 정년 60세 법제화 이후 근로자들이 직장에서 더 빠르게 이탈했다. 정년 퇴직자는 2013년 28만 5,000명에서 2021년 39만 4,000명으로 느는 데 그쳤다. 반면, 명예퇴직이나 권고사직, 정리해고를 이유로 일자리를 떠난 조기 퇴직자는 같은 기간 32만 3,000명에서 63만 9,000명으로 급증했다. 주된 일자리 평균 퇴직 연령은 2005년 50.0세에서 2021년 49.3세로 낮아졌다.

섣부른 접근은 금물禁物. 노동시장의 '뜨거운 감자'로 떠오른 정년 연장은 난제 중의 난제다. 경영계, 노동계, 국민연금 등의 이해관계가 복잡하게 뒤엉켜 있다. 생각과 입장이 다들 제각각이다. 의견 수렴과 사회적 합의가 쉽지 않다. 단순히 일자리 수나 취업자 인구 등의 총량적 셈법으로 해결돼선 안 된다. 저출산 고령화 등 인구 통계적 요인 말고도 연금 개혁, 연공형 급여체계, 고용시장 구조개선 등의 이슈들과 연계한 종합적인 검토가 필수적이다.

있어도 지켜지지 않는 법정 정년을 계속 늘리는 게 능사가 아니다. 법에서 최소 가이드라인만 정하고 실제 정년 운영과 고용 형태 등은 기업 자율에 맡기든지, 아니면 미국이나 영국처럼 정년을 아예 없애든지 등, 다양한 선택지를 두고 심사숙고 끝에 결정해야 맞다. 급한 마음에 정년 연장의 여부와 시기를 졸속으로 정했다간 화를 자초할 수 있다. 인구 대책은커녕 고용정책마저 꼬이게 하는 악수가 될 수 있다. 급할수록 돌아가라 했다.

<2022년 5월, 권의종>

극한 갈등, 공멸共滅 사회 지름길

우리 사회에 언제부터인가 목소리를 높이는 사람들이 늘어나고 있다. 그들은 사소한 문제라도 생길라지면 '목소리 큰 놈이 이긴다'라는 말을 증명이라도 할 것처럼 큰소리부터 내고 본다. 이성적으로 해결하려는 시도는 좀처럼 찾아보기 힘들다. 고등교육을 받은 인구의 비율이 세계 최고 수준이라는 나라에서, 너도나도 걸핏하면 핏대를 올리는 기이한 현상을 어떻게 설명할지 난감하다.

문명사회에 어울리지 않는 그런 행태는 어디서 기인하는 것일까? 혹자는 산업 시대의 급속한 경제발전 과정에서 유래된 과도한 경쟁심리와 조급증이 원인이라고 주장하기도 한다. 그 말에 고개를 끄덕이면서도, 왠지 설명이 충분치 않다는 느낌이 든다. 아무튼 지금 우리가 사는 세상은 어느 때보다도 극한투쟁의 사회인 건 맞는 것 같다. 어찌나 무섭게 싸우는지 일찍이 '만인의 만인에 대한 투쟁'을 설파했던 토마스 홉스(Thomas Hobbes)가 울고 갈 정도다.

갈등의 본질은 이기주의

우리 주위엔 툭하면 위압적인 말투와 태도로 상대방의 기를 죽이려 들거나 위세를 부리는 이들이 적지 않다. 그들은 무슨 일이 생길 때마다 상대방 탓으로 돌리고 거칠게 공격한다. 그 기세가 너무 당당해서, 본인들은 아무런 잘못이 없다고 확신하는 것처럼 보일 지경이다. 그런데 그런 현상은 개인에 국한되지 않는다. 합리적인 사고와 의사결정 구조를 가진 집단을 찾는 것도 갈수록 어려워지는 세상이 되었다.

21세기 대명천지에, 목소리 크고 힘 있는 자들이 다른 이들의 권리를 아무렇지 않게 짓밟는 일들이 빈번하게 발생하고 있다. 빼앗으려는 자와 지키려는 자 간의 치열한 싸움이 국가와 지역, 이념과 종교, 성별과 세대를 가리지 않고 광범위하게 확산 중이다. 그 양태와 수법 또한 다양하고 교묘하다. 심지어 악랄하기까지 하다.

이러한 갈등은 어디서부터 나오는 것일까? 그것은 내가 살려면 상대방을 죽여야만 한다는 극단적인 이기주의에서 출발한다. 서로에게 무관용의 공격성을 보이며, 무조건 상대를 압도해야 한다는 강박관념은 우리 편만 아니면 아무래도 괜찮다는 식으로 전개된다. 당연히 그 앞에서 상생相生이란 단어는 빛을 잃을 수밖에 없다. 문제는 그런 현상이 갈수록 확산 중이라는 데 있다. 극한 갈등 구조는 정치, 경제, 사회, 문화, 교육 등 분야를 가리지 않고 넓고 깊게 퍼져있다.

자신의 이익을 위해서 타인을 이용하고 겁박하는 사회는 삭막하다. 힘자랑, 갑질, 속임수, 탄압의 일상화는 우리의 삶을 피폐하게 만든다. 불행하게도 지금 우리는 그런 세상의 한가운데 서 있다. 싸우는 게 몸에 밴 여야與野 정치인들은 그렇다 치더라도, 온갖 세력들이 여기저기서 자신들의 이익을 위한 다툼을 그치지 않는다. 개인은 물론 각종 단체와 기관들도 서로 복잡하게 뒤엉켜 싸운다. 사회 전체가 이전투구泥田鬪狗에 빠져 있는 양상이다.

우리 사회 곳곳에서 벌어지고 있는 극단적 투쟁의 책임은 우리 모두에게 있다. 그중에서도 정치권의 책임이 크다. 권력의 맛을 알아버린 그들은 기득권을 지키기 위해서 무슨 짓이든 하려 든다. 그들은 혼란한 정세를 이용하여 자신들의 이익만을 추구하고 국민을 우습게 안다. 하지만 그것도 정도 나름이다. 어느 유권자가 그들에게 민생은 도외시하고 당리당략만을 위해 피 튀기며 싸우라고 허락했단 말인가.

'상생相生의 길'이 공생共生의 길

이미 거대 세력이 되어버린 대형 노동조합도 마찬가지다. 그들은 언제부터인가 노동운동의 순수성을 잃었다. 겉으론 노동자들의 권익을 대변한다는 명분을 앞세우고 있지만, 그보다는 노련하게 조직을 장악하고 자신들의 입지를 강화하는 데 몰두하고 있다. 갈수록 정치색이 짙어지는 지도부는 조합원들을 수시로 극한투쟁의 장으로 몰아간다. 노사 모두에게 막대한 피해를 주는 그들의 투쟁방식은 합리적이지 않을뿐더러 비민주적 행태의 전형이다.

개인이든 집단이든, 손에 쥔 권력을 쉽사리 포기하려 들지 않는다. 그것이 권력의 속성이다. 하지만 아무리 그렇다고 해도, 불법적이거나 극단적인 방법을 동원하는 짓은 삼가야 한다. 그럼에도 불구하고 수단 방법을 가리지 않고 욕망의 범위를 넓히려 드는 세력들이 사방에서 준동하고 있다. 그 끝이 어디라는 것쯤은 누구라도 알 것 같은데, 정작 당사자만 모른 채 질주한다.

권력을 가진 이들이 맨 먼저 해야 할 일은 스스로를 되돌아보고 성찰하는 것이다. 그것이 문제 해결의 출발점이다. 다음으로, 갈수록 깊어지는 갈등의 요인을 찾아서 해결하고 서로를 인정하는 가운데 통합을 모색해야 한다.

무엇보다 중요한 것은, 끓어오르는 분노를 다스리며 말없이 지켜보고 있는 국민의 뜻을 헤아리는 것이다. 알다시피 백성들은 혼자만 잘 살기를 원치 않는다. 그들이 원하는 것은 상생과 공동 번영이다. 이같은 백성들의 뜻을 저버리고 지금처럼 각자의 이익만을 좇다가는 필연적으로 공멸할 뿐이다. 국민은 나락으로 빠지고 투쟁의 당사자들 또한 파멸의 구렁텅이로 떨어질 것이다. 이는 역사를 통해서 충분히 증명된 진리다.

정부와 정치권, 노동운동 세력들은 모름지기 국민을 두려워해야 한다. 자신들의 존립이 백성들의 손에 달렸다는 것을 잠시라도 잊으면 안 된다. 끝까지 이 점을 깨닫지 못한다면 필연적으로 준엄한 심판을 면치 못할 것이다.

<2022년 12월, 나병문>

깡통 전세와 부동산 사기꾼

우리나라는 다른 나라에는 보기 힘든 '전세'라는 부동산 제도가 있다. 전세란 다른 사람이 집 또는 건물을 사용하기 위해 보증금을 맡기고 임차한 뒤 계약 기간이 끝나면 보증금을 되돌려 받는 임대차 유형을 말한다. 전세는 상황에 따라 임대인과 임차인 양자에게 각각 장점이 있다.

대표적으로 임대인 입장에서는 임차인의 자금을 활용하여 집을 구매할 수 있어 부족한 자금을 유통하는 수단이 될 수 있다. 그러나 이로 인해 이를 악용하는 깡통 전세(담보 대출 또는 전세 보증금이 매매가보다 넘어서는 전세 형태를 이르는 말)가 사회적 문제가 되고 있다. 집 한 채를 온전히 구매할 자금은 없지만, 전세가 들어있는 집을 매입하여 집값이 떨어지거나 대출이자 등을 감당하지 못할 경우 세입자의 전세금을 돌려주지 못하는 피해가 지속적으로 발생하고 있기 때문이다.

특히 최근 연이은 금리 인상으로 인해 이자 등의 금융비용이 증가하면서 일부 수도권 등에서는 부동산 버블 붕괴로 집값이 전세 보증금보다 낮아지고 있다. 이에 계약 기간이 종료되어도 전세금을 돌려주지 못하는 사례가 늘어나고 있다.

정부는 이러한 피해를 방지하고자 '주거 분야 민생 안정 방안'의 후속 조치로 ①전세 사기 피해 방지 방안, ②전세 사기 피해 지원, ③전세 사기 단속 및 처벌 강화 방안을 발표했다.

'앙꼬 빠진 찐빵', 전세 사기 피해 방지 제도

국토부는 전세 사기 피해 방지를 위해 임차인이 원하는 정보를 알 수 있도록 '자가 진단 안심전세앱(가칭)'을 출시하여 입주하기를 원하는 집의 전세가와 매매가, 악성 임대인 명단, 임대보증 가입 여부, 불법 및 무허가 건축물 여부 등을 확인하도록 하였다. 매매가보다 전세가가 높게 설정되어 보증금을 돌려주지 못하는 깡통 전세를 예방하고자 전세 계약 시 적합한 판단을 할 수 있도록 정보제공을 하겠다는 계획이다.

그러나 여기에는 임대인의 세금 체납에 관한 정보를 담겠다는 계획이 빠져 있다. 미납국세에 관한 정보가 중요한 개인정보이기에 공개목록에 포함되지 못한 것이다. 따라서 집주인이 종합부동산세, 재산세 등의 세금 미납으로 인해 집이 공매로 넘어갈 가능성이 높은 물건이라 하더라도 임차인이 계약하기 전에 이를 미리 알 수 있는 방법이 현재까지는 없게 되었다.

더욱이 지금까지는 임차인이 계약한 집이 경매나 공매로 넘어가도 '국세 우선 변제'원칙으로 집주인의 체납 세금부터 징수하고 나서 전세금을 돌려주었다. 따라서 체납 세금이 전세금보다 많을 경우 세입자는 자신의 보증금을 돌려받을 수 없는 피해를 겪는 사례도 빈번하였다.

국토부는 이를 파악하고 집주인의 미납국세에 대한 열람을 임대인의 동의 없이 열람할 수 있도록 하였다. 이전까지는 임대인의 동의를 받은 경우에 한해서만 체납 내역을 열람할 수 있었기 때문에 그에 비하면 조금 더 발전하였다고 할 수 있다. 그러나 문제는 열람이 가능한 시점이 주택임대차 계약 이후에만 가능하다는 데에 있다. 집주인의 세금 체납 내역을 이 기간에만 열람이 가능하다면 집을 계약하기 위해 계약한 계약금 10%는 보장받지 못할 수도 있다. 예를 들어 임차인이 임대인의 미납조세 금액이 너무 크다고 판단하여 계약을 파기하고자 해도 계약금은 포기하거나 경매 후에 보증금을 돌려받을 각오로 계약을 진행할 수밖에 없게 된다.

집주인의 체납 세금 확인을

세금 열람이 의무화되지 않아 세입자가 피해를 보는 사례는 과거부터 지속적으로 이어져왔다. 한국자산관리공사(캠코)가 공개한 자료에 의하면 임대인의 세금 미납으로 임차인이 돌려받지 못한 보증금은 총 101건으로 2017년 이후부터 현재까지 누적된 금액은 472억 원 이상이며, 피해자만 무려 915명에 달하는 것으로 나타났다. 이 중 일부는 제도의 허점을 노리고 반복적으로 세입자에게 피해를 입히고 있다. 과거 종합신문지인 〈일요시사〉에서는 '세금 안 내는 거물들'이라는 주제로 막대한 재산에도 불구하고 세금을 체납한 사례를 취재했다.

그중 능인선원의 지광스님 사례는 20여억 원의 세금이 체납되어 동대문에 있는 건물이 공매로 넘어가 그 건물에 입주했던 세입자가 보증금을 받지 못해 억울한 피해가 발생했다. 그러나 제도는 크게 바뀌지 않았고 이 종교단체는 또다시 국세를 체납하여 강남구 개포동에 있는 건물이 공매로 넘어간 상태로 이 건물에 입주한 세입자는 보증금을 돌려받지 못할 위기에 처해 있다. 이처럼 임차인 입장에서는 임대인의 세금 납부 내역까지 확인해야 한다는 경험이 없거나 알아도 계약금을 돌려받지 못하는 입장일 수밖에 없다.

세금 미납 정보 공개 의무화를

정부는 제도를 보완하기 위해 내년부터 세입자가 거주하는 집 또는 건물이 경매나 공매로 넘어갈 경우 국세보다 전세금을 먼저 돌려줄 수 있도록 제도를 신설하였다. 그러나 가장 좋은 방법은 이런 일이 발생하지 않도록 사전에 제도적 장치를 마련하여 문제의 소지를 차단하는 것이다.

정부가 세금 체납 정보를 공개하는 시점을 계약 후 시점으로 한 이유는 세금 체납 정보가 중요한 개인정보이기 때문이다. 그러나 임대인의 개인정보만큼 임차인의 돈도 중요하다. 정부가 발표한 바에 따르면 임대인의 미납조세 정보 공개도 보증금이 '일정 금액'을 초과하는 경우에만 열람하도록 제한을 두었다. 따라서 여전히 임차인을 보호하기에는 제도가 미흡하다. 제도는 어느 한쪽만 보호하는 것이 아닌 거래를 하는 모두를 보호하기 위해 수립되어야 한다.

따라서 건물 또는 집을 계약하기 위해 임대인과 공식적으로 거래행위를 시작했다면 거래형태에 따라 부동산 중개인 또는 임대인이 부동산 등기부등본뿐만이 아니라 국세, 지방세 완납증명서 등을 제출하여 체납 내역이 없음을 공개하도록 의무화할 필요가 있다. 집주인의 세금 미납에 대한 정보가 개인정보로 인해 보호되어야 한다면 부동산에서 필수 서류로 준비할 수 있도록 의무화하면 된다. 또한 계약 후라 하더라도 임대인에게 중대한 책임이 있다고 판단된다면 계약 취소 시 위약금이 없도록 제도를 보완함으로써 임차인의 계약금을 돌려주어야 한다.

금리가 또 한 차례 오를 전망이다. 이에 따라 깡통 전세로 인한 피해는 앞으로 더욱 많이 나타날 것이다. 틈새 제도를 보완하여 이제라도 전세 사기가 차단될 수 있기를 바란다.

<2022년 10월, 백승희>

은퇴 후 인생 2막, 메타버스

은퇴 인력 100만 시대이다. 통계청에 따르면 65세 이상의 고령인구 비중이 2022년 기준으로 17.5%에서 2070년엔 46.4%로 급증할 것으로 예측하고 있다. 이에 따라 이들을 위한 시니어 산업도 다양해지고 있다. 과거에는 건강과 여행 분야에 주로 초점이 맞추어져 있었지만, 현재는 스포츠, 엔터테인먼트, 뷰티 등 전반적인 분야에서 시니어 세대를 위한 맞춤형 프로그램이 다양하게 개발되고 있다.

세내별로 은퇴 후 모습은 매우 다양하다. 생활비를 마련하기 위해 여전히 일터에서 고군분투하는 모습에서부터 사회에서 돌아와 그동안 하지 못했던 개인적인 즐거움을 추구하는 모습 등 은퇴 후의 생활을 위한 준비를 기준으로 스펙트럼이 넓게 형성된다. 그런데 은퇴 후의 삶에 대한 준비는 재무적인 측면만을 이야기하는 것이 아니다.

건강과 여가, 관계, 관심 분야에 관한 지식 또는 기술 등 비재무적인 측면에서의 준비가 있어야 건강하면서도 원하는 삶을 살 수 있고 준비 또한 오랜 시간을 두고 진행해야 한다. 마치 직업을 갖기 위해 오랜 시간 재능과 적성을 살펴보았던 것처럼 은퇴 후 남은 인생을 위한 과정도 나에 대한 탐구와 깊은 성찰이 필요하다.

선진국의 성공적 은퇴모델

우리나라는 경제성장을 이끈 베이비붐 세대(1955~1963년생)가 대거 퇴직하면서 숙련 인력 공급 부족 등의 문제가 커다란 이슈로 다가오고 있다. 통계청에서 우리나라 성인을 대상으로 조사한 결과 노후를 위한 준비가 되어 있지 않다고 응답한 비율은 절반 이상인 54.8%나 됨으로써 해외 주요 선진국들과는 다른 모습을 보여주고 있다.

영국의 연금 및 노후 소득협회(Pensions and Lifetime Savings Association)는 근로자가 은퇴 이후의 삶을 준비할 수 있도록 저축과 연금에 관한 정보를 제공할 뿐만 아니라 은퇴 생활 수준(Retirement Living Standards)을 제시함으로써 은퇴 후의 생활에 필요한 자금을 준비할 수 있도록 한다. 이러한 정보들은 시각화하여 홍보하고 실제로 은퇴 준비를 하여 잘 살고 있는 성공적인 사례들을 소개함으로써 은퇴 후의 삶을 대비할 수 있도록 동기를 부여해주고 있다.

우리나라보다 먼저 베이비붐 세대의 은퇴 사례를 겪었던 선진국의 일부 국가들 역시 적극적으로 은퇴자들을 지원하고 있다. 일본과 독일, 핀란드의 경우 제도를 구축하여 시니어 창업을 적극적으로 지원하면서 은퇴자들에게 새로운 기회와 경제적 자유를 지원하고, 여기서 더 나아가 일자리 창출까지 유도하고 있다. 이들 국가는 창업에 필요한 경영 지식부터 사무실 및 인건비 지원까지, 창업을 하기 위해 필요한 모든 것을 지원하도록 제도를 정립하였다. 특히 핀란드의 경우 은퇴자가 창업을 하더라도 실직 수당을 받을 수 있도록 하고 신규 창업자에게는 18개월간 정부가 급여를 지급하는 등 창업에 대한 부담과 위험을 줄일 수 있도록 보조금 지원을 마련하였다.

일본에서 '경영의 신'으로 지칭받는 CEO 이나모리 가즈오는 일을 단순한 생계 수단이라고만 생각하지 않았다. 그는 일을 하는 이유가 스스로를 단련하고 마음을 갈고 닦으며 삶의 가치를 발견하기 위해서라고 하였다. 다년간 일을 하는 것이 단순한 노동이 아닌 살아가면서 나를 발견하고 세상을 알아가는 일이었기에 은퇴를 맞은 사람들은 주로 휴식보다는 재취업과 새로운 경제 활동을 희망하고 있다

OECD 자료에 따르면 우리나라 60세 이상 남성의 경제활동참가율은 2019년을 기준으로 75.5%로 다른 국가들에 비해 상당히 높은 편이다. 이는 현장에서 다년간 축적된 노하우와 경험이 사회적으로도 매우 유용하여 은퇴 인력의 고용 시스템을 갖출 경우 수요·공급의 균형이 이루어질 수 있음을 의미한다. 따라서 은퇴 후에도 지속적으로 일을 하고자 하는 사람들의 전문 지식과 열정을 공급할 수 있는 수요처를 찾는 것이 필요하다. 그러기 위해서는 일터 혁신이 필요하다.

메타버스에서 인생 2막을

최근 실버서퍼(노년층을 의미하는 Silver와 인터넷 서핑을 잘하는 사람을 의미하는 Surfer가 합쳐진 단어로 디지털 기기에 익숙한 시니어를 의미)가 시장에서 주목받고 있다. 이들은 주로 베이비붐 세대들로 수십 년간의 인생 경험과 사회에서의 노하우를 디지털 기술에 결합시켜 실버 크리에이터로 새롭게 조명받고 있다. 정보통신 기술의 발달과 코로나 여파로 인해 디지털상에서의 만남이 익숙해진 사람들은 이들이 만든 컨텐츠를 보며 열광하고 따라하기도 한다.

틱톡(TikTok)의 '패션왕', 인스타그램에서 옷 잘 입는 할아버지로 유명한 '닉 우스트(Nick Wooster)', 유튜브 크리에이터로 활동하는 박막례 할머니. 구독자 250만 명을 보유한 91세 영국인 폴린 카나 등 실버계층의 소셜네트워크 활동은 대중들로부터 커다란 호응을 얻고 있다. 직접 쌓아온 전문적인 지식이 하나의 콘텐츠가 되어 사람들이 필요로 하는 정보를 제공하기도 하고 서로 다른 세대와의 소통이 놀이처럼 다가와 공감을 얻고 있는 것이다.

최근에는 전 세계가 디지털 전환을 진행하고 웹 4.0에서 5.0으로 플랫폼 기술이 발전하면서 메타버스 안에서의 크리에이터로 활동하는 사람들도 많아지고 있다. 메타버스 안에 설립된 회사에 재취업하거나 그동안 쌓은 역량을 기반으로 회사를 설립하는 사람들도 있다. 이러한 변화를 인식하고 강남구는 4060세대를 위한 메타버스 크리에이터 양성 교육과정을 진행하면서 전문적 역량을 소지한 퇴직 중장년들의 활동을 지원하기 위한 교육을 진행하였다. 또한 (사)과학문화융합포럼은 정부, 기업 등에서 전문적인 역할을 수행했던 은퇴한 리더들이 각자의 경력을 기반으로 메타버스 로봇 연구소, 메타버스 극지 연구소 등 다양한 연구소를 설립하여 청소년에게 맞춤형 교육을 진행하고 있다.

코로나의 확산으로 비대면 방식이 익숙해지면서 기업과 다양한 조직들이 메타버스를 활용하여 업무를 진행하고 있다. 금융권에서는 메타버스 안에서 온라인 점포를 개설하여 기본적인 예·대상담을 진행하고 신입직원 교육도 메타버스 안에서 진행하고 있다. 금융권뿐만이 아니라 학교와 정부, 기업 모두 메타버스 안에서 주업무를 진행하고 심지어 회사마저도 오프라인 사무실을 없애고 가상공간 오피스로 전원 출근을 하고 있다. 이러한 변화의 흐름을 살펴봤을 때 앞으로의 경제활동은 디지털 공간 속에서 현실과 공존하며 이루어지게 될 것이다.

현재 메타버스에는 다양한 플랫폼이 있다. 이중 일부 플랫폼들은 경제 활동을 할 수 있도록 메타버스 모임을 주최한 호스트에게 후원을 보낼 수 있는 기능을 추가하기도 하는 등 기존의 플랫폼에서 운영되는 경제 시스템을 그대로 가져오고 있다. 크리에이터 활동, 창업, 재취업 등 메타버스를 활용한 은퇴 후 활동은 계획과 설계에 따라서 문화 활동이 될 수도 있고 경제활동이 될 수도 있다. 따라서 자신이 할 수 있는 일, 경험과 지식을 서비스 상품으로 만들어 상대에게 편안하고 친절하게 설명하고 교육할 수 있는 역량을 개발해야 한다.

더욱이 메타버스 공간에서는 나이, 국적, 위치 등 현실에서의 상황과 상관없이 원하는 것을 할 수 있어 본인이 가진 재능과 지식을 메타버스의 디지털 기술과 융합한다면 은퇴 이후에도 활발한 사회경제 활동을 할 수 있을 것이다.

정부에서도 은퇴 인력의 고급 지식을 트렌드에 맞게 제공할 수 있도록 시스템 재교육을 하는 등 은퇴 세대들이 왕성히 활동할 수 있는 포용적인 사회를 만들어가는 데에 관심을 기울여야 한다.

<2022년, 백승희>

생활귀농의 패러다임으로

2019년 16,181명, 2020년 17,447명, 2021년 19,776명. 그동안 정체, 또는 감소했던 귀농 인구가 최근 3년간은 소폭이나마 다시 증가세를 보이고 있다. 귀농은 도시의 은퇴자들이 여생만큼은 다른 인생, 행복한 인생, 제2의 삶을 살고 싶어 하는 가장 주체적이고 적극적인 행동이라 할 수 있을 것이다.

하지만 귀농은 누구나 선택을 할 수 있으되, 아무한테나 인생의 활로나 대안이 될 수 없다. 하지만 귀농인의 삶, 농부로서의 삶, 농촌주민으로서의 삶도 원인이나 현상만 좀 다를 뿐 어렵고 고단한 인생의 본질과 속성은 도시민의 그것과 크게 다를 게 없다. 특히 '먹고 사는 생업'의 문제에 관해서는 도시의 그것보다 더 어려울 수 있다.

그럼에도 도시에서 벗어나 농촌과 지역으로 하방하는 귀농은 선善으로 평가받아야 마땅하다. 귀농인은 사람이 없는 농촌과 지역사회의 새로운 활력소가 될 수 있다. 신뢰, 협동, 네트워크 같은 사회적 자본(Social Capital)의 발전소가 될 수 있다.

이미 '혁신적 연결망을 구축하는 인적 자본'으로 대접받는 사례도 지역마다 속출하고 있다. 사람이 너무 많아 생기는 도시의 문제, 사람이 너무 없어 생기는 농촌의 문제를 동시에 해결, 국가의 구조악을 치유할 결정적 열쇠이자 고리, 그게 바로 귀농이라고 믿는다.

귀농경제는 지역·마을기업 중심으로

그렇다면 이제 개인의 용기 있는 선택, 다소 낭만적이고 낙관적인 '귀농운동'의 가치관과 방법론에서 벗어날 필요가 있다. 그것만으로 '농촌마을에서, 지역사회에서 잘 생활하기'에는 충분치 않다. 귀농의 가치관과 방법론을 보다 합리적이고 실질적으로 전환해야 한다.

여기서 '농민생활', '농업경제', '농촌사회', 그리고 운동 또는 사업 주체 등의 측면과 관점에서 어떻게 '귀농'의 자세와 태도가 변해야 하는지 정리해볼 필요가 있다. 이른바 '귀농 패러다임 전환의 10대 의제'를 제안한다.

하나, 생태귀농에서 '생활귀농'으로 전환해야 한다. 귀농인은 흔히 순정한 유기농부로서 생태적 생업과 최소한의 인간적 기초생활을 꿈꾼다. 그런데 국가 전체 가구의 5% 남짓밖에 안 남은 우리 농가당 연간 평균 농업소득은 1,000만 원에 불과하다. '먹고 살 수 있는'기본소득이 보장되는 '생활귀농'이라야 지속 가능한 생태귀농도 가능하다.

그러자면 '마을과 지역사회에서 능히 먹고 사는 생활기술'로 단련하고 체화시키는 '지역사회 생활 기술 직업전문학교', 귀농인과 원주민이 공유·협업하는 '지역공유 유휴시설 사회적자산은행' 등의 실용적인 기본생활 지원정책이 선행되어야 한다.

둘, 농업귀농에서 '농촌귀농'으로 발전해야 한다. 농촌에는 농부(Farmer) 외에 다양한 일터와 일자리에 종사하고 복무하는 농사짓지 않는 이른바 '마을시민(Commune Citizen)'들이 필요하다. 농부들만 모여 농사 일만 하는 곳은 농장으로 오인될 우려가 크다. 농부들과 함께 다채로운 마을시민들이 한데 어울려 살아야 비로소 '농촌마을'이라

부를 수 있을 것이다.

'귀농형 일자리 구인·구직 지원센터', '귀농형 마을기업 창업 지원센터', '귀농인·농민 공동생산기반 시설', '귀농인·농민 공동경영 마을기업' 등을 지역 곳곳에 세워야 한다.

농업경제는 '지역농민은행' 플랫폼부터

셋, 생계귀농에서 '복지귀농'으로 심화되어야 한다. 귀농인의 기초생활·생계는 개인의 능력이나 노력만으로 보장되지 않는다. 무엇보다 '돈 버는 농업'이라는 농업경제학 일방의 관점에서 어서 벗어나야 한다. 대신 '사람 사는 농촌'이라는 농촌사회학, 사회복지학으로 농정의 근본 기조부터 바꾸어야 한다.

농민 또는 농촌주민 기본소득제, 유럽식 농가 소득 보전 직불제, 마을공유농지·마을양로원·마을공동식당·마을공공임대주택·마을에너지발전소 등 마을 단위 사회안전망, 마을농지 공유화를 위한 농지신탁제, 마을공유지 등이 실현되어야 한다.

넷, 마을귀농에서 '지역귀농'으로 확장되어야 한다. 귀농인이 작은 마을 안에만 갇혀서는 적정한 규모의 경제사업도, 유기적인 지역사회 활동도 영위할 수 없다. 자칫 지역공동체에서 고립되거나 소외되거나 표류하거나 낙오할 위험이 있다. 마을 안에서 마을 밖의 지역으로 경제사업 규모와 사회활동 범위를 확대·확장해야 한다.

'지역단위 공동체사업 협동경영체', '유기농 로컬푸드 지역농민시장', '지역화폐 발행 지역농민은행' 등을 조직하는 데 도시의 경험과 역량을 보유한 귀농인이 앞장서야 한다.

다섯, 경제귀농에서 '문화귀농'으로 승화되어야 한다. 진정한 귀농인이라면, 정상적인 귀농인이라면 돈을 벌기 위해, 출세하기 위해 귀농하는 게 아닐 것이다. '억대농부'가 되려는 경제적, 세속적 욕심이 아니라 상실했던 '사람 사는 삶'의 문화적 그리움이 핵심 동인일 것이다. 그러자면 농촌을 상업적 관광지나 놀이터처럼 훼손하는 농촌관광사업부터 경계해야 한다. 관광농업이 아닌, 휴양과 치유를 목적으로 하는 문화농업으로 정상화되어야 한다.

독일에는 상업적인 농촌관광이라는 개념 자체가 없다. 독일 농부는 국민의 별장지기, 국토의 정원사로 불린다. 지역 역사·문화·경관부터 보전하고 전통 생활문화예술의 공동체 문화부터 계승해야 한다.

여섯, 단독귀농에서 '공동귀농'으로 협동해야 한다. 개별적 귀농보다는 뜻과 목적을 공감·공유하는 공동·집단귀농이 합리적이고 효과적이다. 마을공동체사업, 지역공동체활동을 벌일 때 서로 협동해서 체계적인 사업조직을 꾸릴 수 있기 때문이다.

'은퇴노동자 공동귀농 협동조합', '귀농인·소농 중심 6차농업 생산자협동조합', '에너지자립 생태·생활공동체마을', '귀농인·소농 중심 6차생산자협동조합(Gemeinschaft)' 등이 실천 모델로 유망하다.

귀농사업 및 귀농생활지원센터를

일곱, 독립귀농에서 '연대귀농'으로 진보해야 한다. 귀농인이 혼자 '좋은 농사'를 짓기는 어렵다. '자연인처럼'내 멋대로 살면 자유롭기는 할 것이나 자칫 지역사회에서 아웃사이더처럼 잊히거나 유령처럼 사라질 위험이 있다. '사회적 인간'이려면 마을주민, 지역사회는 물론, 도시민, 소비자들과 지속적·유기적으로 교류하고 거래해야 한다.

'농업회의소 중심 자생적 지역학습조직', '농민·노동자, 농민·도시민 상생기금', '도시민(도시농업인) 직거래 네트워크' 등을 이웃과 더불어 공조, 협업할 수 있다.

여덟, 개인귀농에서 '사회귀농'으로 진화해야 한다. 농촌에서도 개인주의자나 이기주의자는 불편한 존재로 환영받지 못한다. 공동체의 갈등과 분쟁의 원인으로 낙인찍힌다. 마을공동체의 이웃, 지역사회의 타인을 이타적으로 배려하는 공익적·공공적 시민의식과 선도적 실천역량부터 갖추어야 한다.

'마을교육공동체, 사회적협동조합 등 지역공동체 운동', '로컬푸드 유통, 토종종자 보전 등 풀뿌리 순환자치경제네트워크 구축', 평화통일농업, 생태농부학교 등 우주적 각성과 수행운동 등에 동참해야 한다.

아홉, 관치귀농에서 '자치귀농'으로 자립해야 한다. 오늘날 정부의 귀농지원정책은 진정성이나 실효성이 기대와 필요에 미치지 못한다. '관'의 입장에서는 농정예산의 한계를 변명할 것이나, 근본적으로 농정철학의 부재, 농정정상화의 의지 결여가 고질적 원인이라는 판단이다. 결국 귀농인끼리 자조와 자립을 통한 자치와 자생이 최선의 자구책일 수 있다.

'귀농인 생활자치 생태공동체마을' 모델, '귀농형 마을기업(사회적경제)' 모델, 그리고 '귀농농가 적정 가계경영' 모델을 스스로, 함께 개발해 공유하고 전파해야 한다.

열, 운동귀농에서 '사업귀농'으로 전향해야 한다. 기존의 민간 귀농

운동 지원조직은 농업, 마을공동체, 사회적경제 등 귀농사업과 농가경영, 교육·문화, 생활복지 등 귀농생활을 지원하는 전문조직 수준의 위상과 기능으로 거듭나야 한다.

귀농지원조직 및 단체의 자생·자립 사업구조 구축, 농업, 농촌형 사회적경제 등 '귀농사업지원센터' 운영, 가계경영, 자녀교육 등 '귀농생활지원센터' 운영 등을 통해 귀농운동에서 '귀농생활'로 귀농의 가치관과 방법론을 대전환하는 공공의 역할, 사회적 책무를 떠맡아야 한다.

귀농의 본질은 삶의 패러다임 전환

귀농이란 단순하게 농촌이나 지역으로 이주하는 것을 뜻하지 않는다. 그저 농사를 짓는 좁은 의미로 풀이하는 것도 부적절하다. 생활환경의 변화나 직업의 전환일뿐 아니라 삶의 패러다임을 크게 바꾸는 일대 전환이다. 가령, 정직한 농農적 문화에 기반한 자연친화적 생태적 삶, 근본으로 귀의하는 것을 의미하고 실천한 행위라야 한다. 새로운 귀농운동과 정책이 필요한 이유다.

그동안 귀농은 자연친화적인 농업을 중심으로 자립적인 삶을 살면서 튼튼하게 뿌리내리는 개인적인 삶의 결단과 의지가 강조된 게 사실이다. 그러나 그것만으로는 조금 모자라다. '개인적 단독귀농에서 마을귀농, 지역귀농으로'더 나아갈 필요가 있다. 개인적인 귀농이 그저 '농사 짓는 일'에 국한된다면 마을귀농, 지역귀농은 '농촌에서 사는 것'을 의미한다. 순정한 농부로 생태적인 농사 짓는 일은 물론, 지역의 사람들과 어우러지며 마을살이, 지역살이를 하는 모든 행위와 활동이 포함된다.

이렇게 귀농인들이 마을귀농, 지역귀농을 결행하려면 '농촌에서 먹고 사는 문제'가 해결되어야 한다. '농촌에서 먹고 살려면' 농민의 기본소득이 보장되어야 한다. 농민 기본소득제가 시행되어야 한다. 이는 국민의 생명을 지키고 농업의 공익적 가치를 수호하며, 농민이 농촌을 떠나지 않고 생활할 수 있도록 국가에서 소득을 보전해주는 제도를 말한다. 소농, 영세농이 아무리 농사를 열심히 지어도 농업소득만으로 먹고 살 수 없기 때문이다.

'나와 너도 먹고살고, 마을도 먹여 살리는' 귀농을

기본소득제 못지않게 '먹고 사는 지역 생활 기술'도 절실하다. 단기적으로는 물고기 배급도 요긴하지만, 중장기적으로, 근본적으로 '농촌에서 먹고 사는 문제'를 해결하려면 물고기를 잡는 방법을 가르쳐야 한다. 그런데 대다수 귀농인들은 '지역에서 먹고 사는 생활 기술'을 배운 적이 없다. 그동안 배운 것은 학교에서 '시험을 잘 보는 기술과 친구를 이기고 나만 살아남는 기술'만 집중해서 배웠을 뿐이다. 아니면 '취직을 잘하는 기술이나 자본의 노예로 사는 기술'만 열심히 익혔을 뿐이다.

귀농을 지원하는 정책과 제도 이전에 사회적 자본과 사회안전망이 먼저 구축되어야 한다. 농촌공동체의 복지체계부터 갖춰야 한다. 농업경제학자들의 정책은 일부 대농이나 부농을 위한 정책들이다. 대다수 소농, 가족농에게는 농촌사회학자, 사회복지학자들에 의해서 생산된 정책이라야 유효할 것이다.

무엇보다 농촌복지는 마을공동체에 뿌리와 기반을 두고 있어야 한다. 정부와 행정에서 기계적으로 시혜하는 지원제도만 쳐다보지 말고 마을공동체의 구성원, 이웃들이 서로 보살피고 챙길 수 있어야 한다. 지금 전국 여러 마을과 지역마다 협동조합, 마을기업, 생태공동체마을 등을 함께 일구며 전환의 제2 인생을 살아가는 많은 귀농인들처럼 '일'과 '삶'과 '쉼'이 하나가 되는, '나와 너도 먹고살고, 마을도 먹여 살리는' 농촌마을공동체의 주체가 될 수 있다.

그래야 마침내, 마을학교와 마을학원을 세우고 꾸리는 '교육적 마을시민', 마을생활원과 마을문화관을 관리하고 경영하는 '문화적 마을시민', 마을발전소와 마을연구소에서 연구하고 개발하는 '생태적 마을시민' 등 이른바 '사회적 마을시민'들이 안심하고 마을공동체와 지역사회공동체로 내려와 예측 가능하고 지속 가능하게 귀농생활을 누릴 수 있다. 마을에서 '사람답게', '제2의 인생'을 행복하게, 기쁘게 살아갈 수 있다.

<2022년 11월, 정기석>